教育部人文社科研究项目
“网络社群对传播模式创新和社会秩序重构研究”
（19YJC860055）成果

从风险治理到关系赋能

互联网群体传播对社会秩序的影响

周　琼◎著

FROM RISK GOVERNANCE TO RELATIONSHIP EMPOWERMENT

THE INFLUENCE OF THE INTERNET-BASED GROUP COMMUNICATION ON SOCIAL ORDER

ZHEJIANG UNIVERSITY PRESS
浙江大学出版社
·杭州·

图书在版编目（CIP）数据

从风险治理到关系赋能：互联网群体传播对社会秩序的影响 / 周琼著. -- 杭州：浙江大学出版社，2024.12. -- ISBN 978-7-308-25404-5

Ⅰ. G206.2；D035.34

中国国家版本馆 CIP 数据核字第 2025QK6792 号

从风险治理到关系赋能：互联网群体传播对社会秩序的影响

周　琼　著

责任编辑　李海燕
责任校对　黄伊宁
封面设计　雷建军
出版发行　浙江大学出版社
（杭州市天目山路 148 号　邮政编码 310007）
（网址：http://www.zjupress.com）
排　　版　杭州好友排版工作室
印　　刷　杭州宏雅印刷有限公司
开　　本　710mm×1000mm　1/16
印　　张　14.75
字　　数　265 千
版 印 次　2024 年 12 月第 1 版　2024 年 12 月第 1 次印刷
书　　号　ISBN 978-7-308-25404-5
定　　价　59.00 元

群体传播时代：信息生产方式的变革与影响（代序）

习近平总书记在纪念马克思诞辰200周年大会上的讲话中指出："今天，人类交往的世界性比过去任何时候都更深入、更广泛，各国相互联系和彼此依存比过去任何时候都更频繁、更紧密。一体化的世界就在那儿，谁拒绝这个世界，这个世界也会拒绝他。"①的确，媒介技术引发的交往方式的变革，不仅改变了政治生态、社会心理、社会情绪、文化关系，而且深刻地改变了生产方式、生产关系和全球化进程。生产方式的发展，不断重构人与自然界、人与人之间的关系，随着生产方式的日益完善，产能过剩不仅成为一种标志性特征，还对与区域地缘紧密关联的民族分工提出新的挑战。如同马克思、恩格斯曾经预言的："各民族的原始封闭状态由于日益完善的生产方式、交往以及因交往而自然形成的不同民族之间的分工消灭得越是彻底，历史也就越是成为世界历史。"②可见，在世界逐渐走向一体化的今天，我们应当把更多的精力聚焦于人与人之间关系的变化，而信息生产方式则是其中的关键节点。

一、群体传播时代的来临及原因

我们赋予了这个时代很多称谓：互联网时代、新媒体时代、数字时代、移动互联网时代、社交媒体时代、社会化媒体时代、自媒体时代等。这些称谓无论怎样尽述这个时代的特征，都是从传播介质即媒介工具的角度去认知、定义

① 新华社：《习近平：在纪念马克思诞辰200周年大会上的讲话》。http://www.xinhuanet.com/politics/2018-05/04/c_1122783997.htm，2018-05-04。

② 《马克思恩格斯选集》第1卷，人民出版社2012年版，第168页。

的，而相较于工具来说，人的角度，即从传播主体的角度来理解这个时代，也许才能真正接近时代的本质。从这个意义上说，我们已经进入一个以互联网为传播介质的传播主体极端多元化的时代，即互联网群体传播时代。传播主体的极端多元化，无疑改变了人类社会的信息生产方式：过去，生产信息的是人民日报、中央电视台、CNN、BBC等传统媒体；今天，这些媒体与他们的读者、听众、观众一起生产信息，或者说是生存在这个世界的每一个普通人与媒体共同生产、传播着信息，因为每一个普通人都手握媒介。不仅如此，无论在数量、时效还是影响力等方面，非职业化的普通人所生产的信息，都强烈冲击着职业化的媒体。更为重要的是，信息生产方式的改变，如同经济生产方式改变一样，给社会带来的影响是全方位的：无论是政治生态、社会关系、经济形式，还是社会情绪、社会心理的变化多端，都与传播主体极端多元化的信息生产方式密切相关。这一传播特性以及由其引发的时代特征均凸显于当代中国社会，但又不局限于中国社会，所以本书聚焦中国社会，却又难与全球社会分离孤立来论，这或许是因为互联网群体传播本身就是全球化的现象。

一个"人人生产信息、传播无处不在"的后大众传播时代的群体传播时代已经来临。[①] 究其原因，产能过剩带来的消费者主体性的凸显，是群体传播得以彰显的时代语境，同时媒介技术的快速发展是其直接诱因。

产能过剩提升消费者主体性是群体传播时代莅临的社会土壤。在古典经济学中，生产居于核心地位，消费被视为生产的逻辑结果，屈居次要地位。随着工业革命的深化和市场经济的繁荣，产品供应大大超过了消费者的需求，社会产品总体上显得相对过剩和饱和。[②] 社会学者齐格蒙特·鲍曼早已敏锐地察觉到这一社会现象，把现代社会分为"生产社会"和"消费社会"。[③] 消费社会的莅临不仅是经济结构和经济形式的转变，同时也是一种整体性的文化转变。近年来，随着产能扩大，许多新兴产业也出现了严重的产能过剩现象[④]，以消费拉动生产成为生产与消费的新型逻辑。这一现象的直接后果就是提升了中国消费者的主体地位。

---

① 隋岩、曹飞：《论群体传播时代的莅临》，《北京大学学报》（哲学社会科学版）2012 年第 5 期。

② 张卫良：《20 世纪西方社会关于"消费社会"的讨论》，《国外社会科学》2004 年第 5 期。

③ 齐格蒙特·鲍曼：《全球化——人类的后果》，郭国良、徐建华译，商务印书馆 2001 年版，第 76 页。

④ 赵昌文等（国务院发展研究中心《进一步化解产能过剩的政策研究》课题组）：《当前我国产能过剩的特征、风险及对策研究——基于实地调研及微观数据的分析》，《管理世界》2015 年第 4 期。

产能过剩的现象从实体经济领域蔓延至虚拟经济领域,尤其在信息泛滥的传播领域。大众传播时代的后期就已然形成了成熟的工业化流水线的信息生产模式,呈现出信息产品产能过剩的趋势。生产媒介产品的重要性,已经让位于对媒介产品的推销和对受众资源的争夺。从信息生产链条来看,被生产出的海量信息只有成功抵达受众才算完成流水线的最终环节。广告业的发达也折射出受众(消费者)已成为传媒产业完整信息传播过程中最为重要的对象。因此,大众传媒时代后期消费者已经成为信息生产者争夺的重要资源,收视率、收听率、订阅数已经成为衡量传媒机构效益与影响力的重要指标。这些现象都说明,在信息交换的买方市场中,消费者的地位和主体性大为提高,取代了内容生产者成为传播活动的中心。这一变化在理论研究领域也早有直接反映,麦奎尔等人提出的"受众中心模式"[①]虽一度受到冷落,但终究取代了传统的"传者中心"论,个体的使用满足需求、信息需求等从受众需求出发的研究比重不断增加。

互联网技术的发展,使人类社会从以大众传媒为传播主体的大众传播时代,进入到传播主体极端多元化的互联网群体传播时代,上述信息产品过剩的现象更为严重,带来的直观感受就是海量信息的涌现,带来的最深刻影响就是信息生产方式的变革。依赖搜索引擎查询信息已是人人在做的平常之事,被动接受信息的"受众"已不复存在,取而代之的是主动搜索、定制个性化服务的"用户"。在随之而来的"互联网思维"转型中,最深刻的变化是传播活动从大众传播时代晚期的"受众中心",转向市场思维导向的"用户驱动"。整个产业环境和传播模式都以用户(消费者)的需求为主导,用户的访问量成为传播链条中最至关重要的环节。这一趋势加剧了受众(消费者)获取信息的主导性和主体性,受众(消费者)的主体地位得到进一步凸显。

在互联网群体传播时代,消费者已经取代生产者成为新的传播主体,充分地体现在信息获取、交流、扩散等多个环节。得益于互联网媒介的便捷、高效,互联网用户越来越积极主动地参与信息的生产与传播,以往单向的线性传播模式变成平等互动的网状传播模式。这使得生产者和消费者的角色定位日渐模糊,每个人都能成为群体传播中的传播主体和信息中转站。同时,正如阿尔都塞文化对主体性的建构论[②]所示,今天受众(消费者)的主体性也被互联网

---

① 丹尼斯·麦奎尔、斯文·温德尔:《大众传播模式论》,祝建华、武伟译,上海译文出版社 1987 年版,第 102-114 页。

② 隋岩:《媒介文化与传播》,中国广播电视出版社 2015 年版,第 203-219 页。

的传播特性重构着。“随着社会媒介化程度的空前提高，无论在认识论上还是在实践论上，都对人类的主体性进行了重构。”①可见，产能过剩带来了从生产者到消费者主体地位的变化，这一变化随着互联网在媒介传播领域的扩张得到进一步放大，从而为群体传播的常态化发展奠定了坚实的社会基础。

移动互联网技术使群体传播常态化，是互联网群体传播时代莅临的外在直接表现。互联网传播活动虽同时具有人际传播、群体传播、组织传播、大众传播四种传播形态，同时具有这四种形态的属性和特征，但其本质属性和本质特征是群体传播。对于传播活动来说，传播效果是最重要的，而信源无疑是影响传播效果的诸多因素中最重要的一项，信源是否明确显然比传播人数的多寡对传播效果的影响更为重要，因此，群体传播中信源的不确定性才是它与人际传播的根本区别，较之经典传播学理论以人数多少来区分群体传播与人际传播的判断，显然更具有说服力；有些学者将组织传播与群体传播混为一谈，其实两者之间的根本区别一眼可见：组织传播有着明确的管理主体，如企业文化、学校教育中的企业和校方，而群体传播最显著的特征之一就是没有管理主体；大众传播的专业化、职业化、高度组织化、制度化、中心化更是与群体传播泾渭分明。可见，群体传播的非制度化、非中心化、缺乏管理主体性、自发性、平等性、交互性，尤其是信源不确定性及由此引发的集合行为中的群体盲从性、群体感染性，成为其区别于其他传播形态的凸显特征。这些特征恰恰是互联网传播的主要特性，只是互联网群体传播进一步强化、凸显了传统群体传播的这些特征：传播主体更加多元化，传播行为更加自发、平等、交互，信源更为不确定，集合行为更具传染性、盲从性。

群体传播原本是长久以来固有的一种社会传播形态，不过需要因事聚集的缘由和因事聚集的物理空间这两个条件才能发生。换句话说，在互联网技术普及之前，也会缘于楼倒桥塌等突发事件导致人群聚集于事发地而产生传播活动。只是在今天，转型社会无疑提供了更多因事聚集的缘由，互联网则替代了以往因事聚集所需的物理空间，较之现实物理空间的聚集更为低成本、高效率，至此，群体传播所需要的两个条件被随时随地地满足着甚至日益常态化。也就是说，移动互联网使社会处于网络无处不在的传播环境中，虚拟空间与现实世界不再有楚河汉界之分，反而彼此渗透、深度融合，网络互动成为人

① 夏德元：《个体传播地位的历史变迁与传育的时代命题》，《复旦学报》（社会科学版）2012 年第 6 期。

们真实社会生活中的重要组成部分。以微信为例,每天超过8亿的活跃用户通过微信进行大量的信息传播活动、不断更新的朋友圈、不停流转的资讯信息,已经成为跨越多个年龄层和覆盖各个领域的生活常态,微信成为人们获取信息、工作、娱乐、交友的重要途径,成为生活组成部分,甚至成为日常生活本身。

多年前,互联网的出现开启了信息使用的新方式,今天移动互联网的应用进一步加深了人们与网络的连接强度,突破了空间位置对传播行为的束缚,无线通信技术的不断提升和智能手机的普及,使得网络信息传播从定点连接跨越到了移动互联阶段。从PC互联网到移动互联网时代,几年前的"人随网走"已经变为今天的"网随人动",用户真正可以随时随地与网络、信息、他人保持连接。手机的移动性、便携性和智能性,使得人们的日常生活随之发生巨大改变:出门可以不带报纸、不带地图、不带相机、不带通信录甚至不带钱包,只要确保手机时刻在手。人们的生活已经与移动互联的智能手机深度"绑定"。移动互联网在提供大量信息与服务的同时,也极大改变了时间和空间的原本意义,打翻了人类几千年来的时空感知与生活经验。时间的划分不再按照自然变化、时区分割,而只有使用互联网和不使用互联网两种区别。空间在移动互联网时代失去了物理意义,只要条件允许,任何地点都可以接入互联网,位置在互联网交流中失去了意义。移动互联网使人类彻底处在了一个可以随时随地参与传播、建立关系、沟通情感的环境中,一个以群体传播为核心特征的互动连接网络中。这些都为以互联网为"物理空间"的群体传播常态化提供了技术保证。

二、群体传播改变了媒介格局

媒介格局的改变或可归因于互联网传播主体的极端多元化。互联网普及之前,社会传播主体主要是大众传媒,即大众传播是信息生产的主要甚至唯一方式。互联网的普及使传播主体极端多元庞杂,有观点将传播主体划分为UGC(User-Generated Content,用户生产内容)、PGC(Professionally-Generated Content,专业生产内容)和OGC(Occupationally-Generated Content,职业生产内容)三类。也即传统媒体、社会化媒体、自媒体、营销组织、兴趣小组、个人等各种主体,共同杂糅地参与互联网的信息传播活动,共同构成社会传播主体,从而构成了媒介格局演变的根本诱因。

互联网传播主体的极端多元化,带来密切的信息交换、认知互动、社会交往、情绪互动，成为新的信息生产和传播方式，是媒介格局改变的外在表现，而从传播形态来看，则是群体传播与其他传播形态之间关系的演变。

（一）媒介格局的演变体现的是大众传播与群体传播既博弈又合作的关系

互联网技术助力下新型群体传播的强势登场，增加了新的信息生产与传播方式，颠覆了大众传播的垄断地位，蚕食了大众传播的受众市场，使传统媒体在信息垄断、市场占有和公信力等方面受到多重冲击，两种传播形态的不同属性也决定了博弈的必然性：其一，大众传播作为一种专业化的权威传播、垄断传播，必然希望大众作顺从式的解读，群体传播作为一种自发聚集的传播形态，参与者之间的解读或许是协商式或许是对抗式，即两种传播形态的受众解读方式天然不容；其二，大众传播是一种中心化的单向传播，传播与接受过程中个体是“缺场”和被动的，群体传播是一种去中心化的扩散式传播，传播与接受过程中个体是“在场”和主动的，即个体在两种传播形态中的地位截然不同；其三，大众传播是居高临下的，常常给信息接受者带来审美疲劳，群体传播在信息分享中思考质疑，且不乏戏谑化的快感，即受众在两种传播形态中的感受相异；其四，大众传播追求绝对的权威性，群体传播需要一个被颠覆的权威对象，甚至预设颠覆性立场，即两种传播形态的主观出发点大相径庭。由此可见，两者的博弈在所难免。

在博弈的同时，大众传播借助群体传播增强自身的传播效果，这是传统媒体普遍运用官方微博和微信公众号的主要目的，也是两种传播形态合作的明显表现。据《新媒体蓝皮书：中国新媒体发展报告 No. 7 (2016)》显示，截至 2015 年 8 月，传统媒体微博数量达 17323 个；截至 2016 年 2 月，泛媒体类微信公众号超过 250 万；超过九成的传统媒体都建立了专门的“两微一端”人才队伍①，借力互联网群体传播已是大众传播扩大影响的重要手段。整体上看，大众传播在以下四个层面使自身的影响力、关注度和传播效率得到大幅度提升。第一，就传播模式与渠道而言，大众传播依托微博、微信搭建起一个可与用户自由交流的互动平台，激发民众参与其中的积极性。在这个平台上发布的信息、形成的观点，都可以通过“转发”功能在社交网络中扩散蔓延，借助活跃的群体传播发酵为微博上的热门话题或朋友圈中的热门事件。第二，就传播姿态而言，大众媒体在“两微一端”上不再居高临下地传播信息，而是通过活

① 参见中国社会科学院新闻与传播研究所主编：《新媒体蓝皮书：中国新媒体发展报告 No. 7. (2016)》，社会科学文献出版社 2016 年版。

泼、亲切、接地气的“人格化”表达方式,淡化其在民众心中的刻板印象(如《环球时报》自称“耿直哥”,《新京报》自称“新君”),并尽可能及时、积极地与民众展开互动协商,促进官方舆论场与民间舆论场的交融。第三,就传播形式而言,传统媒体利用图、文、音频、视频、3D动画等多媒体功能和VR、H5等新兴技术将信息传播变得新奇有趣。第四,就传播的时效与频率而言,大众媒体每日在官微多次发布信息,在微信公众号进行至少一次推送,具有及时、灵活、高频次的特点。“微传播”既帮助传统媒体突破了报刊印销时间、节目播出时间的限制,又契合了现代人快节奏的生活方式和碎片化的信息获取方式。

传播效果分为认知改变、态度改变、行为改变三个递进的层面。大众传播虽然覆盖面广、更为专业化,但常常只限于认知层面的传播效果。群体传播是群体成员主动参与的传播活动,在态度改变和行为改变两个层面的传播效果往往比大众传播更为成功。所以说,群体传播与大众传播在不同层面发挥传播效果,是大众传播寻求与群体传播合作的根本原因,为网民提供关注、解读、评论、转发的参与机会,则是大众传播借助群体传播寻求传播效果不得已而为之的手段。

不过,群体传播的凸显并非意味着大众传播的绝对式微,在网络化的传播结构中,大众传播依然占据重要的节点位置,在多个领域与社会化媒体展开博弈,包括对自身传播渠道的建设、对消息源的控制等。互联网带来的传播渠道和方式的不断创新和变革,也使得传统媒介组织的信息加工过程不断发生变化。“美国在线”的生产模式就是每位编辑根据四个因素来确定应该报道什么内容,即流量潜力、收益潜力、交稿时间和编辑质量,编辑的工作就是以最低成本在最短时间内完成最有可能流行的内容。① 传统媒介组织的高质量产出在一定程度上依然影响着互联网群体传播的内容生产,依然实施着议程设置功能。由于互联网群体传播中传播主体的极端多元化,无论个体还是组织都具有成为信源的可能,使把关的功能极大弱化,众多网络谣言、网络诈骗、虚假低俗信息的广泛流传,使得准确、可靠、正面的信息内容弥足珍贵。尽管网络具有一定的自我净化功能和信息多维验证能力,但仍然需要专业化负责任的媒介组织的新闻资讯报道。尤其是在突发事件发生的情况下,在社会恐慌情绪扩散的情况下,大众媒体权威、专业、及时的信息披露能力是其他信息传播节点无法比拟的。信息传播不完全属于经济行为,不能完全依赖市场自身的调

① Clay A Johnson:《信息节食》,刘静译,人民邮电出版社2014年版,第4页。

节,大众媒介组织在舆论扩散和价值引导方面依然不乏自身优势。由此可见,互联网群体传播离不开大众媒介组织提供准确、负责任的信息报道。相对于有限的注意力资源和信息处理能力,海量信息仍然需要专业媒介的加工和处理。同时,大量碎片化、零散化、真伪不明的信息,也需要权威媒介的系统把关、整理和输出。互联网传播需要大众传播和群体传播的相互补充,才能构建起信息互补的传播生态环境。

(二)媒介格局的改变体现在组织传播对群体传播的巧妙利用

互联网群体传播包含了人际传播、群体传播、组织传播、大众传播四种传播形态,但不是这些传播形态的简单叠加。从各种网络营销事件中,我们可以透视组织传播对群体传播的巧妙利用。理解组织传播与群体传播两种传播形态的差异,应该先从"组织"与"群体"两个概念的不同入手。组织虽然也是一种群体形式,但马克斯·韦伯认为,是否存在"管理主体"是区别群体和组织的标准。与一般群体相比,组织具有成员各安其位、各司其职和各负其责的三大特点。[①] 费孝通主持编写的《社会学概论》一书认为,构成组织的五个条件分别是:经过挑选的人员组成的互相依赖、彼此合作的集体,固定的目标,具有规范性的组织章程,一个权威的领导体系,一定的物质基础和技术设备。[②] 具体到传播形态上,组织传播是有共同目标、有指挥管理、有责任分工的团体协作行为,信息多为指令性、宣教性和劝服性内容,沿着从组织核心到内部成员的路径进行传播。而群体传播泛指组织之外的一般群体的传播模式,信息内容、信息流向、群体中成员的关系都更为复杂多元,亦不存在统一的领导与管理。

现代企业是最典型的一种组织,企业最典型的传播行为就是市场营销。得益于领导和管理主体的存在,组织传播在组织内或许能够达成颇为理想的传播效果,如企业文化。但组织传播的强管理、强链接模式无法作用于组织边界以外,一旦企业有了面向外部的传播需求,就必然要借助其他的传播模式以达成传播效力的扩大化。在大众传播称霸的时代,企业营销主要通过大众媒体向市场投放广告,在大众视野中展示和推销商品。随着以互联网为平台的社会化媒体的兴起和各类移动终端的普及,企业在大众媒体上投放广告的效果明显下降,广告数量自然连续下滑。近年来,全球报纸、广播、电视等传统媒体的广告投放量增长放缓,甚至出现相当程度下滑的趋势。CTR 媒介智讯数

① 马克斯·韦伯:《经济与社会》(下),林荣远译,商务印书馆 1997 年版,第 246 页。

② 参见《社会学概论》编写组:《社会学概论(试讲本)》,天津人民出版社 1983 年版,第 102-103 页。

据显示,2016 年,中国广告市场整体下降 0.6%,较 2015 年 2.9%的降幅有所收窄。传统五大媒体广告花费下降 6.0%,对市场整体仍有明显的下拉作用。电视广告花费同比下降 3.7%。在移动互联网的推动下,互联网广告增长 18.5%。[①] 足见,在互联网传播环境下网络营销已成大势,对大众传媒广告形成强烈冲击,并有逐步取代之势。而从本质上讲,网络营销就是组织传播对群体传播的利用。

网红推动是网络营销的一个代表,而网络营销事件的发源地一般是用户活跃度高的论坛、贴吧和微博。营销团队运用组织化的方式管理一个因商业目的聚集的临时群体,源于利用群体传播中人人可以发声、人人可以传播信息的特点。这样的利用无论从目标还是行动上都有了一致性,产生远超组织的影响力。网络营销借助群体传播中的从众心理和羊群效应,短期内迅速升温的帖子很容易引起网民的好奇心与关注度,带来不可估量的社会传播力、影响力。可见,组织化的网络营销在一定程度上实现了群体传播环境中的议程设置功能,也被冠以“病毒式传播”之名。

值得注意的是,在利用群体传播的市场营销带来巨大收益的同时,组织传播也引发不少新问题。网络营销以经济利润为终极目标,功利色彩极强。推手们在实现利益最大化的过程中,往往无视公序良俗与主流价值观,或以无底线的炒作迎合大众趣味中最庸俗粗鄙的一面,或借热点事件、突发事件之力散布谣言,游走于法律和道德的灰色地带。网络营销本是有策划、有组织的统一行动,却需要借助无组织、无管理主体的群体传播的网络关系达成最佳的传播效果,其中人为的操纵一直掩藏在看似自主、自发的个体化信息生产背后,极具隐蔽性,有时甚至带有误导性和欺骗性。实际上,在大部分网络营销事件中,除了组织管理者和水军了解真相,围观或参与其中的网民很难辨别真伪,却充当了传播者和信息中转站。从最初散乱的独立推手、小规模组织到专业化、产业化的经营机构,网络营销也在不断更新发展,已经涉及人物炒作、事件营销、口碑营销、危机公关等多个领域。组织传播和群体传播共同作用才能使传播效果迅速放大。在群体传播无管理、去中心、泛娱乐的消解性重构解读中,组织传播对群体传播隐蔽的商业化利用目的或许已悄然实现。

① 《2016 中国广告市场及传播趋势》。http://www.cnad.com/show/525/279393.html,2018 年 4 月 6 日,2017-03-10。

（三）媒介格局的变化还体现在群体传播和人际传播的互相作用，深刻影响了社会信息生产方式并带来前所未有的传播效果

一方面，群体传播的致命弱点就是信源不确定从而导致信息可信度低，借助人际传播使信源确定下来，成为群体传播突破自身局限的关键所在，从而引发传播效果的进一步加强。

在四种传播形态中，唯有群体传播的信源不确定。大众传播的信息有专业媒介机构把关，组织传播的信源来自组织的管理主体，人际传播靠彼此信任的人际关系，这三种情形下传播的信息信源明确且可信度高。群体传播是非组织化群体进行的信息传播活动，具有随机性、非组织化、无管理主体等特征，信源往往不明确或可信度低，没有责任主体，相较于其他传播形态更容易产生信息，但不明确的信源会严重影响传播效果的发挥。

以微博、微信为代表的社会化媒体传播前所未有地整合了群体传播和人际传播两种形态，通过人际的信任关系增强信源的可信度，让群体传播的不明消息顺理成章地“合法化”，大大提高了群体传播的传播效果。美国学者琼斯曾指出：“虚拟社群最关键的不是构建者，也不是使用者，而应该是在使用过程中所发展的网络互动的整体现象。”[①]质言之，这种网络互动现象就是本书所讨论的互联网群体传播，这种互动就是人际传播和群体传播的互相利用和彼此结合，它深刻地影响着使用者之间的传播模式与社会关系。群体传播虽然滋生、扩散信息功能强大，但滋生于群体传播的信息因信源不确定而公信力、影响力有限。不过，当信息从群体传播流向人际传播后，人际传播的“信源美化”作用就启动了，接续而来的影响力就产生了。互联网的群体传播不单是一种临时性因事聚集状态，而是一种由人际关系连接与群体自由聚集共同形成的稳定和长期存在，并形成持续的信息流动，从而带来前所未有的强大传播效果。

另一方面，人际传播依靠群体传播拓展了人际交往的具体形式，借助群体的扩散速度和范围增强了传播效果。人际传播是人类最古老、最持久的传播形态，历经口语传播时代、文字传播时代、电子传播时代以及如今的互联网传播时代，成为贯穿整个人类活动的基本传播方式。在前三种传播形态社会中，人际传播都是具有明确地理属性的一对一信息交流活动。互联网传播中的人

① 转引自黄彪文、殷美香：《在个体与集体间流动：论虚拟社群的参与动机与交往基础》，《国际新闻界》2014 年第 9 期。

际传播已经与农业社会、工业文明时代的人际传播明显不同。互联网以其独特的传播方式使人类社会的交往行为超越了具体的时空场景，达成了随时随地的互动和分享。如今的人际传播已经带有互联网时代媒介化社交的鲜明烙印，“在线”变得比“在场”更加重要，互联网群体传播比现实生活中的人际传播更加积极、活跃。人们经常在聚餐或谋面时沉浸于移动终端的社交媒体，这说明相较于物理空间中面对面的人际交往，人们已经更习惯于在网络媒介的虚拟环境中进行互动。

脱离了物理空间束缚的人际传播，结合群体传播途径，进一步延伸了人际交往的具体形式。社交软件中的人际互动不仅保持随时在线、信息不停流转、快速传播等特点，还极大拓展了传统人际传播的范围。熟人社交能因发言、点赞、评论、私信聊天以及收发红包、转账等小型经济活动得以强化，而陌生人社交则因趣味和话题等个性化因素得以聚合和延展。[①] 微信朋友圈是个很好的例证。微信是以强关系为主、弱关系为辅的人际交往平台，朋友圈在此基础上拥有了一对多的群体传播功能。其中，在朋友圈向好友展示自我的“晒”文化，是社交媒体时代最重要的个体传播行为之一。“晒”“炫”“秀”同是英文单词“show”（表演）的表达，这个词直接反映出个体的表演欲望。用戈夫曼的拟剧论观点看，这种“晒”行为完美实现了人们的“前台表演”功能。朋友圈提供了表演舞台，微信中的人际关系提供了切实存在的具体观众。企鹅智酷 2016 年 3 月 21 日发布的《微信影响力报告》显示，朋友圈信息流中，用户更关心好友发布的生活状态，关注度占 61.4%。[②] 也就是说，相较于其他转发的一般信息，人们更在意他人的“表演”信息。在这个由亲密关系组成的首属群体环境下，演员和观众合力完成了互联网独特的人际传播模式。“晒”的行为是表演者主动发出的，有意识、有目的的表演活动，这种表演不是大众传播中对广大陌生观众的演员式表演，而是在真实的环境中展现出理想化的自我。人们既将经过筛选和美化打造出的个人形象展现给明确、熟知的人际所属群体，利用社交媒体进行“印象管理”，又密切关注着朋友圈中他人展示出的生活动向，通过点赞与评论行为保持着互动关系，积累人脉与社会资本。点赞和评论功能很好地实现了剧场的观众效果，促进了这种表演欲望的展现。当人们明确、直

① 范红霞：《移动互联网时代的信息传播与社交模式变革——以微信传播为例》，《新闻爱好者》2016 年第 8 期。

② 《企鹅智酷｜微信报告：47 页 PPT 看懂微信五大业务》，http://tech.qq.com/a/20160321/007049.htm#p=4，2018 年 4 月 6 日，2016-03-21。

接、真切地感受到来自“观众”的赞扬和点评时，对个体的身份建构和自我认同又得到进一步加深。同时，朋友圈的好友分组、不让他人看、提醒他人看等功能，使表演者可以划定人际交往的不同圈子，相当于圈定了个人信息的共享系统和展示平台，极大方便了用户对某个圈子的观众进行定向表演，使网络社交表演的内容、方式和目标观众都极为灵活多样、自由可控。朋友圈上演的不是个体的独角戏，而是表演者与观众之间渗透着双方情绪与情感的互动式“晒”与“赞”的行为，完美实现了人生的戏剧表演，搭建起一个由亲密关系组成的小剧场环境。互联网群体传播环境在强化人际传播行为的同时，也进一步丰富了人际传播的内容与形式，满足了用户人际交往与自我展示的社会心理需求，从而使用户对“社交网络服务”(SNS)产生黏性。

从社会学研究角度看，首属群体和次级群体对人的社会化起决定性作用，微信好友是从首属群体出发连接起次级群体，兼具私密与开放双重属性，把个人在社会中最重要的群体关系和交往行为全部纳入其中。里德定律(Reed's Law)认为，互联网的价值绝大多数来自它作为群体构建工具的作用。实际上，互联网既构建群体也打通群体，能够跨越兴趣、阶层、地域的隔阂将全部的群体关系整合起来，形成群体内部、群体之间的互动，从而产生了堪比大众传播覆盖面的影响效果。同时，便捷的传播方式使人际传播的传播链条拉得更长。过去人际传播的信息更多的是在确定人数的有限范围内进行，之后再经过人际传播方式进行二次、多次传播的可能性逐级递减。互联网群体传播环境使信息沿人际传播网络不断进行共时性裂变，人们的交际内容、形式、范围和速度都发生巨大的变化，由此产生的传播效果也是传统人际传播远远无法比拟的。

所以说，在人际传播和群体传播双重作用下，互联网传播产生了各自单独形态无法实现的传播效果，这两种非组织化的传播形态的结合对社会信息生产方式的变革影响深远。

三、群体传播促进了普通个体认知和情绪的社会化传播

在社交媒体普及之前，任何思想情感、认知判断进行社会化传播的唯一渠道只能是大众传媒——报纸书刊、广播电视，而能够借助大众传媒进行社会化传播的只有社会精英。对于普通人来说，社会化传播的范围仅仅局限于亲朋好友、同事邻里。互联网群体传播不仅外在地形塑了竞争与合作并存的媒介格局，也内在地触发了人类感知模式、情感模式、交往行为与传播机制的颠覆

性变革。这场变革的重要特征之一,就是普通个体的认知与情绪的社会化传播,即在媒介化社会中,普通个体的思想情感、认知判断可以通过互联网群体传播表达出来,甚至演化为整个社会的普遍认知与情绪。

社交媒体带来的普通个体情绪的广泛社会化传播,已得到学界关注,近年来逐渐被联系到与个体认知的关系上。[①] 个体信息所承载的认知与情绪是紧密联系的递进关系,如美国心理学家阿诺德提出的"兴奋—评定"理论所言,人类的情绪不会在客观环境的刺激下直接产生,而是经过认知评价才能够确定,即认知对情绪体验有着决定性作用。[②] 因此,研究者应该充分考虑到两者之间的有机关联,以更宽广的视野将不同的研究领域统合起来。此外,个体认知、情绪的社会化传播是个变动不居的动态过程,静态的特征分析和宏观的理论构建都难以把握其全貌。基于此,本书更注重从信息生产方式入手,结合群体传播的特性,对普通个体认知与情绪的社会化传播作出诠释。

(一)认知与情绪是信息本体的一部分

从结构主义符号学的观点来看,在人类的传播活动中,信息是一种由能指和所指联合构成的符号。[③] 能指是信息的外在样态和物质载体,而所指是信息背后约定俗成的概念或者被广泛认可的意义。经典传播符号学最为关切的就是被信息符号携带的意义如何在传播活动中生成,这种研究取向有意无意地将信息符号的所指过度理论化和抽象化了。

实际上,作为符号的信息是极其复杂的表意系统,系统背后的"所指布局"恰似一个多层次的"冰山结构"。首先,所指中包含着消息类、常识性的既成事实,这是最表面、最直观的部分。人们收听、收看新闻主要就是在这个层面上获取信息,从而达成对客观世界的认识和了解。其次,除去这些相对客观、理性的部分,信息所指还承载着个体认知、观念、态度、情绪等主观感受和体验,即信息的所指不仅包括共识性的制度规范,也包括个性化的精神内涵,它们在特定的历史文化结构中、在理性和智性的观念中——而不仅是在具体事实的层面上——被传播和接受。它们既向外连接着客观世界,也深受个体信仰、意

① 有学者从认知传播学中寻找理论资源,意欲结合神经科学等自然科学探索人类认知传播的基本规律,构建本土化的学科框架,但尚未具体触及个体认知的群体传播问题。

② 参见乔建中:《情绪研究:理论与方法》,南京师范大学出版社 2003 年版,第 23-25 页。

③ 参见费尔迪南·德·索绪尔:《普通语言学教程》,高名凯译,商务印书馆 1980 年版,第 100-102 页。索绪尔提出,语言是由能指(音响形象)与所指(概念)相联结而构成的符号。这不仅成为索绪尔语言学的逻辑起点与根本看法,也将解构主义符号学作为一种认识论和方法论引入人文社会科学中的诸多领域。

志、立场的影响；既有可能是经过个体理性的分析、推演、提炼而形成的成熟观点，也有可能是未经缜密思考而粗率表达的临时看法。最后，在最深层的所指结构中，还沉淀着个体无意识的原始冲动和本能欲望。

整体上看，针对这种“冰山”构型，有两点值得强调。第一，“冰山”愈深层的部分愈加私人化、主观化、感性化。第二，这些主观化的部分并非信息符号的装饰与点缀，而是在本体论的意义上从属于信息符号。因此，信息的传播绝不仅仅是事实、意义的传播，还是个体认知、思想、情绪、无意识的扩张。人类在对客观世界进行认知的基础上产生情绪，两者都会随着个体信息的表达传递出去，只不过有些主观认知与情感通过信息符号的外在形式（音响、文字、图像等）得到了明确、直接的表达，而另一些则隐藏在形式的间隙或文字的沉默之处，等待着人们的发掘和解读。相较于信息符号的事实内容和意义内涵，这些或显或隐的主观部分兼具理性和非理性的特征，且处在纷繁复杂、变幻莫测的状态中，虽然难以量化，却潜在地具有强大的感染力与传播力。

（二）前互联网时代的话语垄断与才能偏倚

任何信息符号都必然带有传播者主观感知与情绪的底色，认知与情绪的传播应该是传播学研究的题中应有之义，更是当下互联网群体传播语境下的重大议题。但是在以往的历史环境和传播渠道中，普通个体没有取得面向社会大众生产与传播信息的权力或能力。

在工业社会来临之前，受到交通条件与传媒条件的双重限制，人类的传播活动以口语传播和文字传播为主，以传统人际传播、群体传播、组织传播为具体传播模式。在这个阶段，绝大多数人只能在小范围内实现信息共享与情感互动，只有两类人群能够以个人名义进行信息生产与社会化传播。第一类是君主、教皇等领袖人物，他们凭借政治、宗教特权实现个体信息的社会化传播，这种传播模式在本质上属于一种强力组织传播。此类信息以诏令等公文形式发布，制度化的行文规范基本过滤了信息的主观感情色彩，所表达的是统治者基于其个人理性认知的治国理念与方略。只不过在特殊情况下，统治者会在诏书中注入强烈的个人情感与情绪，以达成安抚民心、稳固统治的政治效果，最典型的例子是中国古代帝王引咎自责的“罪己诏”。第二类是辩士、学者等精英知识分子。无论是古希腊、古罗马的哲学家、演说家在城市广场上的公开演讲、辩论，还是我国春秋战国时期以稷下学派为中心的诸子百家争鸣，传播者都是凭借高超的演说技巧与出色的辩论才华将自身的政治、思想学说传播出去的，这种公众演讲、学术沙龙在本质上属于特定物理时空内的群体传播。

口才、辩才不足者,如果文字能力足够出众,也能够名扬于时、名垂于世。值得注意的是,以上两种形式的群体传播主要在学术精英、社会名流的圈子中进行,媒介载体的落后、传播时空的限定、信息内容的深奥都使得个体认知难以实现更大范围的社会化传播。

大众媒介将人类社会引入以印刷传播和电子传播为主的机械复制时代,报纸、杂志、书籍、广播、电视等专业媒体将大批量的信息送入“寻常百姓家”。然而,“寻常百姓”只能在传播链条的终端被动接收信息,无法绕过自上而下的大众传播进行个体化的信息生产。在大众传播中,个体认知的表达仅限于具备与大众媒介特质相契合的表达能力的少数个体。随着各类大众媒介的兴衰更替,少数传播个体的表达才能也向不同方面偏移。与此相应,信息生产方式和艺术表现形态也在发生变化。

在以报刊、书籍等印刷媒介为主导的时代,必须以文字为符号、印刷媒介为载体进行社会化传播,这就给传播者提出了“善写”的要求,即运用语言文字阐明观点、抒发感情的能力。广播与印刷媒介的不同之处主要在于两点:一是相较于讲求理性、逻辑的文字符号,以声音为介质的播音艺术直接诉诸人类的听觉,更具音韵美与亲切感;二是相较于纸质载体,通过无线电信号传播的广播更具有即时性与特定时空的现场感。这种媒介条件给传播者提出了“善说”的要求,即能够清晰、流畅、准确、生动地进行有声语言表达的能力。继广播之后,电视成为大众传媒中影响力最大、覆盖面最广的综合性媒介,最显著的特点是融视、听于一体,通过鲜明直观、生动多彩的影像符号传递信息,所带来的现场感和冲击力比广播更为强烈。

从印刷媒介要求“善写”,到广播媒介要求“善说”,再到电视媒介要求一种综合了相貌、口才、镜头感的整体表现力,大众传媒对传播者表达能力的需求脉络清晰可见。在一定程度上甚至可以说,主导媒体造成了某类人对表达权的垄断——“善写者”垄断了书刊,“善说者”垄断了广播,“善演者”垄断了电视。从个体的角度来看,只有具备与传媒特性紧密相关的特定才能,才能借助大众传播实现个体信息社会化传播,而不具备相应才能的普通人则难以跨入大众传播的门槛。

还值得注意的是,大众传播中的个体表达存在着社会化与主体性的悖论:当个体以某种才华站到了大众传播的平台上,他的表达就开始受到大众传播生产机制、意识形态、商业运营法则等多方面因素的制约,一切言行都必须建立在对大众传媒顺从、与大众传媒合作的基础上,这在不同程度上导致了传播者思想的主体性和情感的鲜活性的丧失。如果说“善写者”在报纸、杂志上的表达余地还相对宽裕，那么“善说者”“善演者”在广播、电视中的个人展示已经是戴着镣铐的舞蹈。更为值得注意的是，大众传播作为个体认知与情绪社会化传播的唯一途径，将能够借助大众传媒进行社会化表达的人群止于“善写”“善说”“善演”的少数精英群体，而互联网群体传播则打破了这一法则。

（三）互联网群体传播时代普通个体认知与情绪的社会化传播

首先，互联网群体传播赋予普通个体表达权与传播权。

传统的人际传播、群体传播信息扩散的广度有限，时效性不强。大众传播覆盖面广、时效性强，但受专业媒体的垄断，只有少数人才能发声，才能生产信息，才是信源。而互联网确保了普通个体作为传播主体自由、自主生产信息的权力，并提供了社会化的平台和多样化的传播渠道。

第一，随着互联网技术的迅猛发展和移动互联网的广泛普及，网络使用已经是绝大多数人的日常生活方式，而非少数阶层或人群的特权。互联网群体传播使长期被动充当“受众”的平民草根获得了自由生产与传播信息的权力，实现了传播权、话语权的再分配。与此同时，网络媒介并不必然要求参与者具有某种特定的、出众的才能，即不设立“善写”“善说”“形象好”“学识广”“地位高”之类的准入门槛。这就意味着“才能偏倚”“话语垄断”的局面被打破，“群体”才是这个时代的传播主体。如果说大众传播时代强调的是“才能偏倚”、“地位偏倚”，那么群体传播时代追求的就是“特质多元”。只要掌握了使用网络的基本方法，任何人都可以利用社交媒体和自媒体发布消息、表达意见、抒发情感。

第二，互联网群体传播具有无管理、弱把关、去中心化的特征，在这个相对自由、民主、平等的网络场域中，传播者的自主性、能动性得到提升，畅所欲言、直抒胸臆乃至情绪宣泄成为可能。从整体上看，只要传播者不触碰法律、法规的底线，普通个体信息生产就不受任何表达规范、价值准则和意识形态的强制性约束。退一步讲，假使个体真的想对官方划定的“表达禁区”发表意见，也可以诉诸迂回、隐蔽的网络语言，将自身的立场、观点、情绪通过网络场域特殊的表意逻辑展现出来，巧妙地在网络监管中争取更大的话语空间。

第三，互联网将人类置于超时空、泛传播的媒介环境中，打通了普通个体信息社会化传播的渠道。在网络中，每个传播者都是一个重要节点，可以点对点、点对面地进行信息传播，由此节点延伸出无限传递的链接方式和四通八达的传播路径，将与传播者相关的初级群体、次级群体、陌生人群体全部统合起来。理论上，传播主体在此时此地输出的认知、情绪，可以通过“六度空间”模型抵达现在或未来“地球村”上的任何角落。不仅如此，正如前文所论，群体传播还与大众传播、人际传播、组织传播彼此渗透并互相借力，再度强化了普通个体信息的传播效果。

其次，社会心理失衡是普通个体认知与情绪传播泛滥的原因之一。

从信息生产方式来看，普通个体认知和情绪的社会化传播近年呈现井喷效应，这与互联网群体传播的特性密切相关。第一，互联网传播具有即时性、碎片化特征，各类信息——尤其是突发事件——的即时传播也在无形中逼迫着用户迅速作出反应，而人在短时间内对碎片化信息作出的反应难免片面、粗率、感性多于理性。第二，群体传播使海量信息处于永不止息的全时性流动中，恰恰充分迎合了情绪的活跃性和传染性特征，满足了普通个体情绪的传播条件。第三，互联网是一种多媒体介质，网络中信息符号的能指由文本、图像、动画、音频、视频等多种形式综合构成，比单一的文字、声音、画面更生动直观，相得益彰，更易于情绪的多样化表现和传播。第四，得益于互联网提供的互动性平台，大量志趣相投的用户或组建网络社群，或集结在社交媒体的意见领袖周围，信息茧房催化了网络中的群体极化作用。在群体的暗示、感染等心理作用下，个体观点和态度在群体传播的互动过程中会得到强化和加固，奔向更加激进或保守的非理性极端。

互联网群体传播不仅仅出现于、作用于中国社会，而且是一种全球化的传播现象，但普通个体认知传播、情绪传播的现象在中国社会却尤为凸显。对于走过300多年工业化之路的西方国家，社会阶层和社会文化的嬗变都经历了相对较长的时间，嬗变节奏相对舒缓，人们业已习惯于祖代相承、与生俱来的出身差异，社会结构相对稳定，并形成了各自的生活习惯、阶层认同和心理逻辑，攀比心和失衡感相对较少。而改革开放至今40年间的中国社会，工业化、现代化进程被急剧压缩，巨变发生在一两代人之间，人们在互相比较中难免产生落差感、不公感、被剥夺感，导致社会心理失衡。经济高速发展引发社会阶层过山车式巨变，继而引发社会心理严重失衡，无疑为人人生产信息的今天，社会心理、社会情绪的集中爆发与大面积传播积淀了社会土壤。特别是在新的信息生产方式下，当互联网媒体提供了便捷的发泄出口、传播渠道，一旦有个体表达触碰到社会心理的痛点，就会迅速蔓延为强烈的社会情绪。所以说，当今中国社会的情绪传播，不能否认与中等收入陷阱下矛盾集中爆发的经济发展阶段、一些官员腐败无关，但可以肯定的是与快速发展带来的社会心理失衡紧密相关。

最后,普通个体认知与情绪的社会化传播郁积为社会心理的痼疾。

由上文可知,互联网群体传播的革命性意义在于,将普通人从大众传播的科层化控制中解放出来,与政治精英、经济精英、文化精英共享表达权与传播权。因此,当面对同一个热点事件时,平民出身的凤姐、papi 酱与政府官员、地产大亨、知名学者一样,都可以通过社交媒体、自媒体发表看法。这些个体信息中主观化、个性化甚至极端化的认知和情绪非但不会被忽略,反而更加鲜明地得到凸显,在网络中不断蔓延。

互联网群体传播虽然为普通个体信息的社会化传播提供了可能,但并非所有个体信息都能迅速实现社会化传播。纵览当前的网络环境,以下四类认知与情绪在传播过程中更具传染性和辐射力。其一,针对突发事件、热点事件的个体表达,能够借助事件的热度而不断蔓延;其二,针对大众在一段时间内普遍关心或深受困扰的问题发言,通过讽刺、诉苦、泄愤等方式分担焦虑、引发共鸣;其三,以夸张、耸动的形式发表与主流叙事、公序良俗、大众认知相悖的另类观点,通过迎合网民的猎奇心态而博取关注;其四,对某个小圈子内人或事进行揭秘与爆料,通过满足大众的窥视欲而迅速传播。由此可见,虽然普通个体认知与情绪的社会化传播是个动态过程,不直接等同于社会整体的认知和情绪,但迎合时事热点、社会心态与大众趣味的个体表达,更容易与网民形成互动与对话,从而在跨越阶层与群体的热议中实现社会化传播。

值得警惕的是,每个传播主体的认知都受限于自身的经验、经历、立场、价值观,具有主观化、私人化的特征,有时难免盲目、偏狭。因此,即使个体表述在事实层面的可信程度、作为个案的参考价值值得怀疑,但因呼应了某种大众情绪而实现社会化传播,难免会加剧整个社会浮躁、焦虑、功利甚至反智主义的认知和情绪,使人群在对比与落差中否定自我、怀疑奋斗。这些情绪传播已经在互联网中构建起当代人生存处境的"拟态认知",不仅加剧了自我迷失与心理失衡,也将焦灼不安、痛苦迷茫的情绪弥散于整个社会,郁积为社会心理的痼疾。

四、群体传播改变了信息生产者的地位

在大众传播时代的信息传播活动中,"新闻传播者处于信息传播链条的第一个环节,是传播活动的发起人,是传播内容的发出者,决定着传播过程的存

在与发展”,[①]无论作为个体的编辑、记者,还是作为组织的媒介机构,传播者都牢牢地掌握着传播资源和信息发布的主动权,拥有“把关”权力和“议程设置”能力。1948年,哈罗德·拉斯韦尔提出著名的“5W”传播模式,即传播者通过传播渠道把信息传递给受众并产生传播效果的传播过程。拉氏提出的这一线性传播模式尽管过于简单,但却深入人心,几乎成为经典大众传播研究的铁律——之所以如此,正是基于大众传播中信息的单向流动和传播者的起点位置、传统媒体信息生产者的绝对优势及垄断地位。即使受众地位逐渐提高,不再是完全受媒体摆布的对象,信息接受者的能动性开始受到重视,但是对于大众传播、传统媒体来说,传统媒体信息生产者依然占据着传播过程中的制高点,内容和渠道都被传播者牢牢控制着,整个传播活动遵循从传播者出发的单向、线性传播规律。

互联网媒体的发展、多元主体共同参与的群体传播打破了这一规律,使传统媒体信息生产者的地位发生了巨大变化。首先,新的信息技术不仅使传统媒体搬家上网,进行数字化技术更新,更重要的是由于参与主体的多元化而动摇了传统媒体信息生产者的垄断地位,传统媒体不再是唯一的信息生产者,无法再垄断传播内容,曾经作为消费者的受众的主体性地位得以进一步凸显。托马斯·弗里德曼在《世界是平的》一书中提到,网络时代,“上传正在成为合作中最具有革命性的形式之一。我们比以往更能成为生产者,而不仅仅是消费者”。[②] 机构、组织、群体、个人都可以找到合适的平台传递信息。新的媒介技术与传播模式赋予独立的个体以能动性,以往匿名的受众和沉默的大多数绕开传统主流媒体的把关,绕开传统媒体垄断的信息传播权力,变成了新的信息生产者,掌握了信息生产过程的主动权。其次,传统媒体信息生产者对传播渠道和传播行为的控制能力也在减弱。传播者“被多重化和去中心化”导致在时间和空间上脱离了原位。[③] 大量信息来自非制度化、非中心化、缺乏管理主体的群体传播媒介,如自媒体、社交媒体、UGC(用户生产内容)等平台。便捷的电子书写“使文化客体的即时性接受、转换和再传播成为可能”[④],不断的转发行为构建了新的传播渠道,使信息通过社交媒体的关系网络进行快速传播,甚至带来信息生产者完全意料不到的影响范围和结果。最后,信息解读的方

① 邵培仁:《新闻传播者的特点、权利和责任》,《新闻知识》1996年第8期。
② 托马斯·弗里德曼:《世界是平的》,何帆等译,湖南科学技术出版社2006年版,第73页。
③ 参见马克·波斯特:《第二媒介时代》,范静晔译,南京大学出版社2000年版,第123页。
④ 马克·波斯特:《互联网怎么了?》,易容译,河南大学出版社2010年版,第16页。

式从趋向于顺从演变为趋向于协商甚至颠覆。网络中的信息文本每时每刻都暴露在开放性的解读、解构与重构中，上演着后现代语境中罗兰·巴特断言的“作者已死”场景。“作者”，即信息生产者权威地位的消解，意味着传统媒体被迫把信息生产的权力部分地让渡给整个互联网的参与者，从而出现了传统媒体信息生产者话语权削弱、信息把关能力下降、议程设置能力转移等现象，这也进一步导致网络中多元化观点、情绪化传播、戏谑性语言俯拾皆是。由此看来，群体传播带来与大众传播截然不同的信息生产方式，导致传统媒体不再是唯一的信息生产者，传统媒体信息生产者的垄断地位丧失，消费者主体性地位上升，传统信息生产者对传播渠道和传播行为控制力减弱，信息的顺从式解读模式也被打破。

对于互联网群体传播引发的信息生产方式改变，从信息生产者地位演变的角度来理解，不乏为一个认知途径。有学者依然使用传者和受众的分割方式来解析互联网传播现象；有学者察觉出这些称谓已不再适用，转而使用网民、用户、消费者等，但这些词汇及其角度仍然不能充分说明互联网时代信息传播嬗变的根本之处；还有学者以“传受者”的称谓来强调传播者和受众的界限模糊，依然没有脱离线性传播的思维。互联网群体传播是通过多元信息生产者的关系连接而形成的网络传播，是社会关系的网络重铸，抑或说是互联网重构了人们的社会关系，“社会化媒体拓展了人们与其他节点连接的可能性，使人们有可能与身处世界任何角落，从未见过或从不认识的人进行互动”①。因此，在这个基于互联网形成的新的社会关系中，信息生产者、信息和连接关系成为最关键的要素。大众传播时代的媒体传播者转变成了多元主体参与的互联网群体传播中信息生产者中的一元。

由信息生产者、信息和连接关系构成的群体传播，赋予多元信息生产者许多不同于大众传播媒体的独特性。首先，信息传播主体既包括主动发送信息的传播者，也包括对内容添加评论或转发的参与者，他们既执行信息的创作生产，也参与信息的修改制作，同时完成信息的传播过程。每个信息生产者都是信息网络中的一个节点，不存在线性传播两端的传与受两种身份的截然对立。其次，非专业媒体平台对信息生产贡献巨大，从 QQ、人人网、博客、微博、微信，到视频网站、直播平台、网红 IP，多元信息生产者借助不断更新的技术手段进行大量的内容生产。社交属性极强的自媒体利用风趣犀利的语言对时下

① 谢湖伟：《“互联网＋”时代：传播融合的嵌入性反思》，红旗出版社 2016 年版，第 119 页。

最流行、人们最关心的话题进行描述和议论，通过迎合大众心理赢得最广泛的情感共鸣，从而建立起以自身网红身份为依托的品牌效应、粉丝效应，打造出具有话题度高、用户黏度高且输出频率高的媒体品牌。再次，多元信息生产者所处的网络节点位置对传播效果的影响巨大。虽然这是个人人可以发声的时代，但音量并不相等，得到的关注程度严重不均衡。在相对自由、开放、民主的网络空间中，不存在一个集权式的中心点或科层式的最高点，不同节点的可见度与连接数、话语权与影响力都大不相同，这也正是互联网传播活动中意见领袖的作用更加明显的原因所在。最后，多元信息生产者在网络中所处的地位不同，带来的连接关系和传递能力不同。这种不同节点之间的连接关系，即信息的传播路径，是互联网传播中不可忽视的要素。1971 年，美国经济社会学家格兰诺维特在《美国社会学杂志》上发表了《弱关系的力量》一文，提出弱关系力量假设。[①] 强关系维系着群体、组织内部的关系，弱关系在群体、组织之间建立纽带联系。弱连接更容易在不同群体间传递信息，能够跨越不同的社会团体和阶层，形成更广泛的社会关系网络。互联网群体传播是杂糅着强关系与弱关系的复合式传播，“三度影响力”体现了强关系连接对传播效果的影响，“六度空间”则反映出弱关系连接甚至可以把整个地球连接起来。这两个概念都说明连接关系在信息传播中的重要性，网红现象就是互联网群体传播的典型特征之一。

五、新的信息生产方式带来社会资源配置新路径

近年，papi 酱和叶良辰这样借助互联网群体传播引发的新型信息生产方式一夜成名的网红远非个案，已成为时有发生的社会现象。表面上看，这些网红多以僭越主流、正统、传统的“搏出位”手段聚拢粉丝和人气，极大缩短了草根阶层获得名声和财富的时间成本和努力成本，而从信息生产方式的角度考察，正是具有典型群体传播属性的社交媒体为他们的“成名”提供了便捷的传播渠道。也即互联网群体传播使普通人能够以低成本付出迅速实现高收益回报，这里的关键是拓展了社会资源配置的新路径。

传统经济学视域下的资源通常指有形的物质资源，包括自然资源、劳动力资源和其他生产创造的物质资源。长久以来，家族继承、市场竞争和政府行政

① Mark Granovetter：“The Strength of Weak Ties”，*American Journal of Sociology*，1973，78(6)：1360-1380.

干预是资源配置的主要方式。传统社会以土地资源为核心，依附在土地资源之上的人际关系成为社会关系的核心，因此家族继承和宗族决策成为社会资源的主要配置方式。卡尔·波兰尼指出，在传统社会中，经济体系并不是一个独立体，而是附属于总的社会关系之下，经济资源和财富分配嵌入其他的如政治、宗教、文化等社会关系中。[①] 工业革命之后，离开土地的大量自由人促进了城市化的迅速发展，市场在经济中的重要性也随之凸显，甚至独立出来，形成与文化、政治等相并列的社会关系，并逐渐成为社会资源的主导配置方式。在以市场和计划经济两种混合体制主导的社会中，政府行政手段和市场调节就成为主要的资源配置方式。与之相应，多数资源配置理论集中在政府和市场两种手段对物质资源的调控能力和分配作用上。不过，市场和政府配置资源并非总能绝对达到效率最大化，两种手段都可能失灵。资源配置的手段因社会发展而不断丰富，教育、文化、媒介等在一定程度上都有资源配置的能力，主导的社会资源配置方式也因社会核心资源的变化而改变。

社会结构的改变正是基于生产力发展后稀缺资源类型的变化。随着媒介对社会生活参与度的加深，无论是作为媒介产品还是作为资源本身的信息，都使注意力成为新型的社会资源。在土地、煤炭、矿藏、石油等轮流成为稀缺资源后的信息爆炸时代，信息的过度泛滥使注意力由资源晋升为稀缺资源。不过，不同媒介参与配置资源的侧重点因媒介特性的不同而不同。网红现象反映出，在新的信息生产方式中，社交媒体将资源配置的能力深入到普通个体。互联网媒介资源配置能力的提升，是通过传播主体多元化带来新的信息生产方式而实现的。互联网以前所未有的广度重新构建人们的社会网络关系，使以往松散的社会联系变得可以经常分享信息、观点和兴趣。[②] 这不仅仅改变了人们的日常生活行为方式，更构建了全新的社会关系。这种关系不是简单的人际互动关系，不是松散的群体关系，不是系统的组织关系，更不是处于对立和被动的传受关系，而是成为重要的社会资本关系。波茨认为，社会资本是个人通过他们的成员身份在网络中或者在更宽泛的社会结构中获取稀缺资源的能力。[③] 大众传播时代的普通个体无法通过大众媒介实现个人社会资本的

① 卡尔·波兰尼：《巨变：当代政治与经济的起源》，黄树民译，北京：社会科学文献出版社，2013年，第113页。

② B. Wellman: "Physical Place and Cyberplace: The Rise of Personalized Networks", *International Urban and Regional Research*, 2001, 25(2): 227-252.

③ 参见张文宏：《社会资本：理论争辩与经验研究》，《社会学研究》2003年第4期。

扩张,但互联网传播尤其是具有典型群体传播特征的社交媒体,为个体提供了再分配稀缺资源的新途径。互联网通过重新构建人们的社会关系网络所带来的社会资本对稀缺资源进行分配,使社交媒体成为除家族继承、政府分配、市场竞争之外新的、重要的资源配置方式。

当然,网红现象折射出的互联网群体传播引发新的信息生产方式参与资源配置,虽然丰富了资源配置手段,但并不意味着互联网媒介权力的完全平等。所有普通个体都可以经由互联网随意实现资源再分配,但普通网民对网络资源的占有程度依然呈现等级化差异分布,大众仍然处于互联网社会资本等级梯度的底部,网民在传统社会中拥有的先在条件、网络传播中的节点位置,依然决定了网络社会的资本差异,互联网传播中社会资本分布不均的现象依然突出,新的结构和模式中的霸权问题、资源不均问题依然存在,网络乌托邦神话的背后依然隐藏着多重不平等。不过,互联网群体传播引发的新型信息生产方式作为注意力稀缺资源的聚集和分配载体,助力普通个体在社会传播活动中获取关注度,引发经济资源、职业和社交圈的变化,成为个体交换社会资源的筹码和在短时间内改变社会地位、所属群体的重要砝码,进而再生产社会结构,也是不争的事实。网红、搏出位通过提升个体知名度进行资源配置,虽然是互联网群体传播参与资源配置的怪胎,但已成为链接物质资源、文化资源和社会资源的配置路径。

产能过剩和互联网技术引发群体传播,进而推动信息生产方式的改变,是历史的选择,不以个人的意志为转移。互联网群体传播是人类文明史上最大规模人群参与的信息生产和传播活动,引发人类信息生产方式的改变是必然的。信息生产方式的嬗变改变媒介格局也是必然的结果。在传播主体多元化的新的信息生产方式下,中国社会 30 多年的高速发展使得在一代人之间产生巨大的经济鸿沟和阶层演变,引发社会情绪的集中爆发,更是随之而来的必然社会现象。在人人生产信息的信息生产方式中,网红参与社会资源配置,进而参与社会结构的再生产,这是必然的因果关系。如果这几方面的历史必然性足以说明人类信息生产方式的重要性的话,那么信息生产方式的变革将如何影响人类的经济生产方式、文化关系模式、社会结构模式乃至制度模式等问题,就值得我们去进一步关注和把握,就值得传播学、社会学、心理学、经济学、政治学、法学等诸多学科去关注。

中国新闻史学会会长、国务院学位委员会第八届新闻传播学科评议组召集人　隋岩

2024 年 12 月

目 录

第一章 导 论

第一节 网络社群时代的来临

德国学者克罗兹认为，“媒介化”与全球化、商业化、个人化，构成了社会四大“元过程”，是衍生出各种社会变迁动态的基础过程。[①] 著名网络社会学者曼纽尔·卡斯特曾指出，在信息时代社会功能以网络化组织已渐成趋势，网络建构了新社会形态，而网络化逻辑的扩散实际上很大程度改变了生产、权力与文化过程及其操作效果。[②] “媒介化”具体化为“网络化”，已经成为当前中国社会最显著的特征。媒介化社会以复式的方式重建认知与经验，融入日常生活和社会交往，而互联网群体传播的兴起正是媒介化社会的产物。媒介化社会中媒介环境成为生存景观和拟态交往语境，虚拟世界的感受与经验日益成为人们对现实世界的理解。

网络社群的崛起正集聚起强大的力量，其政治、文化、商业价值日益受到重视。2017 年 2 月，全球最大社交平台 Facebook 的 CEO 马克·扎克伯格发表了《建立全球社区》的公开信，称“在一个物理社群逐渐消亡的世界，加强网络社群建设才能稳定整个社会架构”[③]。有针对网络用户进行社交媒体偏好

---

① Krotz F:“The meta-process of ‘mediatization’ as a conceptual frame”, *Global Media and Communication*, 2007,3(3): 256-260.

② 曼纽尔·卡斯特著，夏铸九、王志弘译:《网络社会的崛起》，社会科学文献出版社 2003 年版，第 569 页。

③ 网易科技频道(2017):扎克伯格万字公开信:建立全球化社区。https://www.163.com/tech/article/CDFVH01Q00097U7R_pa11y.html,2017-02-17。

与行为的相关调查显示，美国人最常用的 4 种社交媒体是：Facebook、Twitter、Instagram 和 Snapchat；德国人把 WhatsApp 排在第一位，日本人高度依赖 Twitter；俄语系国家多使用 VKontakte 和 Odnoklassniki 等。随着互联网社交媒体在中国的蓬勃发展，互联网群体传播也如火如荼地发展起来。

网络社群借助互联网构建了新的社交模式和社交场景，互联网群体传播突破了传统媒体时代社会交往中信息流动和交往过程的单向性，形塑了一种媒介社会新型的社交方式。移动互联的网络便捷性更进一步催生和释放了大众的移情能力，使兴趣、喜好、偏爱、崇拜成为可增值的网络社会资本，使网络空间的社交黏性得到前所未有的增强，尤其体现在网络空间虚拟粉丝社群的集聚。以豆瓣、知乎、短视频社区、百度贴吧、新浪微博等为代表的网络社群已催生出影响媒介社会新型生活消费方式的社群经济，对社会的固有价值体系形成巨大冲击，并借由群体力量对社会秩序产生重构。

一个健康的社会需要社群的支持，未来社会的核心动力在于社群，未来社会的稳定架构也来自社群。互联网群体传播对社会秩序冲击的研究，对风险社会的管理及互联网的全球治理都具有重要意义，而这正是中国当前亟须研究的问题。

一、从传统媒体到互联网：传播模式的变迁

传播作为人类的一项基本社会活动，其信息载体是不断变化发展的传媒，决定着传播活动的效率和效力。人类历史上经历的每次传播革命，都使信息和知识得到更广泛的传播，极大改变了我们的社会和生活。媒介技术既是社会文化变革的基本驱动力，也是一种隐形的意识形态，通过推动媒介生态系统演变来改造和重塑人类社会的认知模式、社会形态和文化模式。[①] 人类的传播方式，从最初的人际传播，到大众传播、组织传播，再到分众传播，在网络时代又出现互联网群体传播。

从人际传播到大众传播，是社会在传播上的第一个进步，在这个过程中，个人融入集体，集体融入国家。从大众传播到群体传播，是社会认可差异性的又一个进步，体现了承认差异、尊重个性。因为人与人之间，人的需求是有差异的，这种差异是客观存在的，不同的兴趣点、不同的社会人群会有不同的社

① 施威、李蓓蓓：《媒介技术演进与社会建构：内在逻辑与实践机制》，《湖南社会科学》2014 年第 1 期，第 255 页。

会关注。

大众传播时代以信息的聚集为代表,信息搜索和信息广播式传播成为常态。社群时代以关系的构建为核心,群体协作和对话成为关键,传播的边界变得模糊和消融,个性化定制正在改变传统的传播观。

詹姆斯·凯瑞(James Kerry)将传播视为一场盛典,认为"仪式观"是传播的起源与传播的最高境界,"仪式观"建构并维系一个有意义和秩序的、能支配和容纳人类行为的文化世界。① 人们在互联网群体传播中实现信息的沟通和知识的共享,共同分享和参与媒介仪式观这场盛典,互联网群体传播本身就成为网络时代的一种"仪式"(见图 1.1)。

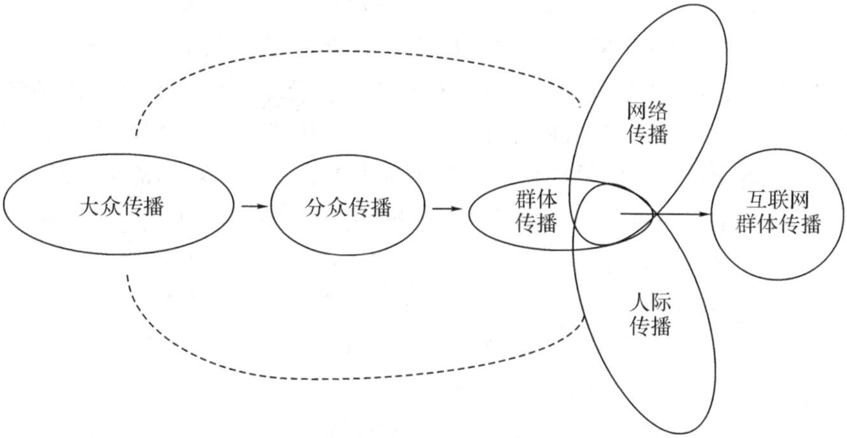

图 1.1 互联网群体传播关系

1967 年,哥伦比亚电视网技术开发研究所所长戈尔德马(Goldemar)提出了"新媒体"的概念。② 我国新媒体发展大致经历了三个阶段,其实也代表了传播形态的三种变化,农业时代的精英媒体,工业时代的大众媒体,信息时代的社交媒体,并将进入网络时代的智能媒体。改革开放 40 年来,经历了四次大变革后,我国传媒业格局发生了巨变。

互联网自诞生以来,经历了 Web1.0 到 Web3.0 的技术演变。互联网不仅是一个强大的信息网,基于互联网信息传输技术的发展在每一阶段都呈现

① 詹姆斯·凯瑞:《作为文化的传播——"媒介与文化"论文集》,丁未译,华夏出版社 2005 年版,第 28 页。

② 秋叶,刘勇:《新媒体营销概论》,人民邮电出版社 2017 年版,第 6 页。

新的气象。Web1.0时代属于门户网络时代，解决的核心诉求是内容网络的互联互通，新闻和信息都是单向传播，门户网站以用户数、点击率、流量来作为判断优劣的衡量指标。Web1.0网络泛传播时代，传播方式自上而下，由少数信息资源控制者集中控制主导，网络用户只能被动接受，主要特点是“内容传播—信息搜索”。Web2.0网络社会形成时代，传播方式自下而上，资源控制由广大普通用户的集体智慧和力量主导，网络用户主动参与提供内容，网络社群逐渐成长，共同构建知识分享的媒介与平台，主要特征是“个体创造—群体协作”。而到了Web3.0进入人类社会与物质世界全方位互联的信息交互时代，将是“万物感知—智慧控制”。

加拿大著名传播学家马歇尔·麦克卢汉（Marshall McLuhan）的冷热媒介说，引出媒介四元律问题，其中包括这个媒介使什么得到提升、使什么东西过时、使什么过时的东西得到再现和被极端挤压之后产生了什么。人和媒介之间的互动，导致传播模式的变化。20世纪60年代，麦克卢汉预言性地提出“地球村”概念，认为“电子媒介技术正在带来人类社会重新部落化，使整个地球变成一个全球村落”。麦氏关于“地球村”的预言已经成为现实，互联网使世界变成了“地球村”，让国际社会成为相互连通的命运共同体。[①]

20世纪90年代，互联网的诞生和国际化带来崭新的传播体验，信息通过互联网无障碍传播，其带来的意义并不只限于增加了一个新的传播渠道和交流平台。有研究表明，消费者使用互联网来获取资讯和新闻；进行娱乐，愉悦心情和消磨时间；获得社交满足，获取社交网络，寻找同伴；同时也进行逃避，转移注意力以及情感宣泄。美国媒介理论家保罗·莱文森（Paul Levinson）认为，满足渴求、幻想与弥补失去的东西是人在媒介的演化中的两个动机。[②]整个媒介演化过程，其实是人类的一种补偿性措施，为满足人类自身的动机需求，不断地改进媒介以完成对原有遗憾的补偿。媒介使用者会根据自身的偏好，寻求不同的媒介满足，进而选择特定形式的媒介接触。

中国自1994年接入国际互联网，迄今已历30个春秋，有学者对六大新闻传播期刊1996—2015年刊登的新媒体类文章的扩散趋势、关键节点和共性网络进行分析，发现“互联网”一词首次出现在学术期刊的年份是1999年，16年间共出现频次为224次；“移动互联网”一词首次出现在学术期刊的年份是

① 丁柏铨：《“网络空间命运共同体”及其传播学解读》，《新闻与写作》2016年第2期，第53页。

② 保罗·莱文森：《手机，挡不住在呼唤》，何道宽译，中国人民大学出版社2004年版，第16页。

2009年，相隔10年，6年间共出现频次为27次。[①] 移动互联网自2013年开始成为网络舆论的新信源。

从三网融合、传统媒体与新兴媒体融合，再到“互联网＋”，互联网改变了原先的媒介生态，也带来了社会进步和变迁。在传统媒体遭到群体传播的审视、解构乃至抵抗的当下，在网络平台、社交媒体和移动终端等新技术的推动下，传统的传播模式、观众的收视行为都在发生改变，从单一终端的单向的大众传播向群体传播的弥散型模式转变，从“精英—草根”“官方—受众”到“受众—受众”，互动模式层次更为丰富。

二、从大众到网络社群：传播关系的演变

传播主体多元化引发新的传播环境，新的传播环境改变原有的传播格局，带来新的传播生态。互联网的迅猛发展，构建了以人为核心的连接系统，“人—机”连接升级，“人—内容”连接更加丰富但也存在一定问题，“人—人”连接扩展并体现价值，“人—物”连接的形式和方案随着技术的发展日新月异并超乎想象，最终将呈现万物互联的景象。

在互联网媒介技术空前发达的当下，互联网群体传播正推动着传播关系，乃至人类生存模式的变革和发展。网络空间是社群网络交流的聚合场所，人与人之间不是通过硬性规定和正式制度来实现聚合，而是凭借个人魅力、基于兴趣和情感相互吸引和交往，因缘分聚集成一个个社群。这种基于共享而缔结的社会关系和形成的社区，是一种黏性的社会关系，并基于共同关联而展开分享、合作和集体行动。

网络社群大致可分为现实社会已存在的实体组织的线上新媒体社群、线上结社的原生态新媒体社群这两大类，根据不同的平台、性质以及社群属性，可分为六种类型：其一，以扩大交友范围为目的的网络社群，有熟人关系网的聚集，也有陌生人之间共同关注下的交流，如国外的Facebook，国内的人人网、开心网、微博等；其二，以文字、图片、音频、视频等共享平台为基础的新媒体网络社群，如国外的YouTube、Instagram，国内的优酷视频、爱奇艺、虾米音乐、百度文库等；其三，观点消息告知型平台，如国内的天涯论坛、凯迪社区、强国论坛、百度贴吧等；其四，垂直社区方式形成的网络社群组织，如国外的职

---

① 张小强、杜佳汇：《中国大陆“新媒体研究”创新的扩散：曲线趋势、关键节点与知识网络》，《国际新闻界》2017年第7期，第34页。

业社区 LinkedIn，国内的知乎、百度知道等问答型社区等；其五，即时通信形成的交流社群，如 MSN、QQ、Link、微信等；其六，新闻 APP、政府机构 APP 及新闻媒体门户形成的讨论互动社群，如人民网、凤凰网、中新网、澎湃新闻 APP 等。

美国哥伦比亚大学校长李·鲍林格（Lee Bollinger）说，当前有三种力量正在改变世界的发展进程，其中一种力量就是网络交流，它为地球上每个个体提供了人类历史上从未有过的即时交流可能性，并令人受益匪浅，这在中国表现得尤为明显。[①] 随着互联网作为网络社群集聚地在中国的蓬勃发展，网民被赋予了更大的话语权和言论空间。各种网络媒体更新迭代飞快，从最早的论坛、博客、微博到如今的微信公众号、视频号，网络自媒体的阵营不断扩大。关于社交媒体、自媒体、草根传播、群体传播等研究议题，得到学者们的广泛响应。

互动社交时代解决的最大诉求是人与人的连接，人与人沟通的成本由于社交网络而大幅度减省，使人际蕴含的价值资源能够被发现、检索、激活和整合。互联网群体传播中信息内容生产和信息内容消费的界限已在融合，既有用户生产的信息内容（UGC），也有消费者产生的媒体（CGM），在互联网环境下，在群体传播这个场域中，再现了布迪厄所谓的自主性的场域。在互联网内容创业的浪潮下，自媒体野蛮生长。经历了传统媒体经营生产信息内容的强盛期，到电脑 PC 端门户强大期，再到如今的移动端为王的时期，“两微一端”已成互联网信息内容生产标配，微博、微信、微视频风靡社交网络，信息生产和传播进入微时代。互联网上的个体通过传播积累自己的网络社会资本，在社交网络中构建自己的关系网络。

传统媒体时代，大众媒体拥有大量的受众基础，却没有建立起有效的社群。互联网群体传播时代，受众转化为用户，在网状关系中，媒体对用户和机构的连接不再是唯一连接路径，不带有稀缺性和垄断性，这带来了传媒业生态的大变局，也造成传统媒体的无所适从。中央电视台新闻中心新媒体新闻部主任杨继红在 2018 年 1 月中国传媒大学举办的“媒体融合时代与实践实验教学”主题研讨会上，发表了题为“媒体人看过来：我们走进了一个怎样的新时代”的报告。她认为，以往传统媒体无论传播力再大、影响力再广，只有看得见

---

① 孙宇挺：美哥大校长称网络正改变世界进程 中国尤为明显。中国新闻网，https://www.chinanews.com/n/2004-04-11/26/423976.html，2004-04-11。

摸不着的围观者，却没有像新媒体那样通过注册获得一手用户信息的使用者，这个短板阻碍了传统媒体在互联网群体传播时代对传播能力的发挥。近几年央视做得最多也最吃力的一件事情，就是建立自己的用户群体，这和广告、流量变现直接相关。

任何新媒介的出现，都在改变着社会的既存关系与结构，改变着人们观察世界的方式、感知世界的角度和比例，以及把握世界方式的转型。[①] 如同印刷机放大了个人的头脑、电话加强了双向沟通，一系列新工具如即时通信、智能终端、网络日志和维基百科也强化了群体交流。所有能够强化群体价值的东西终会改变社会，文化模式、阅读模式、人际社交模式、商业模式改变的速度，令人目不暇接，更是达到深刻的社会影响。

微弱的个体通过互联网群体传播，积累起惊人的“微力量”，而这种基于互联网的开源、共享、赋权的网络社群关系，又对社会秩序产生巨大冲击。本书力求多角度剖析互联网群体传播时代的媒介如何被群体应用，如何形塑社会关系和社会生活，产生何种社会影响，探究群体传播时代传播生态如何被重塑。

三、从对抗到博弈：传播诉求的变化

16 世纪英国哲学家 T. 霍布斯认为，社会秩序起源于社会契约论，个体为摆脱人人各自为政的混乱状态，相互缔结契约，以形成社会秩序。[②] 人们在社会活动中必须遵守的行为规则、道德规范和法律规章即社会秩序，是一种动态有序平衡的社会状态。社会要维持有序状态或动态平衡，首先，需要相对稳定的社会结构，每个社会成员要有确定的社会地位，并被纳入明确规定的社会关系的体系中；其次，各种社会规范及规则能够正常施行和维护，且被广泛遵守和执行，这是社会秩序保持相对稳定的必要条件；再次，把冲突和无序控制在一定的范围之内。

在一个社会内部，从纵向看，有新旧秩序的交替；从横向看，社会秩序由政治、经济、伦理道德、劳动、社会日常等方面构成，其中包含相应的社会关系、社会规范与规则。政治秩序和经济秩序的稳定，在这些秩序中起着决定性的作

① 喻国明：《嵌入圈子 功能聚合 跨界整合：“关系革命”背景下传媒发展的关键词》，《新闻与写作》2012 年第 6 期，第 54-57 页。

② 程立显：《霍布斯论社会契约与公平正义》，《党政干部学刊》2010 年第 8 期，第 14-15 页。

用,前者主要表现为统治与被统治的关系及国家的政治法律制度,后者指人们在生产过程中形成的关系及相应的社会规范及规则。

马克思的分层理论以生产资料的占有为分层依据,韦伯的分层理论以经济、政治、社会地位为划分依据,涂尔干以职业分化作为社会分层的划分方法。2002 年,《当代中国社会阶层结构研究报告》由中国社科院社会研究所发布,该报告以职业分类将社会成员分为“十大阶层”模型,以政治、经济、文化资源的占有作为分层标准,融汇了中国社会重视政治地位的传统观念。

2005 年,有学者开辟了观察中国社会结构的新视角,利用国际社会经济地位指数对我国职业地位进行测量,将户籍制度纳入社会分层的考察范畴中,户籍制度造成城乡分化带来社会结构的异化,呈现出“倒丁字形”社会结构。① 2015 年《全球财富报告》显示,我国中产阶层达 1.09 亿人。2016 年,中共中央统战部新成立“新的社会阶层人士工作局”,工作对象包括非公经济人士、留学人员,还有“新媒体中的代表性人士”。目前,网民结构与社会人口结构趋同,社会舆论分层。互联网的本质是自由、分享和参与,社会转型期的各种利益诉求,因为有了互联网的联通而使各个社会阶层有了沟通和交流的平台。

中产阶层逐步壮大,社会阶层也日益多元分化,网上新意见阶层关注新闻时事正聚集起新的意见能量。成长奋斗在新时代的中产群体,享受着改革开放带来的红利而不断壮大,拥有爱国情怀的中产阶层对执政党信任度高,他们的诉求倾向于政局稳定、社会安全、秩序井然。原先民众关注的网络焦点议题大多指向贫富差距扩大、社会不公等社会矛盾,如今渐渐转向维护社会公平正义、尊重个人权利、保障私产及人身安全、改善民生、提高生活品质等议题。随着数字原住民网生代的话语权不断提升、网民代际更新,网络流行议题和文化热点也发生转换,这使既往社会治理策略不再适用于公众阶层的变迁。在各种不同力量的博弈下,舆论作为一种特殊的话语生产被构造出来,并作用于出于各种不同目的参与的各方。其实舆论是一种利益诉求的表达,通过话语的形式进行传达,并对其他力量产生影响。

在一个转型的社会中,社会的“碎片化”现象正在日益解构着传统社会的结构与观念,并逐渐形成不同的利益群体和“文化部落”,其差异势必导致其诉求的不同,由此也导致整个社会群体存在着多种分类。每个个体又因为自身的利益或兴趣诉求,同时归属于多个利益群体,社会碎片化的分割状态形成并

① 李强:《“丁字形”的社会结构与“结构紧张”》,《社会学研究》2005 年第 3 期,第 55-73 页。

不断演化。在互联网群体传播中,混沌成为主导秩序,反馈与迭代机制成为网络传播的关键;自组织性是互联网群体传播的特有秩序,以“围观”和“景观”两种方式展现出来。①

进入互联网社会,工业社会在不断抽离与嵌合中向高阶社会进化,而互联网社会凭借其高新形态对工业社会进行抽离嵌合。社会形态遵循“工业社会—信息社会—网络社会”的进化规律,其中社会秩序也随之转变。

在互联网群体传播时代,信息愈加公开,传播诉求也更趋多元,解决矛盾的途径也相对透明,因此,为适应互联网社会和群体传播的舆论环境,亟待提出新的社会制度方案。人类社会以互联网为载体,正在打破常规界限,社会结构在互联网群体传播的冲击作用下正经历着深刻变化。互联网在当下中国已经成为自由主义、保守主义、爱国主义、历史虚无主义、民粹主义、精英主义、犬儒主义等多元思想博弈的竞技场。互联网群体传播的兴盛,在带来社会升级的同时,也使社会问题愈发显现,社会改革也在不断引起社会新的矛盾,社会矛盾更加聚焦和突兀,而社会结构的优化是解决问题的关键。只有健康合理的社会结构,才能使经济、社会、生活正常运作。社会转型有赖于不断寻找适合当下的策略,在社会阶层多元自主的因素影响下,急需新的社会治理和舆论引导策略,公开、透明、协商,应该成为基本价值取向和道德底线。

年轻一代是数字原住民,与互联网一同诞生、一同成长,使自由而负责的互联网呈现并转化为一种社会化动力,其对社会秩序的影响是深远而广泛的。技术革新带来传播变迁、领域重构、关系重置、利益重组等一系列重大变化,又进一步转变了第二次世界大战所奠定的国际秩序。构建良好秩序,是中国为推进全球互联网治理体系所提出的新的四项原则之一,共享、开放、普惠的互联网精神,能有效推动资源重组、产业升级和新兴实体领域可持续性发展。②因此,研究互联网群体传播对社会秩序乃至国际秩序的冲击和社会转型,有其重要的现实意义。

① 隋岩:《从混沌理论认识互联网群体传播特性》,《新闻界》2013 年第 2 期,第 86-94 页。

② 姜飞:《互联网国际治理的中国智慧》,《人民论坛》2017 年第 2 期,第 50-52 页。

第二节　互联网群体传播研究脉络

一、互联网群体传播研究

群体传播是群体进行的非制度化、非中心化、匿名化、缺乏管理主体的传播行为。群体传播的主要特征包括传播的自发性、交互性、平等性,以及由信源不确定性引发的集合行为。群体传播活动因其传播主体的群体性,如自发、平等、匿名、不被约束等特性而活跃。群体传播模式打破政治传播的科层制,公众借由互联网形成群体意识更强的集体,公众权利意识的觉醒来自群体力量带给个体的安全感。

互联网群体传播也为谣言提供了滋生的土壤,但谣言能够产生影响力,则是因为人际传播为信源不确定的群体传播确定了信源;网络时代群体传播中的“意见领袖”效果更加明显,意见领袖是个体情绪传播的放大器。群体传播时代,新媒介为个体情绪的社会化传播创造了技术条件,仇富、仇官等社会心态是负面个体情绪的社会心理基础,而群体传播是个体情绪社会化的核心动因,助推着个体情绪成为社会舆论,难免失之偏颇和非理性。

1. 传播学视域下的群体传播

小众群体传播地位日益上升,其传播效应可与大众传播相抗衡,生产内容的工具导致信息生产的长尾,配销大众化导致信息传播平台的长尾,连接供给与需求的可能导致信息需求的长尾。美国小群体传播研究可分为结构范式、功能范式、叙事范式和戏剧范式等四种范式理论。传播学的学者开始探讨新媒体环境中群体传播的概念、类型、特征和模式,并提出关系传播新概念。

互联网传播中的群体作用机制在社交媒体的大量应用,极大地提升了人际关系和信息交互的强度和密度,使得互联网传播越来越呈现出一种群体特征。互联网群体传播方式使新媒体构建新的媒介环境,解构了大众传播的主导地位,显化了日常生活中的交流,带来呈现反观世界的新视角和新思维。而网络信息传播呈现多元自由,媚俗化、匿名性、非理性使互联网群体传播成为颇具风险的传播形态。在互联网群体传播中,网络用户的多样化信息选择与倾向,受到文本、语境、信源和渠道等因素共同影响,群体传播的特性使用户的意义理解由理性到感性,再趋向情绪化,在满足用户媒介体验和个体偏好的同时,也导致偏见的产生。

互联网群体传播是一种混沌系统,具有非线性秩序、自相似性、自组织性和对初始条件的敏感性等特征,作为整体通过蝴蝶效应所展示出来的微力量惊人。群体传播时代,网民之间的自发互动与聚集行为与蚁群行为有着诸多相似之处,成为最具传播力与爆发力的传播形态,只有厘清群体传播的表层特征的内在动因,才能尽力规避其传播风险,更有效地传递正能量。

网络社群是一种在网络上形成的社会群聚现象,可分为群体型(Small Group-Based)虚拟社区和网络型(Network-Based)虚拟社区,前者建立在相互认识的群体基础之上,后者是素未谋面的陌生人通过技术相互连接而形成的社群。随着社会关系变迁,在传统社会网络化再造的过程中,网络群体在技术上获得了平权的同时,也面临着人际距离带来的压力和潜移默化的商业收编,在群体成员的经济独立和主体自觉的引领下,进行着现实的和仪式化的抗争。

2. 舆论学视域下的群体传播

网络舆论的生成过程与群体传播息息相关,很多时候信息本身真假都被忽略,当事人身份和社会问题成为网友评判的标准。网民对社会"焦点"和"热点"发表意见,由于身份的隐蔽性,加之缺乏规则的限制和有效的角度,网民很容易释放情绪化意见,进而成为点燃某种舆论的导火索。当某个事件或观点在一部分人中形成共鸣,就可能通过互联网迅速蔓延,在更多的人中间产生认同感,即使是一个夸大的事实或片面的观点,也会造成有众多人认同的错觉。网络意见领袖社区的构成可分为核心圈层、扩散圈层、围观者舆论塑造圈层等三大圈层,分别代表议题信息、议题在不同群体扩散,以及舆论规模。

在互联网群体传播环境下,"网络赋名"与"官方命名"在博弈中舆论生成。在网络群体传播语境下,现实与虚拟空间的传播交织,网民群体意识增强,呈现规模化、强有力的舆情传播态势,网络群体成员的舆情表达呈现非理性从众、极端冒险和舆论暴力等特征,使网络群体传播具有"群体极化"效应、"沉默螺旋"效应和"网络舆论暴力"倾向。在网络舆论引发的新型公共安全危机下,应全面及时公开信息,充分发挥议程设置功能,同时发挥舆论领袖作用,建立并完善对话机制,建立法律与道德体系,积极提高网络舆论的引导能力。基于社会网络分析法对移动互联网络环境下舆情信息传播路径和传播规律的分析,成为研究路径。

"双微"环境下移动网络公共领域讨论的理性、批判性与平等性不足,存在着碎片化、同质化信息表达、谣言泛滥、缺少法律保护的失范现象与规避对策。在突发性、恶性、群体性事件中，谣言成为风险社会的重要风险源。谣言具有“社群共享”和非理性特征，但也反映社会精神状态，是扭曲的底层真实民意的表达，除了“辟谣”作为应急机制，还应积极培养公众对于谣言理性的怀疑意识。中国现阶段网络谣言治理的措施与法律法规有待进一步建立和完善，谣言带来经济损失、威胁人民群众的身心健康，严重的甚至会扰乱社会秩序、威胁公共安全，应借鉴国外治理经验提出相应治理对策。

基于媒体多元互动分析路径，从国家、市场、社会和全球化四种力量的互动博弈角度，研究中国网络群体性事件发生、发展及变化机制。基于个案分析路径，研究新媒体环境下社群组织的社会动员特点及事件发展不同阶段舆论引导的规律性。近年来，众多以事件为中心的网络舆论聚集，形成网络舆论冲击效应乃至网络集体行动，关于网络群体性事件的研究也引起学界的关注与反思。

3. 心理学视域下的群体传播

早在19世纪末20世纪初，欧洲群体心理、群体传播领域的著名研究者就包括勒庞（Gustave Le Bon）、塔尔德（Gabriel Tarde）、弗洛伊德（Sigmund Freud）和特洛特（Wilfred Trotter）。他们对大众社会的降临均感震惊或忧惧；对群体及其心理的形成、群体行为的发生及其后果作出了丰富、独断和惊人的论述。勒庞的《乌合之众》最为经典和受瞩目，成为今日学界持续翻炒的热点。塔尔德的《传播与社会影响》《模仿律》、弗洛伊德的《图腾与禁忌》《群体心理学与自我分析》也出了中译本，特洛特的群体心理和群体传播成果尚未引入国内。“大众”不再是分散在乡村、旧社区和特定教区的个体，而是成为大规模聚集于工厂、城市的群体，是卷入大革命和战争的疯狂行动者。尼采曾讨论过作为“群体直觉”的道德对个体自由的限制。20世纪末，越来越多的学者开始关注精英与大众、个体与群体的关系，试图洞察群体心理、群体行为的发生过程和结果，他们希望调整群体的动机、抱负和行为，以应对工业化、城市化引发的社会危机，对解释和解决互联网时代的群体心理、群体传播、群体行为问题，具有重要的借鉴意义和响应价值。

大众在互联网群体传播时代的再度觉醒和崛起，使群体心理研究和群体传播模式研究成为学界关注的重点。重大公共危机事件会在很大程度上改变社会心理，而社会心理与新媒体及新媒体语境有着紧密的联系。以关系为核心的网络传播不同于传统媒体的传播逻辑，力邀网民的情感参与，传播的目的更多的是把弱关联转化成强关联。群体极化效应既能促进群体意见一致，增强群体内聚力，统一群体行为，提高社会管理效率，也能使偏激的判断和决定更趋极端，产生极端社会行为干扰和破坏正常社会秩序。社会规范与传播之间存在紧密的联系，使用描述性和命令性规范信息影响人们的行为，应避免或减少不良行为发生，改善社会心理与社会行为。

新媒体背景下社交媒体的广泛使用，令网络群体传播更为活跃，在传播过程中，反向社会情绪更易出现并扩散，导致强情绪、弱信息、正面事件暴力解读。应疏导反向社会情绪，缓和极化情绪，降低社会风险，稳定社会环境。悲情与戏谑是网络事件中的情感动员，近年来抗争性网络事件有所减少，以共识性为特点的新媒体事件有所增加，主要原因是网络事件的情感动员受挫，悲情、戏谑、愤怒等被冠以负面情感、非理性、煽情、不文明等标签。网络空间中一种参与式戏谑文化，以“反鸡汤”形式呈现了一种“硬现实”的现实感，以及一种自我矮化的主体形象，网民们戏谑地以“屌丝”为主体形象来表达生活感受，以绝望与幻灭作为其情感修辞，以“物质”对“精神”的打击颠覆心灵鸡汤文本的价值排序。

4. 文化学视域下的群体传播

系统功能语言学认为，语言的内容和形式取决于环境的要求。话语是特定历史和文化关系中人们运用语言及其他手段和渠道所进行的具有某种目的和效果的社会交往活动。[①] 网络语言折射出政治与娱乐、科技与人文、公域与私域之间错综复杂的关系。词语演变的背后是社会关系变革的过程，网络流行语的演变映照出媒介和社会变革。在互联网群体传播时代的社会语境中，回看这些词语的出现及演变，其价值在于梳理词源及辨析脉络，为社会变革中观察传播格局和社会发展提供独特视角。网络语言与互联网群体传播的本质及互动密切相关，从网络语言的社交属性看，互联网群体传播借助网络语言使准社会交往存在。

民族认同借助群体传播在线建构，新媒介既满足了少数民族追溯民族身份认同的需求，又通过促进广泛的互动交流，不断激发这一群体的民族意识。宗教群体传播形成“外在认同”文化性格，信息管制和信息公开都需参照宗教主导下群体传播的特殊性进行。媒介文化实践是整个社会变迁的重要表征，其纷杂多样是基于技术变迁所触发的一系列社会思潮演变的结果，基于消费

① 施旭：《什么是话语研究》，上海外语教育出版社 2017 年版，第 4 页。

主义、群体传播和新历史主义三大思潮，当下媒介文化实践日益娱乐化、传受关系日益散点化以及文本意义不断重构。互联网群体传播时代的二次元文化破圈，随着网络与新媒体发展，产生"文化生态"概念，在现实中重构人类社会文化生态系统。

5. 经济学视域下的群体传播

在互联网群体传播时代，个体或群体利用媒介关注度汲取资源，在短期内实现阶层跨越，媒介成为资源配置的重要环节，资源配置机制与社会结构演变间的关联，使当下社会行动体借助媒介关注度实现社会阶层流变。社群经济发展模式是利用社群的品牌价值获得基于成员的经济价值，围绕社群本身进行增值，社群成员及准社群成员对于社群的价值认知和定位产生其经济价值，并不是利用用户搭建平台获取现金流。对互联网群体传播下的"网红经济"进行分析，互联网群体已经成为网络结构中不可或缺的一部分，借助于互联网群体在社会中的强大影响力，网红经济得到了实质性的发展。互联网时代的媒体形态变迁与商业模式发生重构，从价值链的角度看，内容媒体依靠流量逻辑获得广告收益，场景媒体依靠跨界逻辑产生电商支付，社交媒体依靠关系逻辑催生共享经济。

二、网络传播动力学研究

目前，国内研究复杂网络传播动力学的大多为信息科学、计算机科学、物理科学等领域的专家，他们研究并揭示各类复杂系统目前还不能用科学方法解释的动力学行为。复杂系统理论强调用整体论和还原论相结合的方法去分析系统，复杂系统理念处于萌芽阶段，可能孕育着一场新的系统学乃至整个传统科学方法的革命。

起源于20世纪中后期的混沌理论，应用整体、发展和联系的观点研究复杂非线性系统的秩序与规则。2000年世纪之交，英国著名物理学家霍金指出，21世纪将是复杂性的世纪，需要用新的思维方式来应对复杂挑战。

近十年迅猛发展起来的复杂网络系统论，为研究复杂性与复杂系统科学提供了一个重要支撑点，它高度概括了复杂系统的重要特征，即由多个基本单元（节点）及其相互作用（链接）组成。典型例子有互联网、神经网络和各类生物网络、科研合作网、交通网、电力网等。一般来说，局部动态特性依赖于网络结构与全局动态特性之间相关联，全局性的结果由局部行为所导致。

科学家尝试运用图论或者是统计学的形式来对网络进行研究，以此进一步分析在网络中所存在的拓扑形式和动力学。最开始，对网络进行的分析工作只是对于规则网络进行的，如二维格子网络。直至 20 世纪末，Watts 和 Strogatz(1998)以及 Barabasi 和 Albert(1999)分别在 *Science*(《科学》)和 *Nature*(《自然》)杂志上发表了关于网络的两篇开创性文献，提出了小世界网络模型(Small-World Model，WS 模型)和无标度网络模型(Scale-Free Model，简称 BA 模型)，标志着复杂网络理论的兴起，引发了关于复杂网络的研究热潮。邓肯·J. 瓦茨在《小小世界：有序与无序之间的网络动力学》中提出了"网络动力学"，认为小世界现象会出现在任何一种类型的网络之中。瓦茨利用多种简单模型，如博弈论中合作的演化、人群中传染病的传播、耦合相位振子的同步、元胞自动机的计算能力等，阐明了其中关系的微妙之处。

随后，吸引子、小世界网络、无尺度网络等概念相继被提出。系统科学论认为，一个系统有朝某个稳态发展的趋势，这个稳态就叫作吸引子。在特殊的复杂网络结构中，大部分的节点彼此并不相连，但相互之间经过少数几步连接就可彼此到达，称之为"小世界网络"。在网络中的大部分节点通过很少节点连接，而有极少的节点与绝大多数的节点连接，称之为"无尺度网络"。这些复杂的网络特性都使网络信息的扩散产生了特殊效应。

2014 年出版的《复杂网络传播动力学：模型、方法与稳定性分析》，聚焦数理流行性病毒传播与复杂网络相应模型的关系，关注复杂网络上带传播媒介 SIS 模型的全局稳定性，提出非齐次复杂网络上带传播媒介的易感者—感染者—易感者(SIS)模型，并证明该模型传染过程的全局稳定性。中国科学技术大学、复旦大学、华东师范大学的研究小组在网络传播动力学方面的最新研究，认为病毒的流行、谣言的散布、观点的传递等传播现象，存在联系和共通的演化机理。

在复杂网络上的传播动力学及其新进展中，研究者开始关注传染病在社会群体中的传播规律，计算机病毒在因特网上的扩散过程，是复杂系统领域研究的热点，从复杂网络的拓扑结构和流行病的感染机制等方面，提出社区、层次结构的加权演化模型。有研究者基于社会网络的传播动力学集成仿真原型平台的研究与构建，建立针对应急管理的集成仿真原型的概念框架，提出以非常规突发事件为情景的仿真规划评估方法。

通过对经典传播模型和一般传播规律的分析，基于复杂网络传播动力学的谣言传播研究开始兴盛，小世界网络和无尺度网络的传播特性，使传播动力学进入社会谣言防控领域具有价值和意义。在社会网络信息传播模型中，分析网络中节点之间信息传播的影响因素以及信息传播的具体过程，对节点间传播概率和传播延迟进行建模，有研究者通过新浪微博真实数据集进行试验，提出细粒度的在线社会网络信息传播模型。也有研究者在集群创新网络中基于传播动力学理论，构建文化嵌入 SIR 模型，模拟文化信息的传播过程，提出从文化嵌入的角度推进集群创新网络的优化与发展。

研究者在随机网络模型、无尺度网络模型、小世界网络模型的构建基础上，提出 OSM 网络模型及其 SIS 类病毒传播动力学特征，为病毒传播过程和免疫提供参考，并运用动力学方法建立网络增长机制模型，分析网络病毒传播的内在机理、研究工具，通过分析网络拓扑结构特征对病毒传播的影响，为网络病毒防治策略提供理论依据。

运用系统动力学的方法阐述意见领袖视角下网络口碑传播的因果关系，构建系统动力学模型，验证意见领袖对网络口碑传播效果的灵敏性。由线上社交网络和线下物理接触网络构成的双层社会网络模型，验证在线社交网络能够扩大舆情传播范围、加快舆情传播速度，来自线下网络的传播者转移率对舆情传播过程的影响作用小于来自线上网络的传播者转移率。耦合网络上信息或病毒的传播演化，利用复杂网络理论对病毒或信息系统进行动力学建模，利用动力学理论与方法给出模型的稳定性、持续性和敏感性分析，研究信息传播对病毒传播的影响，以应对新病毒来袭。

一些研究者从动态系统的角度研究社会网络中观念和行为的演化，从个体性质、个体交互方式和个体决策过程等三个方面探索观念动力学。基于共享系统中节点行为的随机性，提出了基于在线概率的动力学模型，引入节点的在线概率来刻画节点行为的随机性，并通过分析系统中节点之间交互演化的过程，建立基于在线概率的动力学模型，分析影响系统演化的多个因素。

三、媒介社会学研究

媒介社会学领域，从媒介学、社会学、管理学、政治学等交叉领域关注社交媒体对媒介格局、权力博弈、社会变迁等带来的影响。

（一）传播模式与媒介格局

模式构建是一项持续不断的活动，其功用在于阐明新的观点和理论、帮助整理研究成果，以及揭示进一步探讨的问题。各种模式必须不断更新才能适应社会变动中的传播现实。麦奎尔在《大众传播模式论》一书中梳理了大众传播时代很多经典的传播模式，典型的传播是循环的、重复的和螺旋式的，因为传播所带来的变化会导致在不同的点和面，而非停留在原点的一个新轮回。①学者邱林川对信息“社会”的理论、现实、模式进行分析和反思，认为模式是介于具体社会现实和抽象理论之间的框架概念，模式不能只顾描述，而要在时空维度上有一定的延展性，它不一定是“模范”，因为技术革新背后常有传统问题的延续乃至加剧，即使某些现象一时盛行，也可能很快衰败。②

互联网群体传播对媒介环境与媒介格局的影响颇为重要，新的传播格局变化最剧烈的是受众的信息消费方式与习惯，移动需求会成为第一需求，将形成能满足这一需求的新媒体格局，从标准生产走向按需生产，从传统生产体系走向共享式生产体系。中国的媒介议程设置实际上是一个多种社会力量持续角逐的过程，其中市场力量对媒体议程设置的影响非常明显，今后独立媒体与政治力量汇流后或许会成为一股新的媒体力量。微博基于社会网络的网状传播模式对传统新闻网站的点对面传播模式是一个重要冲击，微博传播平台上的意见领袖是重要的“话语权力”中心，影响不容忽视。

我国社交媒体通过整合发展，目前已形成平台型、社群型、工具型、泛在型四种网络社交模式，构成错综复杂的社交网络生态，未来互联网将进入社会化传播时代，社交媒体会改变人类社会的交往方式。社交媒体中的转帖是网民表达意见、传递信息和寻求共识的途径，也是社群团体召唤的方式，网民议事从广场模式转向实时互动的议事厅模式，有希望重构公共空间。网络直播在中国到底能走多远，从传统媒体到网络媒体再到移动社交，在网红经济推动下中国已进入全民直播时代。

互联网时代，人与人之间的信息传播转向物联网时代物与物之间的信息传播，人类信息社会将被物联网所重构，这为传播学研究带来了变革。在物联网环境下，用户空间域、信息空间域、物理空间域形成三元体系架构，同时控制流、数据流、感知流形成动态交互模式，实现智慧物联网传播。借助人工智能、物联网、云技术等新技术，万物皆媒的泛媒时代正在到来，而智能化是未来传播模式创新的核心逻辑，“人工智能＋媒体”的基本运作范式已然形成。人工智能正在以罕见的速度入侵新闻业，人工智能将重塑媒体与用户之间的关系，媒体个性化服务将获得标志性突破，从当前的个性化分发走向个人定制，个人

① 丹尼斯·麦奎尔：《大众传播模式论》，上海译文出版社 2008 年版，第 15 页。

② 邱林川：《信息“社会”：理论，现实，模式，反思》，北京论坛（2007）文明的和谐与共同繁荣——人类文明的多元发展模式论文集，2007-11-02。

日报时代即将来临。人机传播从“计算机中介传播”发展为“人机社交传播”，人机传播网络与自动传播技术对现实社会影响深远，自动传播技术（包括人工智能）对现有传播秩序、认知常识、道德伦理、社会规范带来挑战。

（二）网络传播与社会秩序

1897 年，法国社会学家涂尔干在《自杀论》一书中首次提出失范（Anomie）概念，即由个人行为调节缺少规范导致混乱无序的社会现象。美国社会学家莫顿（Morton）从社会结构失范来研究个体行为失范，进一步发展了失范理论。他认为失范是文化结构和社会结构在个体身上呈现的紧张状态。国内学者在 20 世纪 90 年代后对失范概念进行了本土阐释，认为失范是社会群体或个体偏离或违反社会规范的活动或行为。①

2005 年，利平斯集（Lapinski）和里马尔（Rimal）两位学者在《传播理论》杂志发表《解析社会规范》一文，认为社会规范是一种传播现象，在规范性社会影响产生的过程中，人际传播与大众传播发挥着重要作用。② 此后，社会规范成为学界持续关注的话题。2015 年，相隔 10 年后两位学者又在《传播理论》杂志发表《十年后再探社会规范》，认为情境因素以及行为特征能够增强或者减弱规范性社会影响，引发国际传播学界对于社会规范议题的关注。③

社会规范是群体成员理解的弱于法律效力的指导或限制行为的规则和标准。④ 社会规范可分为集体规范和感知到的规范，群体成员的互动过程产生集体规范，提示群体成员如何行动，但由于缺少正式明确的条文，集体规范易被误传和误解；感知到的规范是个体对于集体规范的理解与认知，经常是不准确的，多元无知效应、错误共识效应等心理现象就源自这两者之间的错位。社会规范也可分为命令性规范与描述性规范。命令性规范是某个群体中大多数人赞成或反对的行为标准；描述性规范赋予个体对于自身所处社会群体中多数人所从事行为的认知。研究发现，某些变量中介如结果预期、群体认同、自

① 董广安、刘思扬：《“双微”环境下移动网络公共领域的失范与对策》，《郑州大学学报》（社科版），2014 年第 7 期，第 174 页。

② Lapinski, M. K., & Rimal, R. N. An explication of social norms. *Communication Theory*, 2005, 15(2): 127-147.

③ Rimal, R. N., & Lapinski, M. K. A re-explication of social norms, ten years later. *Communication Theory*, 2015, 25(4): 393-409.

④ Cialdini R C, Reno R R & Kallgren C A: A focus theory of normative conduct: Recycling the concept of norms to reduce littering in public places. *Journal of Personality and Social Psychology*, 1990, 58: 1015-1026.

我卷入、自控力等因素调节了社会规范对于行为的影响。[①]

网络社会在发展过程中,网络盗号、网络人肉、网络欺诈、网络欺凌等现象层出不穷,折射出目前网络社会秩序的缺失。对于互联网带来的流量神话的狂热以及商业模式经由互联网带来的革新,使对秩序的价值考量相对受到忽视,致使网络社会陷入一种相对混乱和无序的状态,在此情境下极易产生网络社会行为失范问题。

1986 年,德国社会学家乌尔里希·贝克在其著作《风险社会:迈向一种新的现代性》中提出了"风险社会"的定义,他用风险社会来描述西方高度发达的现代社会。[②] 风险是指预测和控制人类活动的未来结果,使原本不可控制的事情得以控制,不可预见的后果可预测。贝克反思并批判了风险因素日益突出的社会现象。1992 年该书的英文版《风险社会》面世,学界开始关注风险社会理论,此后众多学者的研究极大地丰富了该领域的研究。

贝克认为,生产力的发展与人类活动的加剧是风险社会形成的深刻背景,现代化的发展引致生产力的爆炸式增长,同时也使潜在或现实的危险在急剧累积中逼近临界点,风险社会是人类无法回避的难题。在风险社会中,社会结构由工业社会时代的"财富分配的社会"过渡到"风险分配的社会",社会结构呈现明显的"个体化"特征,并体现出全球化与个体化并行趋势,导致一系列社会结构和政治上的变迁。

安东尼·吉登斯(Anthony Giddens)认为,在全球化背景下,风险更具全球性与人为性。世界历史的形成与全球化为风险社会提供了历史条件,风险社会是一系列特殊的社会、经济、政治和文化因素具有普遍的人为不确定性特征。基于网络结构视角,社会风险分为管理风险、技术风险、安全风险、治安风险、道德风险,也可分为阶段性风险和结构性风险。中国进入社会风险主要源于利益结构、制度结构、文化结构、价值结构这四个深层次的"社会结构性紧张"。中国的结构性风险与制度性风险问题加剧,催化因素来自社会治理的弱化、收入分配的不公平、经济的全球化、农村的城镇化、人类风险感知的强化等。风险社会中公共政策分析面临困境,原因在于无法包容利益分配与风险分担之间的匹配关系。

在应对和治理社会风险方面,尝试以家庭治理为中心,周延个人与社群的

---

① 岳改玲:《社会规范及其传播学研究》,《当代传播》2017 年第 6 期,第 80 页。

② 乌尔里希·贝克著、何博闻译:《风险社会:新的现代性之路》,译林出版社 2022 年版,第2 页。

家庭间治理，构建新型“内核—外延”型风险治理模式，但政府应该为解决社会风险承担更多的责任。政府与社会应共同担责并采取政治、市场、社会、文化、组织化、机制、法律、信息、科技、国际合作等十大战略多管齐下来应对社会风险，要解决社会风险控制问题应该赋予社会更大力量和更多功能，从政府、企业、非政府组织、公众等各种社群主体出发，采取有效的协同治理策略。而基层矛盾化解是基层社会治理的核心使命之一，基层矛盾治理的关键在于综合治理，强化资源整合将带来更大的社会效益。

中国与世界的融合，为中国传媒业提供了前所未有的发展空间，中国媒体的全球化拓展得到传播技术支撑。在世界互联网传播格局的重构中，美国、日本、欧洲、中国四大经济体在互联网发展方面的差异，随着传统媒体概念的消解和重塑，原先旧有世界信息传播秩序长期由欧美发达国家主导的格局将发生改变，中国正凭借用户基数和创业活力跻身互联网强国之列。从传播学层面来看，“网络空间命运共同体”提出了探索消除人类信息鸿沟的新途径，最终目标是建立人类和平共处、共同发展的世界新格局，在世界范围内尊重网络主权，促进开放合作，维护和平安全，构建良好秩序，推进全球互联网治理体系科学合理变革。

本书尝试将互联网群体传播置于媒介化社会和转型期社会的大背景下，运用场域理论以及媒介社会学的视角，对互联网群体传播对传播模式和媒介格局的改变，进而对社会关系和社会结构的影响，乃至对社会秩序的冲击，这一系列的内在机制进行探究和分析，试图揭示以传播模式和媒介格局变化构筑的传播变迁，对以社会关系和社会结构为表征的社会变迁如何影响，互联网群体传播到底起到了何种作用，以及内在的演化机理和规律。

本书共有六章。第一章为导论，论述了网络社群时代的来临，梳理了互联网群体传播的研究脉络。第二章涉及场域和社群这两个核心概念，阐释其内涵与特征，借此确立整个研究分析论证的逻辑起点，构建全书立论的研究框架，通过系统研究揭示互联网群体传播的生成及其演化机制。

第三章阐述互联网群体传播时代传播模式的创新。第四章阐述互联网群体传播对媒介格局的冲击，互联网群体传播的传播模式与媒介格局之间存在密切的互动关系。传播模式是指信息在群体中的流动方式和互动模式，从“沉默的螺旋”到去中心化的“众创”模式，互联网用户跨屏行为中的场景传播，流动性时代的病毒式传播，后真相时代的网络反转，这些互联网群体传播的特征使得传统的媒介格局发生了根本性的改变。而媒介格局是传播媒介在社会中形成的整体布局和结构，它反过来也会影响传播模式的运行方式，平台化媒介生态下技术博弈带来分享传播，时空博弈促进移动传播，权力博弈催生参与传播。传播模式与媒介格局相互适应，传播模式的变化推动了媒介格局的进化，同时媒介格局的演变也为新的传播模式提供了土壤，同时，在技术驱动下又共同进化。传播模式与媒介格局是双向作用的关系，互联网群体传播推动了去中心化、圈层化、互动式的传播模式，而新媒体的技术和平台则为这些传播模式提供了载体和动力，二者共同塑造了当下的传播生态系统。

第五章论述互联网群体传播对社会关系的影响。第六章论述互联网群体传播对社会结构的影响。基于互联网群体传播，社会关系和社会结构之间存在复杂的互动和重构关系。传播模式的变革塑造了社会关系的表现形式，进而影响了社会结构的组织形态；而社会结构的演变也对社会关系的形成和传播方式提出了新的要求。互联网群体传播对社会关系的影响体现在网络交往中人的主体性的改变，拓展了社会关系的边界，呈现出多元化与虚拟化，以及关系强度的分层化，弱关系被放大，强关系得到虚拟延伸，基于社群的身份认同强化了圈层传播，信息茧房也带来社会关系的分化。

互联网群体传播对社会结构的影响，体现在动态化的社会结构使临时性组织崛起，用户的网络在场带来围观的力量，传统科层社会结构与基于互联网的网络结构“双结构”共存带来社会整合，线下的等级关系仍然重要，但网络结构提供了跨越等级的新通道。扁平化的社会结构使网络交往成为可能，网络社会资本的积累重塑人际关系和社会结构。去中心化的组织带来权力的分散，数字鸿沟带来资源分配的不平等，互联网技术带来网络权力的同时，也造成话语权的分层化。作为战略意义的互联网和作为重构秩序的互联网也带来不平等的延续与国际秩序的新形式。

总之，社会关系的变化重塑社会结构，兴趣社群、弱连接网络的兴起，促使社会结构从传统的垂直模式向网状模式演变；新的社会关系形态催生了新型社会组织形式。社会结构的变化调控社会关系，新媒体技术平台通过算法和推荐机制决定熟人网络被强化或异质性连接被弱化，社会结构中隐私保护、数据监管等法律及伦理的变化影响人们在群体传播中的互动方式和关系处理。

互联网群体传播促使社会关系呈现出虚拟化、圈层化和多元化的趋势，这种变化对传统社会结构提出了挑战，同时推动社会结构向扁平化、动态化和平台化方向发展。而社会结构的演变又反过来影响社会关系的组织方式、传播路径和互动形式。两者之间是动态、双向的关系且相互塑造，构成了现代社会的传播生态系统和社会运行机制的基础。

第三章和第四章涉及传播变迁,第五章和第六章涉及社会变迁。基于互联网群体传播,传播变迁与社会变迁之间存在着深刻的互动关系,两者相辅相成,传播变迁推动社会变迁的进程,而社会变迁又深刻影响传播方式的演变。信息传播方式的变迁驱动社会变革,去中心化传播加速民主化进程;传播内容多样化重塑社会价值观;传播技术推动社会结构的转型,技术驱动的传播显著影响社会经济结构,群体传播中的技术工具赋予个体更多的参与能力,自媒体和公益组织在社会中的影响力显著提升,社群经济成为未来趋势。社会变迁对传播变迁也起到引导作用,社会需求驱动传播模式的创新,社会阶层和群体结构变化影响传播形式;社会规范与制度约束传播发展方向,社会价值观的转变也会影响传播内容的取向。

可见,传播变迁是社会变迁的推动力量,传播方式的每一次重大变革都会深刻影响社会变迁的节奏和方向;而社会变迁为传播变迁提供环境和需求,数字化社会推动传播媒介与技术的融合,呈现动态的双向共振。传播技术与模式的创新不断塑造社会结构与文化;社会变迁中的需求和规范反过来塑造传播的发展方向与伦理框架。传播变迁通过改变信息的流动方式、内容特性和技术手段,推动了社会的制度优化、文化创新和结构变革;而社会变迁中的结构调整又为传播方式的创新提供了动力和方向,两者共同建构当代社会发展的重要驱动力。

首先,互联网群体传播研究具有开拓性的理论价值。媒介化社会,基于网络空间、媒介技术和网络社群用户这三者之间的发展和互动,互联网群体传播成为研究互联网社会新型关系建构和秩序重构的一个重要领域。本书从群体动力学、传播学、社会心理学、媒介生态学、网络社会学等多学科理论进行交叉综合研究,将网络技术架构、社会心态、群体心理、关系结构等纳入分析框架,有助于将互联网群体传播对社会秩序的冲击和重构这一多层次复杂问题进行全景式呈现,系统揭示内在的机制和影响,深化相关研究,构筑一套行之有效的优化路径,以期填补这一领域研究的理论空白。

同时,对互联网群体传播所带来的对社会政治、经济、文化等层面的影响进行多学科、跨专业、融中外的全景式分析和深刻揭示,以期建构一个网络治理的分析框架,凝聚网络正能量,激发互联网时代的群体智慧,为转型期的社会风险控制提供学术支撑。

其次,互联网群体传播研究在新时代具有丰富的实践价值。互联网群体传播是否会促成中国社会的大幅转变？分权、匿名、灵活的互联网促进信息传播的民主化，网络社群崛起成为革新社会关系、社会结构和社会秩序的重要力量，基于社群经济的商业模式也在不断探索和创新中。中国的网络社群引导及互联网治理需要基于国情和国策，如何在全球化进程中有效探索互联网群体传播的商业价值和文化价值，是一个有实践意义的课题。

关于互联网群体传播的研究，立足于交叉学科的角度进行深入分析，有助于为中国未来互联网治理提供借鉴和参考，亦有助于对社会群体特别是青年群体在互联网时代的新动态作出积极回应，有助于促进国家现代化治理能力的提升，有助于中国经验对全球网络命运共同体的积极贡献。

第二章　场域与社群

第一节　场　域

一、场域理论下的资本博弈

场域概念最初由勒温首先提出，这是物理学领域中用来描述重力、电磁力等物体相互作用时的场现象。20 世纪 60 年代晚期，布尔迪厄运用“场域”研究艺术社会学，并对韦伯宗教哲学社会学进行解读。布尔迪厄最先把“场域”这个概念作为一种工具，“以唤起人们对于支配知识界、艺术界这些文化世界的特定利益的关注”。他将场域定义为“一个社会或文化再生产领域中的各种社会行动者总和、各种组织总和以及它们之间的动态关系”。他认为，“根据场域来思考，就是从关系角度来思考”。[①] 场域是布尔迪厄社会学理论的核心概念之一，也因他把该概念作为社会学研究的分析单位而成为经典。布尔迪厄分析新闻业和其他文化生产领域的场域理论框架，在世界范围内获得了学者和新闻记者们的共鸣，20 世纪 90 年代中期以来引起我国学者的关注。场域被定义为位置客观关系的网络或构型，场域理论是一种包容性模式，因此把这一理论用来分析互联网群体传播也同样适用。

布尔迪厄认为，跟任何事物一样，作为物体（和生物学个体），人类个体必然居于某一场域占据某一位置，即人类不具备异地存身的禀赋。场域可以在

① 皮埃尔·布尔迪厄：《区分：判断力的社会批判》，商务印书馆 2015 年版，第 121 页。

绝对意义上规定为一个主体或物体所在、发生和生存的一个物理空间点、一种定位或一个体位，即在一个序列中的排位。位置可以规定为人或物在物理空间里占据的幅员、面积和容量，即其维度。社会主体在一个社会空间（即"场"里），通过和主体所获取之物之间的关系构成，其特点可以根据其他场域的相对位置（之上、之下、之间等）和距离得到说明。正如物理空间通过各个部分的相对外在性得到规定，社会空间也通过构成它的位置之间的相互排斥或区隔得到规定，可以说社会空间是一种社会位置的并列结构。因此，在多样化背景下，社会空间的结构以空间对立的形式出现，居住空间成为社会空间的某种天然象征。在等级化的社会里，任何空间根据等级之分显示等级和社会距离，其表现形式多少是有些扭曲的，自然化效应是社会现实长期在自然界留下印记所致，例如，性别的社会差异在教堂、学校、公共场所等空间投射。场域被定义为位置客观关系的一个网络或一个形构，在已获得的物理空间中，各种资本所拥有的空间权力表现为主体的空间分布结构与资产或服务在私人或公共空间分布结构之间的某种关系。一个主体在社会空间里的位置，既表现在其身处的物理空间的场域，也表现在其与其他主体相比的临时定位（如荣誉排名）和长期定位（如家庭住址和工作地址）所占据的相对位置。在社会空间里，主体的分布和资产的分布之间的关系规定着物化的社会空间不同区域的价值。从某种意义上来说，被据取的物理空间结构默然提示无声的秩序，是社会空间逐步转变为心智结构和喜恶体系的媒介之一。

布尔迪厄认为，"场域"是有内含力、有生气的存在。场域是社会个体参与社会活动的主要场所，按照特定的逻辑由社会成员共同建设。场域是集中生产有价值的符号商品的竞争场所，符号商品若更有竞争力即被认定拥有更多的价值。每个场域以市场为纽带，将象征性商品的生产者和消费者连接起来。

布尔迪厄认为，场域的确定都充满了不同力量的对抗，在场域中个体展开竞争，都隐含着对抗。在他的论述中，场域并不是一个固定不变的社会空间，而是充满了冲突和斗争的场所。他认为"在场域中活跃力量是用来定义各种'资本'的东西"。劳动积累起来后形成资本，包括文化资本、经济资本和社会资本，作为社会资源被群体所占有。文化资本以教育资格的形式被制度化，而经济资本以财产的形式被制度化，在某些情况下前者可以转化为后者。而以社会义务组成的社会资本，在某些情况下也可以转化为经济资本。在三者中，作为显性资本的经济资本和作为隐性资本的社会资本、文化资本是可以相互转化的。布尔迪厄还应用了一种类似博弈论的思想，认为场域中的所有博弈者为了各自的利益而争斗，一段时间后某些博弈者能够在其中脱颖而出，把博弈规则施加给他人。

布尔迪厄定义的场域是一个客观的关系系统。每个场域系统中的个体是有知觉和意识的，因此都有各自的性情倾向系统，称之为“惯习”。场域和惯习两者之间的关系既是一种约束关系，同时又是一种构建关系。场域构造了惯习，惯习成为场域的外显产物；惯习将场域构建成有意义和价值的世界，场域变迁会使惯习发生变化。

布尔迪厄认为，各种场域存在于社会空间中，社会分化造成场域的多样化，即场域自主化的过程。自主化的场域可分为“限定的生产场域”和“大规模的生产场域”，前者具有自主性的场域，后者即社会场域的扩大。每个场域在发展过程中都有其固有的本质，以摆脱其他场域的限制和影响。

布尔迪厄认为，场域斗争存在残酷性、持久性和妥协性，博弈各方会在某一点上达成妥协，以实现动态平衡。他认为“对于意识权力位置的倾向，取决于生存心态的性向和在场中达到官方认可的机会，这些性向自身通过预期和自我实现效应而对这种机会有所贡献”①，就是从场域中的位置感即自身拥有的权力出发，以实现利益诉求的最大化。

二、场域概念在互联网时代的演化

网域中存在着积极活动的各方力量，政府组织、大众媒体与网络社群这三种关键力量之间持续动态的博弈，主导了特定事件舆论生成的过程。政府组织的政策宣传，加上大众媒体的配合式新闻报道，自上而下干预特定事件的舆论生成，凸显某种价值理念或意识形态，并采取奖励和惩罚方式在无形中有效影响网络社群意见指向。凭借互联网群体传播，每个网络社群以在线互动的方式进行信息交流，从潜在、消极、被动的消息接收者，转变为显性、活跃、自主的传播者和参与者，因其特定利益诉求给予事件更多意义和价值，自下而上地推动舆论的形成，以一种制衡的力量和方式，呈现“网络社群—大众媒体—政府官方—民间公众”的立体状模式。互联网群体传播带来权力的博弈和转移，大众媒体在网络赋权和官方意识形态指向中，不得不谨慎地平衡自身的报道实践。

① Bourdieu Pierre, Wacquant Lojcj D: *An Invitation to Relexive Sociology*, The University of Chicago Press, 1992: 136.

对于开放的网络场域而言，公众对某一公共事件、社会热点话题的情绪、态度和意见不仅是多元的，而且在群体极化的作用下很容易分化，进而形成不同的圈子、阵营和派别。面对具有争议性的事件或话题，甚至朋友圈好友会因观点对立而撕破脸，这种被戏称为“朋友圈开‘战’”的情境在网络场域中十分常见，各种圈子会处于不断变化、彼此制衡的动态演变中。

在互联网群体传播过程中，基于特定的社会结构和行动者心理结构，共识建构表现为在舆论生成中对政府组织和大众媒体的权威性解构。网域中的赋权过程一般可概括为以下四个环节。首先，网络社群成员在新媒介技术平台积极发表观点和意见，相互交流信息以参与舆论生成，不断进行“耦合[①]”和“区隔化”，特定网络社群形成。耦合是指两个或两个以上的实体相互依赖于对方的一个量度，在网域中的解释强调围绕特定事件的特定网络社群之间产生必然影响，以“关系”聚合，并以整体利益诉求呈现。特定网络社群的“区隔化”是指因利益诉求不同使耦合的特定网络社群分裂成交流极少的不同部分，形成封闭性较强的“圈子”，形成多元化的意见指向。其次，各个分散的网络社群聚合后，利益诉求暂时达成平衡或妥协，以社群联盟的形式对社群外的意见指向形成压力。再次，社群成员的主要利益诉求随着事件的发展，得到不同程度的满足，暂时聚合的网络社群开始分裂，社群联盟逐渐解散，社群成员注意力随之转移，开始新一轮的“耦合”和“区隔化”过程。最后，意见指向反作用于特定网络社群，并得到回应，舆论生成方为有效。

信息通过互联网群体传播，在以上四个环节中反复生成、转发和扩散，既强化网络社群对自身合法性的认同，同时也引导公众对其行为合法性的认可。在舆论的生成中，通过对抗性解读也削弱了官方意见指向的权威性，并最终促进特定网络社群利益诉求的实现。

① 耦合一词作为软件、通信、机械工程名词的专业术语，原指两个或两个以上的电路元件或电网络的输入与输出之间存在紧密配合与相互影响，并通过相互作用从一侧向另一侧传输能量的现象。

第二节 社 群

一、网络社群成为新的社会组织单元

(一)社群定义及分类

族群(ethnic group)在《剑桥百科全书》中的词条释义为一个社会中人口的一部分,他们拥有共同的世系、态度、行为以及文化和体质特征,同时有将自己视为特别群体的意识。[①] 在早期,社群意味着一群具有共同地域、认同、特定规范、价值与文化实践的人,且人数不多,足以彼此认识或互动。[②]

"社群"被古希腊哲学家亚里士多德解释为人类结合成各种团体以满足自身需要,城邦就是人类靠契约所组成的最理想的政治社群。勒庞将"一群聚集的人"定义为"群体",他强调群体未必意味着身体相聚,更意味着精神聚合。群体有两大特质:一是群体心理和行为与其中个体成员完全不同,群体不是个体的简单复制或累加;二是所有群体成员共享一致的情感和信念,即所谓的"群体心理同一律"。

一般社群多以地缘、血缘为纽带而结合,社群世界因互联网技术的普及发生重大变化,边界线区分模糊化。网络社群衍生于实体社群和社区,在网络世界交互形成相应的网络社群。网络社群成员间以获取信息和情感交流为目的,以心理认同和兴趣一致为黏合剂,建立了一种更为平等的网缘模式。网络社群是一定数量的个体在网络上长期分享某些知识与信息,且付出了对待朋友般的感情,彼此关怀进而发展成人际关系网络所形成的虚拟社区。

学者拜恩(Baym)将虚拟社区的形成归于沟通的结果。[③] "社区"和"社群"都对应着英文的"community",但如今学界和业界更偏好用社群这个概念,可能基于两者不同的门槛。"社区"更多的是指松散的人群的集合,而"社群"往往指紧密的人群的结合。不同性别、年龄、地域,不同生活趣味和经历

① 张海洋:《中国的多元文化和中国人的认同》,民族出版社 2006 年版,第 38 页。

② 丹尼斯·麦奎尔:《麦奎尔大众传播理论》,崔保国、李琨译,清华大学出版社 2006 年版,第 111 页。

③ 陈东国等:《传播媒介与生活》,台湾空中大学出版社 2005 年版,第 517 页。

者，都可能借助当代发达的传媒，形成有一定凝聚力和较强认同感的社会群体。[①] 社会群体包括虚拟社群（即网络社群）、消费社群、亚文化社群等。

自 1974 年美国学者 Boorstin 提出“消费社群”（consumption community）概念之后，美国学者霍华德·瑞恩高德（Howard Rheingold）最先提出“网络社群”（virtual community）的概念，认为“当有足够的人长时间地共同参与一个公共讨论，投入够多的情感，会产生网络社群这种在网络上的社会群聚现象”[②]；之后学者穆尼兹（Muniz）在 2001 年提出“品牌社群”（brand community）概念，这是基于某一品牌消费者的整体社会关系，具有共享意识、仪式与传统、道德责任感这三个基本特征。[③] 学者麦克艾勒克桑德（McAlexander）等在 2002 年提出品牌社群是以消费者为中心的关系网络，是消费者与品牌、产品、企业这四种主体间的多元关系。[④] 国内学者将品牌社群的价值归纳为三类：外在价值、社会价值和心理价值。[⑤]

网络社群是以互联网群体传播为中介进行对话和交流而建立起来的空间环境，是有共同需求和兴趣的人们，利用网络传播与想法相似的陌生人分享社区的感觉，并通过网上社会互动构筑新型的生存空间。网络社群兴起后，新兴社群活动逐渐取代传统虚拟社群，以个体为中心的新兴网络社群中，每个个体都可以根据自己的需要来构建自己的社会网络[⑥]，网络社群可作为企业内部知识分享平台；网络社群也成为企业解决顾客问题的沟通媒介；“人们可以在网络社群中兼具群体性意识，同时又得到社会性关系”[⑦]；由用户参与提供内容的网络社群逐渐成长，成为用户知识分享的媒介与平台。[⑧]

---

① 刘国强：《媒介身份重建：全球传播与国家认同建构研究》，四川大学出版社 2009 年版，第 87 页。

② 周志民、李蜜：《西方品牌社群研究述评》，《外国经济与管理》2008 年第 1 期，第 46-51 页。

③ Muniz A M，O'guinn T C：Brand community. *Journal of Consumer Research*，2001，27(4)：412-432.

④ McAlexander J H，Schouten J W，Koenig H F：Building Brand Community，*Journal of Marketing*，2002，66(1)：38-54.

⑤ 杨伟文、刘新：《虚拟品牌社群价值对品牌忠诚的影响实证研究》，《系统工程》2010 年第 3 卷第 2 期，第 53-58 页。

⑥ 彭兰：《从社区到社会网络——一种互联网研究视野与方法的拓展》，《国际新闻界》2009 年第 5 期，第 87-92 页。

⑦ 翟本瑞：《从社区、虚拟社区到社交网络：社会理论的变迁》，《兰州大学学报》2012 年第 5 期，第 51-61 页。

⑧ 邓胜利、胡吉明：《Web 2.0 环境下网络社群理论研究综述》，《中国图书馆学报》2010 年第 5 期，第 90-95 页）。

施容德(Schmid)和斯塔诺埃夫斯卡·斯拉贝娃(Stanoevska Slabeva)根据社群存在的目的将虚拟社群分为谈话社群、任务社群、虚拟娱乐社群和混合社群。阿姆斯特朗(Armstrong)和哈格尔(Hagel)认为,网络社群根据用户需求可分为人际关系社群、交易社群、兴趣社群、幻想社群;从消费者角度可分为人口结构型、地域型、主题型社群。[①] 马洛尼(Maloney)根据技术分类将网络社群分为新闻组、讨论组、邮件列表、信息版、实时聊天。Li 将之分为同步和非同步网络社群。张瑜实证分析了 BBS 空间中公社社会、科层社会、广场社会三种类型的交往场域,探讨其特点及形成机制。[②] 梅泽勇、高舒将基于微博网络社群分为单一微博社群、主题微博社群、相同应用平台微博社群三种模式。[③] 在本书中,将网络社群按人际互动、生产共享等维度,大致分为资源型、知识型、娱乐型、情感型等四类(见图 2.1)。

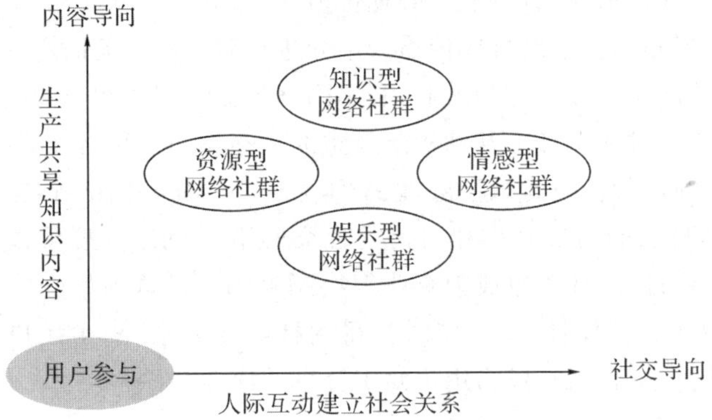

图 2.1　网络社群分类

从群体动力学的角度来看,网络社群是一个个网络舆论场,身处其中的成员会受到场域的影响。在没有受到外界诱因或强制的情况下,网络社群活跃于新媒介平台上的利益诉求驱动力包括三种:其一是直接的报酬,社群对获得利益满足的期望,是直接的激励因素;其二是间接的精神驱使,个体因社会地位易受群体意见指向影响,社会压力会迫使个体承担实现共同利益目标的责

① 盖爽:《网络社群下社会化阅读的用户体验研究》,江南大学硕士论文,2018 年。

② 张瑜:《BBS 网络空间的社会交往领域——以水木社区的实证分析为例》,《青年研究》2007 年第 8 期,第 22-29 页。

③ 梅泽勇、高舒:《基于微博的网络社群研究》,《图书馆学研究》2012 年第 5 期,第 2-4 页。

任，个体的社会声望在其中起作用；其三满足个体良知，道德层面上的约束会使个体在放弃道德准则时感觉内疚和丧失尊严。

法国心理学家居斯塔夫·勒庞在其《乌合之众——群体心理研究》中指出："群体是冲动、易变和急躁的；易受暗示且轻信；保守、偏执、专横；群体情绪夸张、单纯。"[①]在群体中采取个体激励，能使潜在的个体采取有利于社群的理性行为，可以鼓励个体积极主动参与社群的利益诉求过程，可以诱导奖励为共同利益而出力的个体，也可以强制惩罚没有承担社群行动代价的个体，社会奖励和社会惩罚通过社群中的个体在特定群体行动中的表现而区分对待，这样群体中的个体之间才有区分。

在互联网群体传播环境下，社群中的"被动参与者"会为了共同利益而与其他社群成员采取一致行动。合作的社群成员被融入社群的中心位置，享有社群特权的同时被赋予更大的话语权；不服从的社群成员受到排斥，并逐步被边缘化。社群激励和社群压力似硬币的正反面，通过构建共识导致统一的意见指向，以休戚相关的利益联盟的形式，保证共同利益诉求的实现。

（二）新兴网络社群的发展

网络社群已成为新媒体时代基本的社会组织单元，也有着自己的团体认同规范和取径，在理论研究上，其认同建构过程和现实社会有相当的吻合之处。[②] 网络社群的出现极大拓展了人们生产、分享和获取信息的空间。国内的网络社群约始于 2002 年的 QQ 群聊，此后随着传播技术的发展，网络社群经历了论坛、博客、微博、微信等多种形态的变迁。从早期的论坛成员，再到豆瓣小组、微博粉丝、知乎知友、微信圈等，都是网络社群在不同阶段的表现形式。艾瑞咨询发布的《2016 年中国网络社群研究报告》显示，在网络社群成员沟通平台中，微信群位居榜首，QQ 群次之，微信公众号排名第三。[③]

1978 年，电子布告栏系统（BBS）问世，这是聊天室与论坛的先驱，网络生活从此跨入新的时代。2000 年到 2003 年是 BBS 的黄金期，BBS 从传播方式上实现的是多人对多人的异步传播，随机形成的 BBS 成员圈子从传播过程来看可逐步发展成为一个成熟、稳定的群体，而且 BBS 作为信息和言论的集散

---

① 居斯塔夫·勒庞：《乌合之众——群体心理研究》，胡小跃译，浙江文艺出版社 2015 年版，第 23-34 页。

② 吴筱梅：《网络传播概论》，台湾智胜文化事业有限公司 2003 年版，第 177 页。

③ 艾瑞咨询：2016 年中国网络社群研究报告，http://www.iresearch.com.cn/report/2638.html，2016-08-31。

地，集中体现网络“摧毁话语霸权，平等自由传播”的特点，对“沉默的螺旋”假说理论前提产生冲击。

最初的BBS论坛，如天涯社区、凯迪社区、强国论坛、中华网论坛、西祠胡同等论坛，发展到后来的人肉搜索引擎，如猫扑社区。成立于1997年的猫扑网，最早只是一个讨论电视游戏的网站，也是大陆最早的个人游戏站之一。在论坛时代，猫扑网和天涯社区齐名，成为Web 2.0时代的知名BBS社区。2017年4月，猫扑社区被出售给国资媒体东方网。

博客、播客伴随网络普及兴起，形成“人人可以表达”“人人可当作家”的风潮，更有名人博客吸粉无数。博客第一次以个人主页的形式受到群体的关注和喜爱，内容包罗万象，称之为“博”客名副其实，满足了上一个十年网民的窥私欲和表达欲，但除了帖子下网民对博主的留言评论，博客缺乏社交元素。随着微博的兴起，人们更倾向于用短句快速表达某一时刻的想法，大批网民由此转移驻地，博客从此渐渐风光不再，且博客对使用者的时间精力有较大的要求，大量在博客时代非常有名的博客，如今已经不再持续。如有“博客女皇”之称的徐静蕾博客，最后一篇日志停在2010年11月。

博客从根本上来说还是一个内容发布的平台，博主长篇大论之后，要得到读者的评论反馈，周期并不短，缺少实时性的“你来我往”式交流互动。博客的短板在于不能提供网民与媒体进行互动的功能，网民只能在博客中发表评论和分享文章，但这并不包含真正的社交元素。由于篇幅，博客的写作工作量巨大，刚开始有新鲜劲的时候还能坚持，但久而久之就会变成鸡肋。但微博却可以不断提供新鲜元素，且每周、每日的访问量变化数据也不断刺激着微博主不断更新内容。

2005年，脸谱（Facebook）网站上线。2006年，推特（Twitter）社交网络诞生。2009年，微博对中国民众来说还只是个新鲜词。在门户微博出来之前，“饭否”“嘀咕”等独立微博也曾火过一阵子，但半年后就纷纷夭折。2010年微博爆红，注册人数一路飙涨，140个字，短小精悍，传播迅捷，具备了信息社会中能量最大化的最基本优势。特别是明星发帖，粉丝的转发量就达百万级。姚晨一度被誉为“微博女王”，在2010年初抗旱救灾、玉树地震等大事件相继发生时，她曾发微博说，到截止日期按关注她的粉丝数量来为灾区捐款，按“一个粉丝一毛钱”，最后捐出了13.1万元。梁咏琪也发微博号召大家转发“捐赠倡议”，其微博每被转发一次捐一元，到截止日该条消息在3天内在微博上被转发了7.5万次，她向旱区捐了8万元。

微博是熟人化的陌生人社交，互不相识的陌生人基于共同的话题、兴趣、爱好建立起类似熟人的关注关系，用户之间大多是单链式的弱关系，微博中的文本大多数是资讯、观点等信息性强的内容，有价值的信息是这种链式关系存在的基础。微博是人际传播和群体传播交织的典型，在焦点事件引发的集合行为中会产生巨大的影响力。2010 年，网友杜子建在微博上发起了一场“赈旱新浪微博网友赈灾大型义演”，号召为云南赈灾，一人之力发起的义演活动竟筹得善款 14 万余元。2010 年 11 月 15 日上海市胶州路发生火灾后，上海市民通过微博相互传递献花的理念，自发前往出事地点献花，而微博则成为这一行动的主要倡议渠道。

2011 年，微信的亮相成为移动互联网的黑马，仅 14 个月，注册用户就超过 1 亿，目前已取代短信，成为民众互相沟通交流的最流行的社交通信工具。微信是基于亲友、同事、同学等熟人的社交产品，微信用户的关系更像是把熟人关系从线下移植到线上，用户之间大多是互锁式的强关系，情感的维系以及人情的维护是其传播的重点，微信流通的文本大多数是私人社交、密友分享的信息。

微信用户规模的迅速扩大，吸引部分微博用户向微信平台迁移。相对于开放型的微博平台，微信是半封闭型结构，以熟人间的人际传播和小群体传播为主，由于线下关系紧密所以用户线上活跃度高，但可见度仅限于朋友圈好友，且有专门功能可设置朋友圈的开放度。

微信群就是典型的网络社群，社群成员之间拥有明显的同质性和紧密的互动关系。微信朋友圈从某种层面来说拓宽了交友范畴，集手机通信录、QQ 好友、“附近的人”三种渠道于一体，使虚拟社交圈和现实社交圈相融合。微信朋友圈的在线沟通加强了线下熟人、半熟人之间的关系，恰到好处地补充面对面沟通以外的交流。

豆瓣网是一个以评论为主的集社会性网络服务、聚合内容、标签等互联网技术于一体的兴趣网络社群，使博客、交友、小组、收藏合为一体，是文艺青年群体的快乐天堂，是由“评论—友邻—留言—小组—同城—广场”这样的曲线方式发展而来[①]，成功构建了一个不可替代的网络社群品牌，有着无法匹敌的用户黏着度和迅猛的资本扩张态势。豆瓣网基于趣缘关系和用户生产内容形

① 张红明、刘超、冯文红、张婷:《基于整合型科技接受与使用模型的网络社群参与行为研究:以豆瓣网为例》,《国际新闻界》2015 年第 6 期,第 70 页。

成独特的小群落社会规则,用户的影响强度大都只存在于匿名网络社区中某个版块,向社区外拓展的影响辐射却相对有限。

知乎代表了成熟的社会化网络问答社区,是中间阶层、精英人士的社交区,是中文类知识型网络社群中品牌知名度高、信息容量大的佼佼者。随着社群的成熟,其呈现出与现实社会相似的分层结构,其中社群成员的知识输出贡献,成为决定参与者层级地位的最主要因素。

互联网群体传播时代,网络社群的凝结趋于活跃,社交媒体吸收和强化了论坛的深入性和黏着性,发挥着社群聚合的功能,微博、知乎、豆瓣及短视频网站在用户注册过程中,通过分析用户的兴趣偏好,之后服务器会自动筛选和推荐,使之形成兴趣相近的网络群体。

人们由传统虚拟社群向新兴社群活动转移,新兴社群是以个体为中心、按个体需求来构建的社会网络的集合。网络社群的演变经历了从强调技术发展,到网络社群的关系建立,再到知识共享的过程,未来发展可能会关注结果评估和规范化研究,同时将网络社群知识与其他学科有机结合起来,提升网络社群的潜在价值。①

(三)受众观念的变迁

学者加布里埃尔·塔尔德(Gabriel Tarde)早在19世纪就曾预言:群众的时代已经过去,公众的时代已经来临。“二战”以及后来的“冷战”给人类带来了深重的灾难,“冷战”将宣传限定在狭窄的功能区间里,极化了宣传的功能,让民众意识到政治宣传和说教的副作用,并本能地排斥。时过境迁,“二战”和“冷战”期间对宣传的极端化使用,使宣传意识形态化。在现代化社会中,执政者的权力受到监督和限制,执政者在民众的诉求前放低身段,以平等的姿态与其沟通和对话。因为现代民主社会中的公众不再是“流氓”“乌合之众”,而是有判断力和理性的人民。

当今社会信息传播技术高速发展,媒体传播格局不断变迁,群体传播随之崛起,人群概念化经历了“大众”“受众”“分众”再到“用户”的转变。“大众”是现代化、工业化、城市化的语境下将人群视作规模庞大、彼此孤立的人的集合。在勒庞的《乌合之众》的论述中,大众的崛起与社会剧变互为因果,剧变造就了大众,大众也应为传统价值坍塌、非理性的社会冲动、毁灭性的战争和革命负

① 邓胜利、胡吉明:《Web2.0环境下网络社群理论研究综述》,《中国图书馆学报》2010年第36期,第90-95页。

责。“大众”不再是分散在乡村、旧社区和特定教区的个体，而是成为大规模聚集于工厂、城市的群体，是卷入大革命和战争的疯狂行动者。大众媒介与大众传播塑造了大众概念中的信息传受观念和客体地位。

“受众”概念始于20世纪下半叶，在产业实践中，受众是量化研究中信息接受者群体，与收听率、收视率、点击率相关联，在广告市场中待价而沽；“积极的受众”概念出现于1970年代之后，肯定受众的主体性，研究注意力由信源主宰向受众中心转移，关注人们如何使用媒介以及获得的满足和意义。

“分众”概念产生于20世纪末，是按照教育、职业、收入等各种人口统计资料分类后的受众，仍然是信息接受者，不体现主观能动性，也不关注人与人之间的相互关系。国内学界对受众“分众化”趋势的关注始于2005年，有实证研究表明，现代社会的大众市场正发生变化，受众接触大众媒体的时间减少，呈碎片化趋势的受众开始重新聚合，拥有相似生活形态的受众逐渐聚集，形成分众群体。[①]

之后由于电脑中介沟通的兴盛，人的选择能力和主观意愿随着数字媒体改变了大众媒介只能被动阅听的特点而明显增强，“用户”概念被引入传播学领域，成为手机、即时通信软件、BBS、邮件组、网络游戏的使用者。1998年，“网民”一词诞生，即“互联网的用户”的中文名，是全国科技名词审定委员会公布的第二批56个信息科技名词之一。一个人只要能接入互联网，就可以成为网民或互联网使用者，网民通过互联网跟其他人交流、查看新闻、在线听歌看视频。

“网民”概念强调的只是人和ICT本身的接触，而“网络化用户”强调的是人经由ICT与他人产生联结。个体如果不通过ICT与其他社会成员产生联接并发生互动关系，那么还不能称之为“网络化用户”。“网络化用户”因ICT驱动和积极的媒介使用而被“网络化”，与其他人相互联结；作为网络中的节点(node)，用户因共同的兴趣爱好、理想志向、认同认知、利益欲望等各种动机，发起或参与群体传播，成为社会行动者。

网络社群的成员通过积极的媒介使用行为，以跨界的信息传播技术为中介，与其他社群成员相互联结，构成了新型网络，该网络融合了社会网络与信

---

① 黄升民、杨雪睿:《碎片化背景下的分众传播与新媒体发展》,《广告主》2006年第5期,第35-37页。

息网络。被"网络化"的积极媒介用户成为网络化用户。[①] 网络化用户构成复杂多元，不同成员参与传播的动机和诉求也纷繁复杂，而在互联网群体传播过程中，出于不同利益、基于不同认知的社群之间的互相作用始终在动态地进行着。宏观层面上，网络社群成员与政治、市场力量以及大众媒体的权力博弈始终持续着。

在互联网群体传播环境中，积极的媒介使用者更主动、自主和多元，富有选择性，个人化特征也更明显，既是媒介内容的生产者，也是消费者。每个成员都身处多个平行子网络即网络社群中，这些子网络围绕着共同兴趣与利益、群体认同以及"迷"的身份认同，在人际信息交流与互动中不断壮大。不同网络社群之间经由用户的重叠而建立起联系，信息得以不断流通，因此具有开放性和动态性。

二、群体心理和群体行动

从群体动力学的角度来看，群体中的个体行为会受到复杂的影响，各种群体动力使社群处于一种并不稳定的平衡状态，包括群体认同、群体互动、群体压力、群体无意识、群体极化等不同的群体动力。

《乌合之众》的作者、法国心理学家古斯塔夫·勒庞(Gustave Le Bon)认为，聚集成群的人们，自觉的个性会消失，感情和思想会转到同一个方向，形成一种集体心理。他指出，群体既可能有极低的道德水平，也可以表现出个体难以达到的崇高。[②] 勒庞对群体心理的分析，成为研究当今网络现象的参考依据。

集体无意识概念由心理学家荣格(Jung)提出，是指由遗传保留的无数同类型经验，在心理最深层积淀的人类普遍性精神。他认为，人的无意识包含个体层面和非个体层面，非个体层面的无意识包括婴儿出生以前的全部时间，是祖先生命的残留，因其具有普遍性所以相关内容存在于每个人心中。他在所写的《本能与无意识》中谈道，本能和原型共同构成集体无意识，它与个体层面的无意识不同，是一种集体现象。

学者塔尔德认为，两个不同但相近的生命在同一生物体中的相遇和杂交

① 何威：《网众与网众传播——关于一种传播理论研究新视角的探讨》，《新闻与传播研究》2010年第5期，第47-54页。

② 转引自彭兰：《群氓的智慧还是群体性迷失——互联网群体互动效果的两面观察》，《当代传播》2014年第2期，第5-6页。

乃“真正至关重要的相遇”。勒庞认为，单细胞之间必然存在差异，且当它们共同生长于一个新生命体，就必须拥有相同的结构和特征。个体在聚合成群体的过程中会表现出不同的心理特征，但这种异质性只是暂时现象，无须多久，群体成员的心理结构和行为方式便会如出一辙。①

在充满传染性与易受暗示性的网络场域中，网民容易产生从众效应，并受到易得性便捷式判断的影响，会依据轻易得到的具体事情而作出判断。在此情境下群体极化极易产生，群体极化是指群体成员最初有某些偏向，群体在经过商议后会朝着有偏向的方向继续发展，最终形成极端的观点。有学者认为，网络空间是极端主义的温床，网络容易造成群体极化。②

（一）群体心理特征

马克思指出，经济基础决定上层建筑和意识形态，而后两者又会对前者产生反作用。恩格斯则认为，在社会经济状况与社会意识形态之间，存在着“中间环节”。普列汉诺夫在经济基础和思想体系中间加了一个“社会中的人的心理”即“社会心理”。社会心理由个体心理和群体心理组成，能在经济基础和思想体系之间起中介作用的社会心理是群体心理。

2023 年 12 月至 2024 年 6 月，我国新增网民 742 万人，青少年和“银发族”成新增主力，青少年占 49.0％，50～59 岁、60 岁及以上群体分别占 15.2％和 20.8％，互联网普及率攀升至 76.4％，我国农村网民达 3.04 亿人，这意味着超过 60％的农村常住人口跨越数字鸿沟。③ 这从一个侧面反映出更多没有经历过 PC 端网络的人群直接接入了移动互联网，这部分人群不是互联网原住民，自我保护意识不强，由于受互联网浸润时间不长，缺乏对网络拟态环境的辨别，在网络社会中容易建立关系但又容易迷失。网民的集群行为在互联网传播语境下具有特殊性和复杂性，群体心理和社会情绪成为互联网时代传播研究的观照点。

在互联网语境下，网民心态异常复杂，群体心理在互联网空间有着显著特征。

其一，是去个性化。人们在群体中对自身的关注度降低，容易失去自我知

① 转引自胡百精、杨奕：《二十世纪早期的群体传播思想：基于特洛特群体心理和行为研究的重述与讨论》，《国际新闻界》2017 年第 10 期，第 55-76 页。

② 凯斯·H. 桑坦斯：《网络共和国》，黄维明译，上海人民出版社 2003 年版，第 47-51 页。

③ 新华社：《权威数读|近 11 亿！青少年和“银发族”成我国网民新增主力》，2024-08-30，https：//www.cac.gov.cn/2024-08/30/c_1726701400881428.htm。

觉和个人身份认同,但对当下的刺激和情绪反应反而变得强烈,同时对规范及个人行为的影响表现淡漠和麻木。从表面来看,网民在互联网空间中是自由的,网民可以自由加入或离开某个网络社群,其行为空间边界不受物理空间限制,也不受他人约束。但实际上网民在网络空间中,在相似情境或相近心态下,容易受到趋同性议题的影响,"易感群体"容易集结形成。网民聚集成某一类群体后表现出去个性化的倾向。群体中的情境因素阻碍自我直觉,当"我们"代替"我"变成分析单位后,去个体化的个人,不再感觉自身的独立性,并不再监控自身的行为,而是聚集在去个体化的群体当中。个体成员因自我关注而产生的不舒适感降低,源于价值观和个人原则的控制也随之降低。① 个体成员的行为只有作为集体反应的一部分时才变得有意义,社会认同随之提升,对于群体规范的服从就会增加。②

其二,是社交性。这是个体的基础生物性本能之一,是个体作为群体成员接受其他成员的暗示且作出主动反应的行为。在确保个体安全和相对自由的前提下,社交性将个体凝聚为群体,共同应对环境的变化。社交成功与否,取决于个体的反应能力和交流能力。特洛特(Trotter)认为,社交本能驱动个体加入三种类型的群体,一是攻击型(如狼群),二是防御型(如羊群),三是社会型(如蜂群)。攻击型团结导致族群之间的残忍和利他主义的缺失,社会型团结使人们按既定方向协同前进,并获得"永不枯竭的精神动力、不屈不挠的凝聚力和无可匹敌的忍耐力"。群体成员会保持对同伴行为的敏感,自发地回应其他成员的暗示,并在行为层面与他人沟通、互动。"群体的每个成员都有追随同伴的趋势,也反过来会被同伴追随。""用户"是网络世界的核心,社交功能在新媒体产品中具有重要地位,在社交功能方面进行创新是新媒体产品增加群体黏性的关键点。

其三,是暗示性(rationality)和非理性(irrationality)。两者皆为暗示的产物,暗示性强调证据和论证过程,非理性属于情绪或信仰范畴。在群体成员的相互暗示下,如果个体产生显著感受,包括群体认定某事物为无须验证的先在真理,或群体认定某事物绝无必要或无利可图,极其荒谬、糟糕或邪恶,非理性就可能发生。特洛特等人认为,群体存在轻信、易变、同一共振等心理特征,并

---

① Wicklund R A: How Society Uses Self-awareness, J. Suls(ed): Psychological Perspective on the Self, *Lawrence Erlbaum Associates*, 1982,1:226.

② 约翰·特纳:《自我归类论》,杨宜音、王兵、林含章译,中国人民大学出版社 2011 年版,第 198-199 页。

将之归因于群体非理性与无意识。勒庞认为，个体一旦加入群体，就“变成一个不再受自己支配的玩偶”，表现出明显的情感强化和智力压抑。[①]

群体在感情上与个体相比表现的好坏，取决于群体所接受暗示的性质。群体人多势众，个人因此释放出独处时刻意压抑的本能，“责任感”消失，加之群体暗示总是相互传染、相互强化，群体成员时而热情勇敢、时而残暴狂热。群体外部环境的刺激加上群体内部暗示的传染性，共同促成了群体无意识。个体成员一方面被动接受环境影响，另一方面又本能地接受暗示，并进一步传播这种暗示，这才导致了非理性的诞生。群体极化背景下，群体智力可能会退化到其中个体智力的下限，实际情况是集群并不意味着累加的智慧。

特洛特认为，非理性以精神不稳定为表征，包括坚持己见而忽视社会规范、面对社会规范无所适从两种情况。坚持己见而忽视社会规范，意味着人人其实本来就具有非理性的低劣人性，个体加入群体后，群体唤醒和放大了劣根性；面对社会规范无所适从解释了群体及其成员为何经常陷入暴躁和疯狂。非理性隶属于“潜意识自我”，同模仿、轻信、残忍、冲动一样，是低级和野蛮的人性。

弗洛伊德认为，个体间如果存在爱的本能作为连接纽带，个体就愿意用群体暗示来补足自身缺憾，选择与他人合作而非针锋相对，因此，群体表现出的非理性实际是个体性欲、爱之本能的无意识延伸。勒庞将群体非理性归因于群体对个体意志的瓦解，弗洛伊德将之解释为个体本能在群体中的无意识扩散。特洛特从个体主观需求和能动性的角度指出非理性的积极一面，非理性表明个体对伙伴和所处群体心理和行为的敏感。

由于社群成员来源不同，且表现出较高异质性，以网缘关系形成的社群是一种相对松散的群组关系。网络社群中缺乏类似现实社群中的权威角色以及紧密的利益关联，所以相对来说成员对社群的认同度不会很高。网络社群中的成员感受到群体压力相对会少一些，在网络社会中成员更倾向于表达个性化的自我，这种现象被学者弗里茨·李曼（Fritz Liemann）认为是成员在群体中害怕失去自我的心理表现。网络社群与现实社会中一般社群相比，结构更容易破坏，容易形成“社群割裂”，这是社群变迁的一大特征。

也有学者认为，互联网群体传播时代有反智化倾向，理性分析和冷静思辨

---

① 转引自胡百精、杨奕：《二十世纪早期的群体传播思想：基于特洛特群体心理和行为研究的重述与讨论》，《国际新闻界》2017 年第 10 期，第 55-76 页。

往往不被关注与点赞,反之,诡辩家、投机者、文化流氓往往更容易哗众取宠。集体反智化趋势折射出群体素养和道德感的下降。在反智化的舆论场中,激烈、偏执、极端、戏剧化的观点容易被群体接受,身处网络社群中的个体往往集体无意识,容易被煽动,群体极化使网络社群的意见尖锐对立、丧失理性。也有研究表明,网络社群中的群体极化现象比线下表现得更明显,网络社群反智化的倾向应引起社会的充分重视。

(二)群体行动

准确洞察互联网空间的群体逻辑,是实现传播效果预期的重要前提。网络社群成员在不同的网络场域中的具体行为表现是不同的。在互联网微观场域的一个个具体场景中,可能较难准确把握网络社群成员的行动机理,但在宏观场域中其群体行动特征还是可以把握的。

群体行动是指为了推广特定观念,许多个人或团体针对反对力量所采取的一种集体目标行动。[①] 在群体行动中,互联网承担了主动性和支持性的功能,前者包括主动在互联网上发起请愿、游说、网络签名等说服性行为;后者是传播相关信息并动员群众参与现实生活中的群体行为,协助提高群体行动的社会压力。

在互联网语境下,网民的集群行为具有复杂性和特殊性。群体内部的一切情感和行为都具有传染性,传染产生暗示,无所不在的暗示导致群体情感冲动和智力压抑。暗示对群众中的每个人都起作用,又因人们的相互作用得到加强,而行为会由于观点和情感在聚众中的传染和传播发生急剧转变,网民的集群行为在网络空间中传染性更为突出。由于不再受时间和空间的约束,现实社会关系和社会资本的限制大大减弱,网络传播使网民的态度、情感以及行为"能见度"显著提高,网民的情绪、观点及行为在互联网群体传播中低成本地便捷呈现,又极易形成交叉感染,容易形成集群行为。

群体倾向将个体习惯标准化,并提供合理化依据,这就形成关联集群。关联集群是指网民会形成去中心、无界的行动者集群,并依照交换或联系的常规模式行动。[②] 在群体行为中,存在一种"共享的认识",即不同社群成员了解一种情形并知道其他社群成员也拥有相同的了解的能力。共享的认识能够使本来互不协调的群体以一种更有效、快速的方式共同工作。随着有效的社交工

---

① 胡泳:《网络社群的崛起》,《南风窗》2009 年第 10 期,第 38 页。

② 弥尔顿·L. 穆勒:《网络与国家:互联网治理的全球政治学》,周程、鲁锐等译,上海交通大学出版社 2015 年版,第 51-52 页。

具被越来越多的社群成员所采用，随之也带来更快更便捷的沟通，群体行动的反应和速度也在不断加快。

学者克莱·舍基认为，即便群体行动将给现存的一些组织造成阵痛并产生未知结果的影响，但越来越多呈现出来的社会转变显示，这些所经历的变化都是值得的，并且终将是有益的。首先，群体行动所呈现的灵活性和力量是有目共睹的，群体行动的净价值是利大于弊的；其次，自由是社会追求的价值，群体行动无形中增加了人们按自己的意愿说话和做事的自由。

三、社群经济成为重构社会的重要力量

所谓“社群”，是处于同一社会阶层的一群人，特征是除了拥有共同的民族意识，还有一套基本的价值。① 在社群经济的研究者看来，社群把人与人之间连接的基础从社交关系的连接上升到基于价值观或志趣的连接，而这样的连接将社群转化为生产力，实现了人与服务的连接。在品牌社群中，学者Schouten等人发现，社群成员通过各种仪式和活动获得超然消费体验，持久地影响其忠诚度和行为，从而带来巨大经济效益。② 国内学者认为，企业和消费者通过互联网社交平台上的实时互动，激发消费者参与和协同创意，可以实现品牌价值共创，极大提升其经济价值。③

吴晓波在其微信公众号“吴晓波频道”中提到，社群在商业上的意义包括三方面。首先，社群能够让消费者形成真实的闭环互动关系、重新获取信息和利益分配的能力；其次，社群让互动和交易的成本大幅降低，在优质内容溢价得以实现的情况下，消费者能以较少支付获得更多价值；其三，社群能够彻底改变内容生产者与消费者之间的单向关系，内生出独特的共享内容，凯文·凯利所谓的“产消者”(Prosumer)随之出现。④

互联网群体传播时代改变了人类的生活方式，人与人的交流和连接不再受时空所限，传统人际关系结构被颠覆，出现新的生存状态。社群不再是简单

---

① 劳伦斯·迈耶：《比较政治学——变化世界中的国家和理论》，华夏出版社2001年版，第12页。

② Schouten JW，McAlex-ander J H，Koenig H F：Transcendent customer experience and brand community，*Journal of the Academy of Marketing Science*，2007，35(3)：357-368.

③ 陈刚：《创意传播管理(CCM)——新传播环境与营销传播革命》，《广告大观(综合版)》2008年第5期，第25-30页。

④ 吴晓波：《我所理解的社群经济》，参见微信公众号“吴晓波频道”，2016年2月16日。

地依靠地缘和血缘属性而形成，高效协同和一致行动由于微博、微信等移动端的出现变得容易，这为互联网社群的兴起奠定了基础。

“维基经济学”由“数字经济之父”唐·泰普斯科特提出。他认为，商业社会的传统规则由于个体力量的强大而改变，从商业模式的角度揭示互联网群体协作背后的群体智慧，利用大规模协作生产产品和提供服务的新方式正在颠覆传统的知识创造模式。① 周志明、李蜜对西方品牌社群进行研究，尽管社群概念随着社会的发展而不断发展，但主要还是由共享的群体意识、仪式和传统、道德责任感三方面组成，消费者日益增长的物质和精神需要使现代社会打破了传统社群的界限，品牌产品必然成为人类意识转变过程中的普遍象征，将人们以新的社群方式联系起来②；刘海政在博客上对“社群商业”这种互联网商业模式进行阐述③；魏武挥在研究中提出社群经济与粉丝经济的异同，认为建立社群经济其实很困难，需要很长的时间，无论是豆瓣、知乎还是百度贴吧，在社群平台上存在着大大小小若干个粉丝经济，做粉丝经济对主事者要求高，做社群经济则考验长期的运营能力④；胡泳认为社群经济不等于粉丝经济，社群经济以社群间内部成员的横向交流为纽带，通过对社群的服务与创造社群价值获得经济效益，显著区别于粉丝经济通过粉丝对品牌主体的向心性依托而获得经营性收益的做法⑤；李璐阐述了社群经济的发展演变，认为社群经济带来的最大启示是在转型过程中传统媒体需要具备完全不同的视野和模式，流量大小是第一位的，有精准的受众比面向大众更有价值⑥；吴超等提出基于社群经济的自媒体商业模式创新，并选取“罗辑思维”作为案例，建立冰山动态反馈模型研究了其三次商业模式迭代，认为自媒体行业的商业创新变革中内外部环境是企业商业模式变革的隐性知识以及内推动力，未来商业社会的核心动力在于社群，社群经济逐渐成为趋势⑦。

---

① 唐·泰普斯科特、安东尼·D. 威廉姆斯著，何帆、林季红译：《维基经济学：大规模协作如何改变一切》，中国青年出版社 2007 年版，第 32 页。

② 周志明、李蜜：《西方品牌社群研究述评》，《外国经济与管理》2008 年第 1 期，第 46-51 页。

③ 刘海政：《互联网商业模式和创新方法——社群商业》，月光博客，2014-07-13，https://www.williamlong.info/archives/3916.html。

④ 魏武挥：《社群经济与粉丝经济》，《财会月刊》2014 年第 10 期，第 89 页。

⑤ 胡泳、宋宇齐：《社群经济与粉丝经济》，《中国图书评论》2015 年第 11 期，第 13-17。

⑥ 李璐：《社群的发展演变及启示》，《青年记者》2016 年第 5 期，第 14-16 页。

⑦ 吴超、饶佳艺、乔晗、胡毅、汪寿阳：《基于社群经济的自媒体商业模式创新——“罗辑思维”案例》，《管理评论》2017 年第 4 期，第 255-263 页。

美国学者约翰·哈格尔三世（John Hagel Ⅲ）和阿瑟·阿姆斯特朗（Arthur Armstrong）曾写过有关网络经营的《网络利益》一书，由美国哈佛商学院出版，书中指出了内容、成员、社区与交易这几者之间的价值链关系，并称之为虚拟社会中增加利润的动力原理。互联网社区从诞生之初就孕育着这种可能性，在之前很长一段时间内，网络社区的互动更多的是一种文化性行为，没有完全转化为经济能力，而在互联网群体传播时代，网络用户间的互动不再是自娱自乐的狂欢，而开始被作为一种新的生产要素来加以利用。

互联网群体传播时代让我们直面这一经济逻辑：有价值的不是信息，而是注意力。新媒体成为吸引注意力使之货币化，并重新分配这种新货币的“银行”。[①] 注意力是网络世界的主流货币，注意力的流动性、稀缺性和广泛使用价值，使其具有货币功能，并成为最紧缺的资源，支付注意力是互联网群体传播时代网民的基本交易方式。

（一）粉丝经济

“粉丝”（Fans），原为喜好、热爱之意，后引申为追星。“粉丝”不仅仅是一个群体的代称，而成为一种身份标识、社会文化表征和新的社会关系。粉丝群体和粉丝文化的兴起，是互联网群体传播时代的一个显著特征，伴随着互联网的强势崛起，粉丝经济和粉丝营销也成为最炙手可热的一种商业模式。网络对于粉丝队伍的壮大以及粉丝文化、粉丝经济的影响深刻，互联网群体传播不仅突破了时空上的界限，也突破了传统社会线性交往的种种不足，通过虚拟空间和现实空间的相互渗透，演化出一种更加自信、有效、强有力的交往形式，成为一种极具影响力的媒介景观和社会现象。

网红经济是粉丝经济的一种，进入移动互联网时代，移动社交使网民可以随时随地在网上进行交互、交流和交易，从而使网红经济呼之欲出。网红 1.0 时代是草根成名的黄金期，以“凤姐”“犀利哥”“芙蓉姐姐”“奶茶妹妹”为代表的草根们具有强大的娱乐属性，或颠覆或迎合大众审美趣味，一个具体的人或故事在推手的精心策划下意外成名，但发酵周期长。网红 2.0 时代是一场全民创作、普天同乐的狂欢，“杜甫、暴走漫画、臣妾做不到、主要看气质”这些代表性符号的走红，可能只需一句话就能解构经典，引起全民传播。网红 3.0 时代是商业品牌审时度势的张扬营销，“国民老公王思聪”“罗辑思维罗胖”“papi

① 张雷：《新媒体引发的通货革命——注意力货币化与媒体职能的银行化》，《新闻与传播研究》2013 年第 4 期，第 52-61 页。

酱”作为品牌传播杠杆的可创作符号,从某种意义上来说已经超越了娱乐明星,其发酵周期短。

目前网红们获利渠道还是比较传统,主要来自广告植入、卖会员、VIP及粉丝打赏、微电商等模式,“papi酱”更是凭借原创短视频获得“罗辑思维”内容融资1200万元,但只是个例,还不够普遍。戈壁投资合作人徐晨指出,即便在网络经济根基发达的美国,90%的网红也都不赚钱。

从网络达人、网红到网红传播,从塑造网红、利用网红到发展成熟的网红经济,网红传播已具备全民创作的跨平台传播特征,积累了越来越多的网络资本,甚至成为政治人物形象塑造与政府公关的一种“互联网+”手段。传播渠道多样化、表现手法趣味化、关注焦点精细化、报道场合生活化、解构角度多元化、创作主体大众化,更贴近生活,更接近网民。网红经济属于入口经济,其背后支撑的是平台经济和关系经济。从经济学角度来看,网红是一种稀缺资源,一个成功的网红要颜值高、嘴巴巧、会耍宝,网红对流量的吸引力可谓强劲。

目前,国内网红的变现渠道包括短视频、直播和电商等。互联网用户的入口对互联网企业来说至关重要,百度以搜索为入口,腾讯以社交为入口,阿里以电商为入口。如果没有很好的互联网入口,就难以形成信息流、物流和交易流。自媒体面对的是某个特定的网络社群,提供个性化服务,虽然用户规模比起BAT(百度、阿里、腾讯)来要少得多,但却有很高的用户黏度,而这恰恰是互联网平台最需要的。网红们不只是在直播间表演,其背后的经纪人、平台、供应链、资本市场都在支撑其成为好的互联网入口。目前网红变现的方式可分为广告、分成、打赏、形象及版权运作、电商及产业型发展、网红名人化后的职场化。①

2017年初,估值5亿元的直播平台“光圈”倒下,8家直播平台无法登录或宣布倒闭,5家已经下架或停止服务,十几家几乎没有活跃度,几十家已经转型为视频公司。可见,在互联网群体传播时代,打造网红经济也有很大的市场风险。

(二)社群经济

社会结构的变化,催生出社群经济,这一新型经济形态所带来的并非仅仅是万众狂欢,它对传统的社会经济体系产生了巨大的冲击。社群经济不同于粉丝经济,有学者认为社群经济发展到一定程度会自我运作,但粉丝经济没有

① 谭天:《在中国网络直播到底能走多远》,《南方论坛》2016年第4期,第34-38页。

这样的衍生[①]；也有学者认为社群经济因服务用户而产生经济效应，是一种相互交叉的网络关系，而粉丝经济是社群成员围绕一个中心产生经济效应；社群经济更强调人际之间的横向沟通，而粉丝经济向心力过强。[②] 一般区分社群经济和粉丝经济可以通过社群成员与主体、成员之间互动程度以及账号的运营方式等。社群经济是“去中心化”的，群成员是其核心，成员由志同道合者或志趣相投者构成；而粉丝经济是相对“中心化”的，产品及品牌是其核心，明星、网红、业内名人及其粉丝构成其成员。社群经济的组织形态是用户相互服务的网状关系，是互惠互利的范围经济，以同频、同圈、自发的方式横向互动，圈层扩散，以社群成员相互服务来获得增值；而粉丝经济是以某个点为中心的明星式经济，是基于品牌方的单向价值，是以品牌崇拜为中心的自上而下的单向互动方式，由主体承担信息发布与传递。

社群经济如果经营得好，持久繁荣是可以做到的，国内的“罗辑思维”是现阶段很好的一个例证，遵循从粉丝自媒体到电商自媒体再到社群自媒体的逻辑，商业模式不断迭代更新，而粉丝经济却很难持续。真正意义上的社群经济，可以为特定群体提供产品和服务，通过有创意的运营促进成员情感体验和深度交互，激发社群成员传播力、创造力和自主参与度，形成可持续性的情感价值和商业价值，直至一个不断进化、自行运转的生态圈建立起来。

社群是每个时代所有商业都在追求的目标，未来商业社会的核心动力在于社群，社群经济成为互联网群体传播时代的趋势。互联网社会不像工作社会只注重扩大规模，需要的是提升影响力。社群关键不在于数量的多寡，而在于在社会中的实际影响力。社群只有经过“客户—用户—粉丝—好友”这样的进化，才算是真正缔结。社群经济在互联网空间早已存在，但之前由于缺乏生态反哺机制的平台而未成气候，而到移动互联网时代，社群借力微信等移动端平台高速发展。

2016 年，内容、社交、付费三者尝试融合，“罗辑思维”的“得到”APP 相继推出了付费课程产品，定价包年 199 元；喜马拉雅 FM 推出了付费收听产品；问答社区知乎推出了付费提问的 live 产品；“在行”推出付费提问、收听的社交型知识社区“分答”。《2017 年内容创业白皮书》显示，2016 年每七个微信大号就有一个在做电商。中国估值最高的两个自媒体，一个是“罗辑思维”，一个是

① 魏武挥：《社群经济与粉丝经济》，《创业邦》2014 年第 8 期，第 89 页。

② 胡泳：《社群经济不等于粉丝经济》，《商学院》2015 年第 9 期，第 119 页。

“一条”。“一条”创办于2014年，主打精致原创短视频，是估值超过2亿美元的超级公众号，也是互联网新媒体中享受到公众号红利的最杰出代表之一。2019年，知乎盐选专栏通过付费专栏和Live形式分享专业知识和技能。小鹅通支持内容创作者搭建知识付费系统，用于直播、课件分享和社区互动，从2020年开始完成了向平台的过渡，扎根于微信生态、聚焦知识产品与用户服务的私域运营，包含知识店铺、企业直播、企业培训、企微CRM等多款产品。目前，微信流量变现一般通过广告合作、内容付费、电商带货、付费社群、品牌合作植入等方式。2020年开始，直播电商成为微信视频号变现的热门模式之一，通过直播过程中推广产品引导粉丝下单，赚取分销佣金。微信视频号也可以通过广告主平台接入广告变现，或与企业品牌合作，在短视频内容中融入品牌元素。也可以在直播时开通打赏功能，或设置付费直播，提供独家内容或线上课程等。

一位网络公司总裁在接受访谈时曾表示，新媒体变现的途径主要依靠广告、知识付费、VIP会员制收费、游戏、电商等，而电商是目前普遍采用的变现手段。其公司旗下运营着800多个微信公众号，也与国内网红号有着业务联系。他认为北方自媒体人喜欢做“大号”，既有面子又有规模，南方自媒体人喜欢做“小号”，大多为赚钱的营销号。阿里巴巴一位“淘宝联盟”的投资顾问在访谈时谈到目前广告、打赏、付费订阅、电商是流量变现的主要途径，尤其在直播自媒体中，打赏成为变现的重头戏，而在电商运营模式中，“CPA①+CPS②”成为主要的引流模式。

品牌社群与非品牌社群之间差距极大，竞争力也完全不同。平台型社群在不断扩展自身业务，明星社群的资源与成员活跃度高，众多长尾社群在垂直领域深耕，其流量变现还有待挖掘。未来的商业社会可能遵循“小而优”的社群逻辑，依靠大体量用户量作支撑的常规逻辑还真不一定行得通。

网络粉丝社群的符号性消费催生社群经济。偶像、网红得到关注就意味着成为消费符号，围绕其产生的一系列粉丝消费行为则可称之为“符号性消费”。网络直播平台成为社群经济爆发的直接推手，使社群经济走出了一条个性化、人格化、多元化的发展轨迹。网络直播注意力、凝聚力、消费变现的新形态，以及其内在的文化基因与新生态媒体受众的高度切合，带来视听格局新的

---

① 电商CPA(Cost Per Action)是一种广告计量模式，核心是根据用户行为或实际效果来计算广告费用。

② 电商CPS(Cost Per Sale)是一种按照销售业绩支付广告费用的推广模式。

变化，推进市场转型和发展，并对原来的社会价值体系产生冲击。

在未来构建的商业模型是围绕用户，而不是围绕产品来设计组织架构。社群的目的不是广告，而是构建彼此的信任。社群商业努力方向是情感连接、态度和行为上的忠诚。社群商业努力方向本质是让用户真诚推荐品牌，关注用户终身价值。社群经济不是以传统功利的市场份额为战略，而是以社群份额为战略路径(见图 2.2)，企业会将用户视为公司价值的唯一来源，将用户价值置于产品和品牌之上；围绕用户提供尽可能多的产品；通过社群用户的不同来与同行业竞争者相区分；同用户一起协作、共同创造，而不仅仅是把产品售卖给客户；深耕社群，持续同已有用户开展新业务合作，而不是持续投入精力去寻找新客户；社群经济确保每个用户在使用服务时是有盈利的，而不是以牺牲客户信任为代价来确保每个产品或每笔交易的盈利；利用社群传播通过互动式交流来了解用户需求，并持续不断与用户积极互动，而非利用大众媒体来建立、宣传、维护品牌和发布产品。

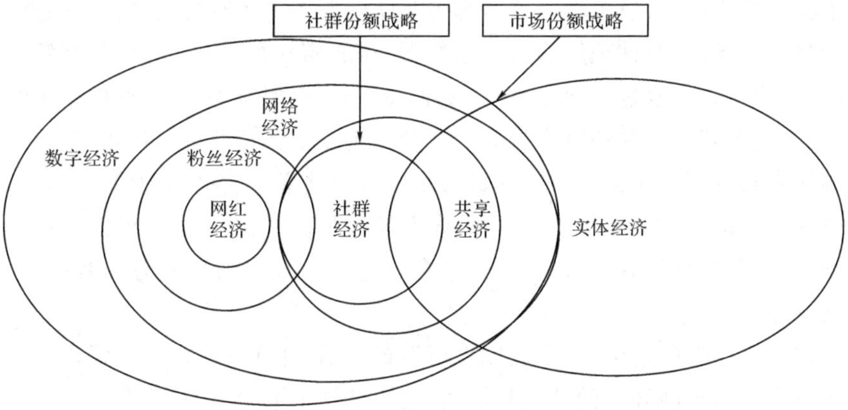

图 2.2　社群经济关系

社群战略专注于与用户、合作伙伴等个体的关系，根据用户的习惯和社会偏好来理解用户，通过有价值的信息及互动来创造价值。用户画像被运用于社群战略。所谓用户画像是根据用户社会属性、消费及生活习惯抽象出的一个标签化的用户模型。精准营销来自有效利用用户画像，分析产品潜在用户，使之成为产品设计时的关注焦点，利用数据挖掘关注目标用户的动机和行为，构建智能推荐系统；又能对产品或服务进行私人定制，即个性化地服务某位用户或某类群体，口碑传播强于品牌认知，品牌参与度比品牌满意度更重要。

(三)共享经济

在2016年召开的两会上,李克强总理在《政府工作报告》中提出:“支持分享经济发展,提高资源利用效率,让更多人参与进来、富裕起来。”分享经济和共享经济将在新媒体领域大力发展,新媒体向全产业渗透发展,平台合作将成为发展趋势,同时竞争也将越来越激烈。2017年9月,美国麦肯锡咨询公司在其发布的《中国数字经济如何引领全球趋势》中认为,中国目前已是全球领先的数字化投资和应用大国,对世界经济产生重大影响。中国正通过输出技术、数字资金和商业模式来改变全球数字化格局。

互联网将人连接起来,不仅有助于扩展个人的社交圈,还有可能形成集群的生产能力,这也在一定程度上促使人与人之间的连接向人与服务之间的连接转化,而这种转化能力更多来自社群成员本身,而不是外部的力量。共享经济是通过人与人之间的连接获得来自网络用户的生产力,再将这种生产力转化为人与服务之间的连接。基于淘宝社群的“闲鱼”,基于拼车群体的“滴滴”,基于骑行群体的“共享单车”,这些都是互联网群体传播时代共享经济的典型。

共享经济,之前被理解为对剩余资源、闲置资源的分享,但从共享发展的角度,企业在共享改造的过程中所搭建的平台,不但具有整合闲置资源的功能,也有整合其他资源的巨大能力。平台型企业整合资源更高效也更加合理,能够使参与者利益相关方的目标最大化。美国共享企业早期创始人罗宾·蔡斯(Robin Chase)在她《共享经济:重构未来商业新模式》这本书里面表达了一个观点,即共享经济有两只手,一是平台,一是“人人参与”,只有两者结合,才是共享经济。

在共享经济的逻辑下,个人闲置资源被激活,并在社群内进行需求对接和资源整合。知乎网开启的社会化问答模式,借力社群将个人需求与个人资源(经验、知识、思维等)进行有效接合。果壳网推出“在行”APP,将各个领域的行家与用户需求对接起来,用户只需付费就可约见行家为自己出谋划策,提供经验与建议。未来互联网群体传播的发展,社群流的整合至关重要,必将带来信息流、关系流、服务流的有效聚合。

共享经济是共享发展的基础部分,而企业作为经济的一个基本单元,势必会受到共享发展的影响和冲击。如今,消费性服务领域不断涌现出创新模式,如共享单车ofo、摩拜单车(交通出行)、小猪短租(房屋租赁)、爱大厨(家政服务)、纳什空间(办公)、途家(旅游)等一批有影响力的本土企业脱颖而出。互联网共享经济的热点从生活资料分享(消费协同),到生产资料分享(平台经济），再到知识资产分享，甚至思想、智慧的分享，创新和创造成为分享的内容和结果，如此良性循环将激发更多的创新和创造。

2015 年，我国分享经济市场规模达到 1.95 万亿元，有超过 5 亿人参与分享经济行为。[①] 2016 年，我国分享经济市场交易额达到 3.45 万亿元，同比增长 103%[②]；2017 年，共享经济市场交易额达 4.92 万亿元，同比增长47.2%[③]；2018 年，共享经济市场交易额为 29420 亿元；2019 年，共享经济市场交易额为 32828 亿元，增长 11.6%。2020 年初暴发的新冠疫情对共享经济既有“冲击”也有“刺激”。其中交通出行、共享住宿、家政服务等需要通过线下完成整个交易的领域受到的冲击最大，而在线教育、共享医疗、外卖餐饮等领域，由于用户消费向线上迁移，平台交易量猛增。共享经济仍将是大势所趋，今后会有越来越多的企业、群体与个人将成为分享经济的参与者与受益者。

共享经济作为“互联网＋”时代的典型经济业态，不断冲击着旧有的经济体制与经济模式，但其实同样也受到旧有体制的约束和驯化，从中可见新技术与旧制度的博弈。在共享经济理念下，互联网资本也意识到恶性竞争不可持续，便采取行业内联姻的方式以获取寡头地位。近几年，中国的共享经济发生了显著变化，受技术进步、市场需求和政策支持的推动，涌现了新的发展趋势和企业合作模式，尤其是生活服务、生产能力和知识技能领域稳步增长，2022 年占据共享经济总市场的近 75%，其中生活服务（如外卖平台美团、饿了么）占据市场份额的 48%；交通出行（滴滴出行、哈啰出行）和共享住宿（美团民宿、途家）也表现突出。当下，共享经济已从传统的交通、住宿扩展到共享办公、共享医疗和二手交易等新领域。比如，二手交易平台（如闲鱼）、共享办公（如优客工场）、共享医疗（远程问诊平台）和在线教育（学堂在线、VIPKID）等均快速发展。而对于互联网应用使用者来说，实践证明并没有从合并潮中得到更优质的服务和更经济的生活便利，“大数据杀熟”正成为困扰用户的一个问题，在资本加持的算法推荐下，用户变得越来越缺少主动性。

2020 年发生的“饿了吗”外卖骑手囿于平台机制疯狂接单导致车祸丧生

① 国家信息中心信息化研究部、中国互联网协会分享经济工作委员会：《中国分享经济发展报告(2016)》，2016.2。

② 国家信息中心信息化研究部、中国互联网协会分享经济工作委员会：《中国分享经济发展报告(2017)》，2017.2。

③ 国家信息中心信息化研究部、中国互联网协会分享经济工作委员会：《中国共享经济发展报告(2018)》，2018.2。

事件，2021年发生的“货拉拉”司机因改变行车路线导致叫车女孩跳车丧生事件等，引起了公众的关注和社会的反思。目前，《电子商务法》落地实施尚缺乏细则支撑，地方自由裁量权过大，平台灵活就业人员的社会保障不足等问题也亟待解决。长期来看，共享经济发展“危”中藏“机”。未来，共享制造将会成为“十四五”期间制造业转型发展的重要抓手，共享经济在教育、医疗、养老等民生重点领域的发展潜力将加速释放，平台企业商业模式将更趋成熟。[①]

① 国家信息中心信息化研究部、中国互联网协会分享经济工作委员会：《中国共享经济发展报告（2020）》，2020.3。

第三章　互联网群体传播时代传播模式的创新

传播是社会关系内部的一种凝聚力，因其无法窥见所以也没有固定明确的表现形式。而传播模式能够勾画一些线条来反映已经存在但又不可见的联系，并能用技术手段来显示关系的结构、方向、强度和解剖图。互联网群体传播作为当下中国最大的社会变量所引发的传播革命，改变了传播方式的既定模式，也给中国的传播格局带来了深广影响。

第一节　从“沉默的螺旋”到“众创”模式

一、互联网群体传播时代“沉默螺旋”的新发展

社会心理学的观点认为，舆论是一种社会控制的机制，对个人和群体具有很大的约束力。德国学者伊丽莎白·诺尔·诺伊曼研究舆论与大众传播的关系时提出了“沉默的螺旋”(the spiral of silence)假说，认为个人对社会孤立的恐惧，以及由这种恐惧所产生的对多数及优势意见的趋同行为，是沉默螺旋产生的主要动因，强调大众传播具有强大的社会效果和影响。但这种“对社会孤立的恐惧”是一个受条件制约的变量，而不是一个绝对的常量，当个人得到来自他人或所属群体的支持时，或对自己观点的确信程度较强，趋同行为发生的概率就会大大降低。

勒庞、塔尔德从进化论式的角度认为个体因恐惧所迫或生存之需而加入群体。勒庞认为，群体中的个体会天然臣服于领袖，领袖权威不可动摇。特洛

特认为，个体极易受到领袖召唤、集体恐慌或群体暴力的影响；弗洛伊德主张领袖也需要改变自己来适应群体。在沉默的螺旋模式中，如果允许相互交流，就会出现意见领袖，所谓的意见领袖就是那些推理能力强、口才好、有威信的网络积极分子，一旦意见领袖说出结论，其他网民就会跟随。

沉默的螺旋理论可以应用在组织中的信息传递方式，小社群人少，层级扁平，气氛好，效率高，信息传递机制健康，多信道传播，双向传递，信息速度快；而在大社群，虽然机构和层级的设置能很大程度上解决效率问题，但信息传递机制发生了改变，信息传播速度慢，大部分是自上而下的单向传递，组织中的部门负责人相当于信息的关键节点，起到了意见领袖的作用，但也因此形成了消音机制，造成关键决策人不掌握关键信息。所以一般在大型组织中会有中层负责人轮岗制，通过这样的机制来更好地发挥社群中意见领袖的作用。

从众心理在“沉默的螺旋”假设中起重要作用，但也因互联网群体传播时代的莅临而有所改变。从众是由于受到来自他人或群体的真实或想象的压力，一个人的行为或意见发生了改变。[①] 从众心理之所以产生，从心理学角度来看，主要是由于认知失调和对孤独的惧怕。学者特洛特认为，个体恐惧孤独，唯有在群体中方得安全自在；个体对群体的意见比其他外部影响更敏感，群体的声音可以刺激或压抑个体的思想和行动。在群体环境下，个体产生认知失调主要源于群体压力，而从众能够有效减少失调。

在互联网空间中，社群成员的个体态度和行为会因群体心理和集群行为产生压力，在压力刺激下易于发生改变。传统的从众心理也因网络传播个性化的特点而弱化。多数群体在互联网群体传播中并不稳定，社群成员如果在某个群体中感到失调，可以加入另一个群体来平衡失调，从众并不是唯一解决的方式。人际交往空间随着网络的延伸而无限拓展，避免了在有限的生活圈子里，意见上的孤立会引发其他方面也陷入孤立。在互联网群体传播时代，这样的尴尬局面有所改观，人们可以通过在网络中积极地寻找同盟者来消除孤独感，降低了从众行为发生的动机。

网络只是给在物理世界中已经存在的群体提供另外一种交流方式，现实中的社会关系会或多或少被带入网络空间中，从而影响人们的网络行为。现实社会关系对网络自身孕育的群体的影响程度较轻，但在经过一段时间的持续深入交往后，各个社群成员的身份趋于固定，成员之间逐步形成了分工和协

① 阿伦森：《社会型动物》，邢占军译，华东师范大学出版社2011年版，第43页。

作，群体意识和不成文的规范开始形成，甚至成员采取集体行动也成为可能。

各个网络群体形成的基础和条件各不相同，群体内成员之间关系的密切程度也不同，因此社群成员在不同网络社群中感受到的压力是不相同的。如成员在以现实的群体关系为基础形成的网络群体中感受到的压力，要远远大于在网络中自身孕育的群体中感受到的；在活动活跃的网络群体中感受到的压力，要远远大于在一个完全陌生的群体中感受到的。互联网群体传播时代，网络从众心理的动因依然存在，但作用的程度与范围会相对减小。

由于互联网的匿名性、平等性和不受地域的限制，"群体压力"的主、客体因此变得模糊。国内学者曾检验网络空间"孤立恐惧动机"和"公开表达"等适用性，认为网络传播与现实中的传播相似，"沉默螺旋"的心理机制仍然存在，该现象在网络传播中并没有消失，当政治权力逐渐渗透后会带来的"沉默的螺旋"的变化。[①] 也有学者从社会心理学视角分析"沉默螺旋"理论成立的前提，实证研究表明，在网络中"沉默螺旋"并没有消失，只是表现方式有了变化，当网络人群与现实人群的距离逐渐缩小后，研究会更加具有代表性。[②] 相关研究也表明，网络舆情传播中存在沉默螺旋现象，并暗合社会风险传播机理。

早期互联网包容性较大，允许多元、个性化、匿名的声音存在，让人对互联网能够赋予社会参与的权利和自我表达充满想象，能让相异个体建立联系，尤其有助于少数群体发出声音。但学者认为，网络的匿名性特点消解了"沉默螺旋"的舆论形成机制，网络上的理性讨论通过互联网及网民个人影响力的扩散，最终保持舆论的多元化。[③] 也有学者认为，社会舆论形成的"沉默的螺旋"，可表现为"上升的螺旋"或上下反复的"弹性螺旋"。[④]

有学者认为，受众一旦形成广泛的社会主体，会非常执着地认定利益，媒介议程难以产生感化作用，曾作为普遍规律的沉默螺旋现象，在意识形态冲突的社会完全失效，代之以"舆论背反模式"。[⑤] 也有学者提出，在网络上存在自我确信度高的特定"少数派"，会发表与媒介舆论相悖的意见，引发受众的反向

① 刘海龙：《沉默的螺旋是否会在互联网上消失》，《国际新闻界》2001 年第 5 期，第 62 页。

② 谢新洲：《"沉默的螺旋"假说在互联网环境下的实证研究》，《现代传播》2003 年第 6 期，第 17 页。

③ 周宏刚：《沉默不再扩散——沉默的螺旋理论在网络时代的变迁》，《东南传播》2006 年第 5 期，第 45-46 页。

④ 原源：《变幻的螺旋：社会舆论形成的复杂性与多样性——网络时代"沉默的螺旋"面临的挑战》，《山西师大学报》（社会科学版）2011 年第 3 期，第 152-154 页。

⑤ 刘建明：《受众行为的反沉默螺旋模式》，《现代传播》2002 年第 4 期，第 39-41 页。

思维,从而颠覆“沉默的螺旋”,形成“反沉默螺旋模式”。① 这个观点得到了其他学者的认同。在以网络群体传播为主导的舆论场的建构中,诺尔·诺依曼提出的“沉默的螺旋”出现倒置,传统大众媒体及专业知识群体、舆论领袖建构的舆论场,与自媒体建构的舆论场实现交互融合。②

也有学者辩证思考新媒体环境下的“反沉默螺旋”现象,认为“反沉默螺旋”并不意味着“沉默螺旋”的完全消亡,在特定条件下仍能发挥强大作用,两者在互联网群体传播环境下是矛盾共存的。③ 有学者提出新媒介环境下“沉默的双螺旋”效应,由“自上而下”进行信息传播的大众媒体和“自下而上”进行信息扩散的特定个体社群,各自形成一支意见螺旋并彼此互动,对社会舆论和个体观点及行为产生决定性影响,受众不再迷信政府和大众传媒,从“消极沉默”变为“积极互动”的参与者和建构者。④ 有学者认为,国内许多对“沉默的螺旋”及其衍生理论的研究大都是基于经验观察和逻辑推断的思辨式,缺乏实证检验和数据支撑,应思考“沉默螺旋”理论在不同社会、文化情境下的适应性,“反沉默的螺旋”实质是“意见的自由市场”下舆论的多元化呈现。⑤

互联网群体传播对传统媒介格局的冲击,也对“沉默的螺旋”理论提出了挑战。随着网民基数的扩大,其构成与实际人口越来越接近,国外的相关研究又有新的发现。2012 年,《纽约时报》专栏作者米勒发表《社交媒体如何让人们变成“沉默者”》,文中称,皮尤研究中心和罗格斯大学研究发现,互联网削弱了人们的政治参与度,当其认为自身看法与朋友不同时,社交媒体降低了人们表达意见的可能性。⑥ Twitter 和 Facebook 实际上压制了观点的多样性,经常使用社交媒体的人在线下不善于或不愿意表达异见,从而抑制了人们对公共事务的讨论。罗格斯大学基斯·汉普顿(Keeys Hampton)认为,政治讨论

① 姚珺:《互联网中的反沉默螺旋现象》,《武汉理工大学学报》(社会科学版)2004 年第 6 期,第 286-288 页。

② 龙小农:《I-crowd 时代“沉默的螺旋”倒置的成因及影响——以“PX 项目事件”的舆论引导为例》,《新闻与传播研究》2014 年第 2 期,第 70-79 页。

③ 孟威:《新媒体语境下对“反沉默螺旋”现象的思考》,《中国广播电视学刊》2014 年第 8 期,第 48-49 页。

④ 高宪春、解葳:《从“消极沉默”到“积极互动”:新媒介环境下“沉默的双螺旋”效应》,《新闻界》2014 年第 5 期,第 43-50 页。

⑤ 郭小安:《舆论的寡头化铁律:“沉默的螺旋”理论适用边界的再思考》,《国际新闻界》2015 年第 5 期,第 51-65 页。

⑥ 陈力丹、谭思宇、宋佳益:《社交媒体减弱政治参与与“沉默螺旋”假说的再研究》,《编辑之友》2015 年第 5 期,第 5 页。

中不少人在个体的意见表达上都更趋谨慎与克制。

在社会心理学中，匿名心理指的是人在无约束力的匿名状态下，可能会失去社会责任感和自我控制能力。群体行为由于互联网空间的匿名性而被注入一种难以征服的力量感，成员的个人责任感由于匿名状态而消失。在群体中个体匿名化后，个体特征淹没于众人中，注意力不再聚焦于自身，从而去除了控制行为的标准。从某种程度上来说，个体被群体劫持，个体行为及思想由集体行动的逻辑支配，容易被裹挟到群体心理和集体行动中去。“法不责众”就是在网络匿名性下催生出的一种群体心态。

由于在网络上发表意见大多是匿名的，公开意见和自身意见不会自相矛盾，从某种程度上来说，网络赋予公众安全感，使少数派与群体能够相抗衡，在网络中产生了更多的反抗。网络社群成员对网上意见的认知相比现实社会会发生更大的偏差，因为成员通常会与自己意见一致的人结成讨论小组，往往容易将自己的意见视同他人的意见，出现“镜式知觉”和“假一致”等认知偏差”。[①] 在受众自主意识不断增强的当下，在相对自由的网络空间中，大量信息被广泛传播，人们对意见气候的敏感和孤立的恐惧由于网络社群的群体性与互动性而大幅消解。

学者克莱·舍基被誉为美国互联网革命最伟大的思考者，其在《未来是湿的：无组织的组织力量》中描述沉默螺旋机制对媒介审判的影响，认为：“信息经过用户自身的把关作用上传到社交媒体之后，专业媒介组织将根据一定的标准进行选择，将其纳入媒介议程，然后再把它从信息洪水中凸显出来。随着事态发展，传统媒体和新媒体的议程设置作用把事件影响扩大化，舆论领袖和沉默螺旋机制进一步锦上添花，最终令媒介审判发挥的作用不可小觑，促进事件解决。”

2000 年，以沈阳黑帮头目刘涌为首的特大黑社会性质犯罪集团案受到公众的广泛关注。这一事件历时三年，最高人民法院对“刘涌案件”的破例三审，遭到了来自网络社会舆论的强烈质疑。2003 年 8 月，辽宁省中级人民法院以“鉴于本案的具体情况”为由，改判刘涌死刑，缓期二年执行。这一死刑改死缓的判决原因语焉不详，为坊间的猜测和质疑留下了空间，媒体纷纷发表评论，质疑其改判的原因，媒体评论又引起公众的广泛关注。新浪网调查显示，超过 88％的网民认为对刘涌由死刑判死缓的改判不公正。刘涌可以说是被网络言

---

① 陈力丹：《大众传播理论如何面对网络传播》，《国际新闻界》1998 年第 12 期，第 83-88 页。

论送上了断头台。

舆论由于受到主体自身条件的限制，表现为理智与非理智的交织，事态的发展由舆论的自在功能决定，因此舆论的质量关键在于理性程度。无界限、无中心、离散性的网络空间，被视为个人主义的自由领地。网络用户内心深处吸引他人注意力和追求刺激的冲动，被网络的非责任性和匿名性大大激发，嫉妒、冷漠、残忍、极端的心理在互联网中萌生滋长，网络成为提供情感宣泄的狂欢广场，身处其中的人往往集体无意识，人肉搜索、媒介审判是集体无意识在网络空间的具体表现。

网络舆论是符号学意义上的情绪反映和情感表达。在互联网群体传播时代，由于缺少严谨叙事和传播把关人审查机制，网络舆论中充斥情绪性表达，网民理性丧失和法律意识淡薄，往往造成舆论反转，演变为网络恶搞，当情绪失控时就演变为网络暴力。主体多元性和匿名性使网络叙事更为率性，进而转化为娱乐消遣，网络用户在狂欢娱乐中极易迷失自身的价值取向。

近些年网络的政治泛娱乐化趋势愈演愈烈，微博大V为了吸引网民的眼球，关注政治人物的趣味性、猎奇性和娱乐性；有的新闻客户端为了提高浏览量，在专业新闻生产中倾向娱乐叙事，时政内容庸俗化甚至低俗化，造成新闻格调不高，且志趣令人质疑；在“网红经济”时代，粗俗的表达方式成为一种时尚，假互动之名，行娱乐之实；有些微信公众号流行“标题党”化并在微信朋友圈疯传。而随着草根网络社群崛起，近几年来，微博大V帖文转评数已极少过万，由此可见，普通网民对微博大V的追捧热度已然不再。

CNNIC第54次《中国互联网发展状况统计报告》显示，截至2024年6月，在10.67亿网民中青少年占49.0%，他们主要出于娱乐和沟通的目的来使用互联网。有的网络用户热衷于侵犯、披露他人隐私，传播虚假、低俗的明星八卦；有的为博人眼球随意谩骂，发泄私愤；有的进行人身攻击，实施网络欺凌。他们以网络恶搞、娱乐至死方休的姿态挑战社会的共同价值和道德底线。在泛娱乐化背景下，真正的网络民意很难得到体现，越来越多的注意力被“欺诈”或“诱骗”至吃喝玩乐的领域，年轻网民对政治的关注度逐年下降，以致“网红”“直播间女主持”大行其道。互联网制造着一个又一个的网红、网星，这对网络政治关注和参与起到极大的消极影响，既分散了网民有限的注意力，也干扰了人们独立、理性的思考能力与判断力。

二、互联网群体传播时代“众创”模式的可行性

纵观人类历史，自15世纪地理大发现以来，没有什么发明能像互联网这样将每一个地球人如此紧密联系起来，成为“地球村”，进而将群体智慧延伸为“地球脑”。互联网群体传播时代全球创客浪潮兴起，使“众创”模式成为可能，顺应了用户创新、协同创新、大众创新的趋势，在知识社会创新环境下，能充分发挥社会力量的众创、协同作用。

凯文·凯利(Kevin Kelly)是美国著名杂志《连线》的创始主编，被誉为互联网的预言大神级人物，其撰写的《失控：全人类的最终命运和结局》一书完成于1994年，他在当时就已预见Web2.0网络社会的情形。他用“群氓的智慧”来表达对群体的认知，群体被视为自适应于任何分布式的有机或人造的系统。他从“自组织”的角度来阐释群体智慧的形成。自组织指不受外界干预、只需控制参量变化、通过子系统间的合作来形成宏观有序结构的现象。其中最关键的是在没有外力干预的情况下，完成内部的分工和协作。[①]

自媒体出现之前，自上而下的层级结构是社群结构的基本形态，从控制论的角度来看，信息传播是为了控制，而控制又依赖于信息反馈来实现。互联网群体传播时代，去中心化特征打破了自上而下的层级结构，由用户构成的复杂网络具有小世界特性和无标度性，从自发性向平衡状态演进，因而具有自组织性。

自组织被德国理论物理学家哈肯(H. Haken)定义为，在没有外部指令的情况下，一个系统自发地依照某种规则，自适应地形成有序结构。系统能随机自发识别，在耗散结构的形成过程中从处于混沌状态的无序到有序，从低级有序到高级有序的过程。[②]

社会网络能让个体更有智慧，也能成为对个体智慧的补充，这一点在尼古拉斯·克里斯塔基斯(Nicholas A. Christakis)和詹姆斯·富勒(James H. Fowler)的合著《大连接》中有详细的阐述。社会网络可高效搜索、提取和容纳人们在不同时间段相互传播的信息，并通过计算汇总各方决策。互联网是现实社会网络的延伸，因此网络空间也有孕育“群体的智慧”的条件和基础。

互联网群体传播产生于一切皆媒的“众媒时代”，其显著特征是生产力的

---

① 彭兰：《群氓的智慧还是群体性迷失——互联网群体互动效果的两面观察》，《当代传播》2014年第2期，第5页。

② 李志雄：《网络社群的变迁趋势和负效应》，《当代传播》2013年第3期，第17页。

扩张,其本质上是一场认知盈余下的生产革命,可称之为"众创"模式。新的媒介技术使内容生产的成本极大降低,社交媒体平台为人们提供了低门槛的社会化生产工具。媒体不再掌控机构特权,出版不再成为一种稀缺资源,大规模业余化大行其道[①],个体的认知经验和业余时间被无限激活和释放。网络社群作为网络社会组织单元,能够动员、聚合无组织的力量,大量的"业余生产者"利用认知盈余进行内容创作,使自组织式的内容生产成为可能,众多具有生产力的社群组织蓬勃发展。继博客时代的知名博主、微博时代的大V崛起,豆瓣、知乎上的大神,到如今自媒体的众创热潮下微信公众号遍地开花,行家乐于尝试业余化的全新表达,外行也勤于以业余身份提供专业化内容,内容创业、人人创作的生产革命由此实现。唐·泰普斯科特(Don Tapscott)和威廉姆斯(Anthony D. Williams)合作出版的《维基经济学》,深刻揭示出互联网群体协作背后的群体智慧产生的源泉。

移动互联网使"时刻在线"成为常态,线上和线下无缝融合,每个可移动的网络社群成员都是社会化网络的重要节点。"罗辑思维"的公众号创始人罗振宇对互联网群体传播时代的劳动模式生产有过如下比喻:在传统社会,人人是集体中的一个螺丝钉,而在互联网时代,人人都要像U盘一样生存,"随时插拔,不装系统,自带信息,自由写作"。互联网群体传播时代,个体若只是信息存储的载体是远远不够的,而要发展为云存储器,在社群互动中构筑个人的关系网络,在任何情况下均可运行,为群体行为贡献个人智慧。

2007年,哥伦比亚商学院做了一个有关糖果的实验,糖果的实际数量是1116颗,让73位学生在无交流的情况下各自给出估算数量,得到的平均数是1115个,和实际数量超级接近,该实验以此说明人群中涌现的群体智慧大于个体智慧。[②] 但实验的前提是实验对象之间彼此相互独立,在给出答案之前不能相互沟通,保持群体中的个体独立性是群体智慧发挥的前提条件。实验组又做了对比实验,取消个体的独立性,给出答案前允许个体讨论,群体智慧的光环就消失了,正确率直线下降。因此,要发挥群体智慧,就要抑制意见领袖(超级节点)发挥作用,使信息充分流动。

美国学者兰·费雪(Len Fisher)在《完美的群体:如何掌控群体智慧的力量》中指出,社会网络是一个遵循幂律法则的自适应系统,形成中心节点后使

---

① 克莱·舍基:《人人时代:无组织的组织力量》,中国人民大学出版社2012年版,第45页。

② 九州:《如何在互联网时代激发群体智慧?》,《中外管理》2016年第4期,第88-89页。

网络的连通性与稳定性增强。[①] 幂律法则意味着少数网络节点拥有很多的连接，而其他节点上却只有很少的连接，是马太效应的另一种体现。信息大规模传递只要依赖于一个连通性和稳定性很强的网络，这是群体能够产生协同行动的基础。

在传统的大众传播条件下，信息传播过程中的“把关人”角色由媒介来承担，多数人接受的信息内容及信息范围由有限的少数人来决定，“意见环境”的影响力主要来自大众传播。而在互联网群体传播时代，凭借网络言论的匿名性，一些非主流的意见和声音开始出现在网络中，虽然意见的正确性还有待观察和评估，但这些言论至少是网民在相对自由的网络群体环境中充分、理性讨论的结果。

随着社交媒体的转帖、互动书写行为的盛行，网民的网络议政从广场模式转向议事厅模式，现实感极强的议事共同体逐渐取代了虚拟的想象共同体。在互联网群体传播时代，点对点传播带来现场体验感，随着网络中的“自干五”、民间网评员以及全国“青年网络文明志愿者”队伍的壮大，众声喧哗的“广场效应”不再，一边倒的舆论热潮消散，个体之间就具体议题和争议性事件充分展开对话，在这个虚拟人际关系空间中，非理性的发泄显得不再合时宜，加关注、点赞、转帖、评论都在有序状态下进行。

特别是微博评论中的“盖楼”现象呈现出“众议众创”（见图 3.1）的氛围，很多时候在热帖的评论区网民一条接一条的评论，短小、精辟且精彩，有观点的交锋，也有价值的寻求和认同，甚至很多时候网民们看评论的兴趣大大浓于看原帖的动机。

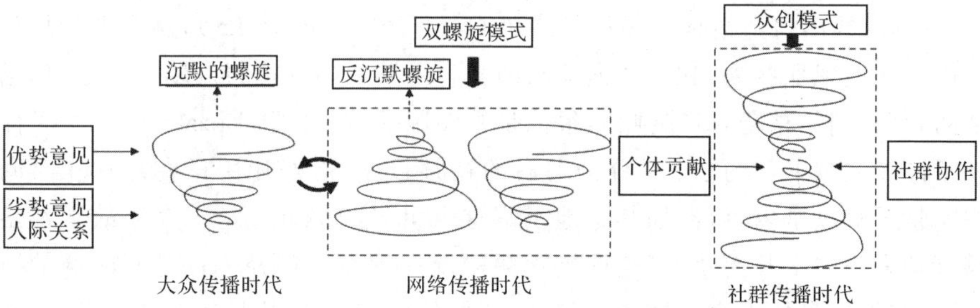

图 3.1　“众创模式”演化

① 兰・费雪：《完美群体：如何掌控群体智慧的力量》，浙江人民出版社 2013 年版，第 164-194 页。

第二节　跨屏行为中的场景传播

一、互联网群体传播时代的跨屏传播

在互联网群体传播时代,图像和影像被大规模、普遍性传播,当代视觉文化中呈现出各种复杂的图像或影像形式的爆炸性发展。经历过从古希腊的“本体论哲学”转向近代的“认识论哲学”的第一次重要转向后,我们正经历着从近代的“知识论哲学”转向20世纪的“语言学哲学”,即“语言学转向”。哲学的第二次转向,从“语言学转向”到“图像转向”再到“互联网哲学”或“互联网思维”达成之后才算最后完成。

互联网传播正在走入视听时代,传播的游戏规则和参与者的技能都将被颠覆。近几年,图像、音视频传播悄然开启,例如当下的微信朋友圈、斗鱼、花椒、映客、啪啪、喜马拉雅、荔枝电台、抖音、快手,以及Instagam、YouTube、Google+等,都是这个新媒介形态层出不穷的视听时代的典型代表。随着智能终端的渗透,视听传播正在掀起新的风暴。

如今的互联网群体传播,使人们从逻辑化的文字世界进入直观化的视听世界,传播者的角色也从“组织人”到“创意人”,传播的呈现趋势也从“精饰化”到“去饰化”,信息的读取与辨别也越来越依赖视听元素,网络购物评价分享已悄然由原先的图片展示变为视频分享,像京东等网购平台,视频分享已蔚然成风。

CNN推出打造情怀的短视频应用Great Big Story(GBS),这个视频故事应用专注发现那些未知的、令人惊叹的又容易被忽略的视频。动人的故事,温情的画面,制作精巧,口味独特,很像是视频版的VICE和Buzzfeed,一下子俘获了许多文艺青年的心。3分钟左右的视频长度,恰好让用户在碎片化时间中完整了解故事内容,恰如其分地了解这个世界的美好。每一个小故事都足够打动人心,“平凡而伟大”是这类视频的统一调性。年轻一代是互联网的原住民,获取信息的渠道正悄然改变,传统媒体时代的电视观众正日益老去,一贯讲求宏大叙事的CNN开始重视互联网领域,推出这款小众软件是试水互联网的诚意之作。

基础网络服务的提速降价,使视频化成为互联网群体传播的主流,未来信息获取来源将聚焦于视频类信息产品,其信息生产将持续升温。网络平台上的用户画像会随着大数据技术的不断发展而更加清晰，信息产品与用户个性化需求对接的精准度将进一步提升。

内容为王在互联网群体传播时代依然有效。根据用户心理和市场需求，不断调整信息内容的呈现方式与呈现时机，是取得最佳传播效果的关键。内容正从文字传播时代进入视听时代，但从某种角度来说，品质正让位于互动性。

随着移动互联网的兴起，用户可以接触到更多设备与媒体，其中一个重要特征是用户在电视、PC、手机和平板之间“游移”，注意力也分散在各个屏幕之上(见图 3.2)。艾瑞咨询《中国网络新媒体用户研究报告(2016)》称，68.5%的用户在观看视频时使用手机，38.5%的用户同时使用笔记本电脑和台式电脑。[①] 多任务同时在线跨屏传播成为可能，网络用户会在观看视频的同时进行网络社交。

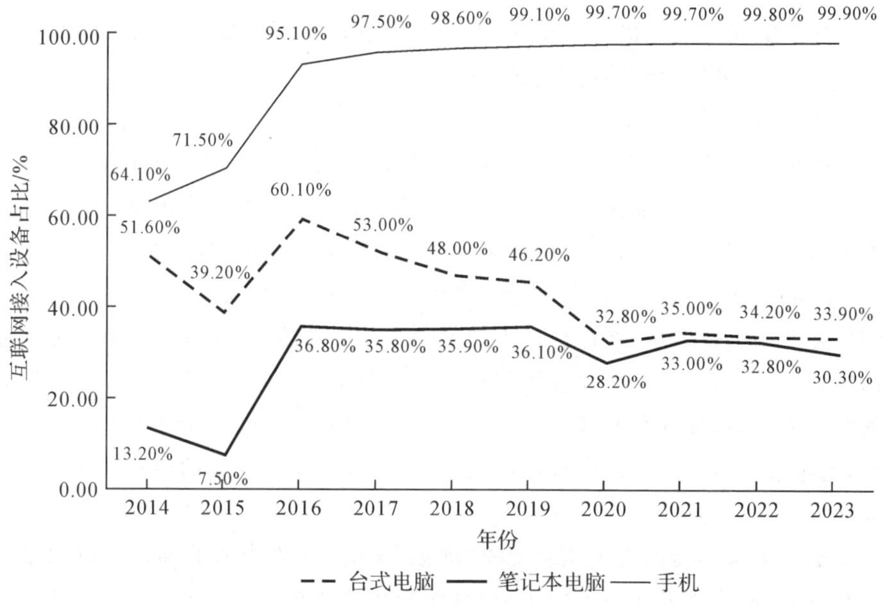

图 3.2　2014—2020 年互联网接入设备使用情况

资料来源：《中国互联网络发展状况统计报告》(2014—2020)

① 褚博睿：《跨屏互动与融合对媒体人的要求》，《今传媒》2017 年第 2 期，第 124-125 页。

据美国市场调研公司eMarketer统计，在中国受众发生跨屏迁徙的互联网群体传播时代，用户每天在数字媒体上的消费时长超过传统媒体的总和，每日平均在报纸上仅停留10分钟，而停留在数字媒体上的时间超过3小时。

2013年，微软针对美国、英国、澳大利亚、加拿大、巴西3586名受众调查发现，用户同一时间使用不同的屏幕主要有三种模式：其一，内容浏览模式(Content Grazing)，即用户同时使用多个屏幕，但是关注或者获取的内容之间并不相关；其二，深度参与模式(Investigative Spider-Webbing)，即用户同时在多个屏幕之间浏览的内容存在相关；其三，跨屏分享模式(Social Spider-Webbing)，即用户通过跨屏分享，内容通常是该类行为的“催化剂”。

在移动互联网时代，同一用户在不同屏幕(电视屏、台式电脑屏、手机屏、平板电脑屏、楼宇电视屏、公交车载电视)之间完成浏览、观看、搜索、社交等行为。用户在“大屏幕观看”的同时衍生出“小屏幕互动”，跨屏传播业态已然成熟。跨屏传播是指互联网视听传播在数字电视、直播电视、网络视频、移动视频和楼宇电视之间连接与交互，资源共享以搭建屏幕随处可见的协同互动式传播网络，让用户随时随地接触传播内容。

跨屏传播具有主动性、互动性、社交性这三个显著特征。读屏时代，受众既可以根据兴趣自主选择特定地点、时间获取信息；也可以通过扫码、摇号等方式参与互动传播，加深与传播内容的关联；又可通过微博话题圈、弹幕、评论等平台讨论、分享传播内容，在社交中强化对传播内容的关注度。

界面形式是存在于信息传受者之间建立联系、维系关系的关键点，是划分场景类型的重要依据，在信息技术的推动下更新迭代。新型界面为视听传播构建直接的沟通渠道，为建立新型传受关系奠定物质基础，确立以界面为核心的新传播形态，界面传播得以产生。[①] 互动界面不遗余力构建全新的传受关系，超越最基本的“刺激—反应”层面，媒介内容与受众在新的传受关系中产生互动。

美国未来学者凯文·凯利提出“屏读”概念，认为未来的屏幕不仅仅呈现内容，还会成为观察用户的镜子，记录用户生活中的每一个微小细节，成为一个数据库。[②] 数字化传播时代的典型特征是资源云端化、内容垂直化、服务场景化、产业智能化，智能沉浸式视听业态不断发展，从争夺受众到争夺注意力，

① 张佰明：《以界面传播理念重新界定传受关系》，《国际新闻界》2009年第10期，第27-31页。

② 凯文·凯利：《必然》，周峰、董理、金阳译，电子工业出版社2016年版，第115页。

从争夺用户到争夺消费力。

单屏传播时代是渠道为王，内容是传播的核心，非智能化；跨屏传播时代是平台为王，传播的核心除了内容还有社交，这时候已进化到运算智能阶段；无屏传播时代是入口为王，虚拟屏幕终将取代物理屏幕，传播以内容、社交、服务、营销为核心，到那时，感知智能、认知智能将大行其道。

互联网群体传播使媒介生态格局发生剧变，媒体界限日益模糊，受众的媒介需求不再聚焦单向传播或是双向互动，而是更加倾向于媒介与在地环境结合达成最佳状态，通过媒介接触优化受众的媒介需求，使受众的心理预期得到最大程度的满足。

在互联网群体传播方兴未艾的当下，社交网络与信息网络的交融正不断推进，跨屏传播整合社群能量也在持续推动着传播升级。例如社会化阅读场景也呈现多终端、跨平台的融合趋势，电脑、平板电脑、手机、微博、微信、APP，都是社会化阅读的入口，构建不同的体验场景。微信传播更接近于私人传播；豆瓣传播更像书友会，强调精神共鸣和价值认同；微博传播是具有群聚效应的广场传播，在公共空间中舆论才能生成。如今，多终端、跨平台的阅读渐成趋势，是集结了移动视听、评论分享、在线社交的社会化行为。多元化场景融合背景下，社群力量的加入使社会化阅读超越并升级了传统模式，打造信息化时代泛阅读生活方式，在互联网群体传播时代可有效推动知识传播和公共文化建设。

跨屏传播进一步打通了线上社群与线下场景，将阅读、视听、购买、消费等功能嵌入社会网络。视听媒介在移动互联时代拥有更广阔的平台，深刻影响着人们生活时间和场景的分配与重构，对于场景的研究也日渐成为学界关注的热点。

二、互联网群体传播时代的场景传播

“场景”概念是2014年由学者罗伯特·斯考伯(Robert Scoble)和谢尔·伊斯雷尔(Scherr Isrel)提出的。他们指出，与场景时代息息相关的五大要素分别是大数据、移动设备、社交媒体、传感器、定位系统。场景包括四个基本要素，分别是用户实时状态、用户生活惯性、空间与环境、社交氛围。[①] 场景适配是移动媒体服务的核心目标。场景是由人、地点、时间等多重维度界定出来的

① 彭兰：《场景：移动时代媒体的新要素》，《新闻记者》2015年第3期，第20-27页。

一个小世界，通过移动互联网，大数据及消费者文化的融合，重新组织社会资源和流程，以满足用户的需求场景。

广义的场景包含情境，同时涵盖基于空间以及行为与心理的环境氛围，决定人们的行为特点与需求特征，可分为实用性功能场景和社会性功能场景。对照马斯洛经典需求层次理论，前者对应生理、安全需求，后者对应社交、尊重、自我实现等需求。有学者在技术层面上对社会场景进行定义，认为社会场景是不同用户相互关联的特征，如社会纽带和群体行为。①

网络人际连接方式即互联网场景的体现，既赋予客体独特价值，又制造消费的文化体验。发掘不同社群的多元文化体验，依托社群成员间精神共鸣，可以实现多维度的场景孵化。自媒体"吴晓波频道"将崇尚自我奋斗的价值立场融入线上内容传播，并有效嵌入读书会、千人大课、大头帮等线下场景中，向社群成员传递商业思想价值和文化品位。这样的场景建构契合媒体融合的发展，有效地将精神共鸣转化为真实的社会行动，促进媒体、出版、组织、社群、个人等各种社会力量之间的联动和协作。

网络重构社会连接之下，互联网群体传播通过多向传播进一步拓宽了信息渠道，打破传统中心化、一对多式的传播格局，使关系赋权成为可能，社会资本配置的范式得到革新。依托于新媒体发展起来的场景，不再仅仅为了满足受众需求而配置信息，而是创新赋权模式，在增强个体互动中重构社会关系。

移动传播就是为了提供特定场景下的适配信息和服务，移动互联网时代赢在场景之争，随着大数据、物联网等技术的发展迭代，人类正进入场景感知的时代。时间、地点、需求、情绪等，都是场景时代需要考虑的元素，个体的物理位置和需求以及群体情绪状态都集中在场景中，场景就是传播的环境及相关因素的总和。

场景时代以细分场景、垂直领域、个性化服务为特征，解决的重点是人与人、人与内容、人与环境的连接与匹配。10 年来，网民的成长率从 50%降至 6%，这意味着互联网发展的"人口红利"已经消化殆尽，发现一个"风口"便一拥而上，互联网野蛮生长的阶段已经过去，取而代之的是高度专业化、智力密集输入、范式不断创新的新的发展阶段。发展的重心将落点在深度挖掘高场景性需求、低频度需求、个性化需求以及分众市场。

---

① Guanqing Liang, Jiannong Cao: Social context-aware middleware: A survey, *Pervasive and Mobile Computing Journal* (*PMCJ*), 2015, 17(B): 207-219.

过往15年，中国互联网商业核心始终围绕的是流量。互联网对媒介生态重构，需要依托大流量开放平台，促进信息节点、社会力量之间自由平等地流通、互动和聚合，完成信息的生产、分享与价值创造，形成共享信息、利益、价值的共同体。[①] 不论是四大门户时代的阅读量，还是搜索引擎时代流量的竞价排名，还是淘宝电商时代流量转化为订单的模式，流量是互联网红利时代争夺的焦点。最佳的场景体验其实是在用户有需求时，向合适的人提供合适的信息和服务。针对用户在特定场景下的欲望、动机、需求以及行为进行搜集和分析，找到产品与服务在其中最合适的嵌入点以满足用户。移动互联网与现实生活的结合愈加紧密，并在此基础上重塑生活场景，使网络社群多元化发展成为可能，线上的社群文化开始嵌入现实生活。

互联网群体传播时代，信息消费出现三种变化，消费界面从单一介质向“万物皆媒”转变，新闻与信息的界限在不断消融与瓦解，消费场景日益多元化。2017年，我国政府工作报告中明确了要扩大数字家庭、在线教育等信息消费，而未来的信息消费有很大一部分会依托视听消费。

互联网作为一种“高维媒介”，激活了以个人为单位的社会传播的全新格局，未来可能会形成类似智能信息管家的系统，微软的Cortana已经展示了一定的潜在可能性。20多年前，美国麻省理工学院教授尼葛洛庞帝在《数字化生存》一书中提到“界面代理人”，这或许是智能系统的理想目标：数字化生存将改变信息选择的经济模式，抛开别人认为重要的消息，未来的界面代理人仅基于你的兴趣，搜集所有新闻渠道的内容，然后把资料组合成每日独一无二的“个人日报”，有足够的弹性和自由选择的空间，有望由人工智能技术变成现实。人工智能是媒体内容分发的新出口，机器人作为用户未来的浏览器，将更倾向于通过语音、视频的方式向用户提供服务。近年来音视频用户规模和渗透率快速提升，这样的智能系统会对现有的社会信息生产、消费生态产生极大的冲击，但与此同时也会给社会变革和人类福祉带来福音。

在不久的未来，大众传播的受众也许只是单独一个人，个人化是窄播的延伸，受众从大众到分众，到较小群体，再到更小群体，最后终于只针对个人。[②] 网络传播时代的特点是信息海量、实时传播、交互性、个性化，在过去的20多年里，前三者已一一实现，并带来传媒业颠覆性的变革，而传媒业为满足个性

① 喻国明、焦建、张鑫：《“平台型媒体”的缘起、理论与操作关键》，《中国人民大学学报》2015年第6期，第120-127页。

② 尼古拉·尼葛洛庞帝：《数字化生存》，胡泳、范海燕译，海南出版社2017年版，第159页。

化需要所作的努力也已经持续了 20 多年,“个人定制”时代终将真正到来。

依托移动互联技术的媒介革命对场景发展至关重要,现实性场景和虚拟性场景发展的研究不断取得进展。随着社会经济水平的不断提升,智能传播和视听传播由于基础设施设备的完善而不断发展,虚拟性场景、现实增强场景处于发展上升期(见图 3.3)。近年来虚拟现实(Virtual Reality, VR)、增强现实[①](Augmented Reality, AR)、混合现实[②](Mixed Reality, MR)、人工智能(Artificial Intelligence, AI)技术的发展,实现了虚拟网络空间场景从二维空间向三维(3 Dimensions, 3D)、四维(4 Dimensions, 4D)的转变。基于虚拟显示的交互,有跟语音结合的穿戴式,也有和触控结合。VR 成为手机的延展,可以使人在更加虚拟的场景中获得更加真实、丰富的参与式体验,满足其场景中的角色期待;而 AR 志在改变现实,让现实与虚拟链接,更精准地满足目标受众的心理需求。Projector based AR(PBAR)是基于投影的虚拟显示技术,将会是虚拟技术的发展趋势。未来的场景传播研究将趋向交叉研究,用户信息接收心理和处理模式,以及在线场景与用户交互体验的传播效果等,都有待进一步研究。

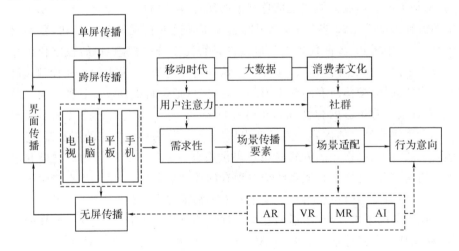

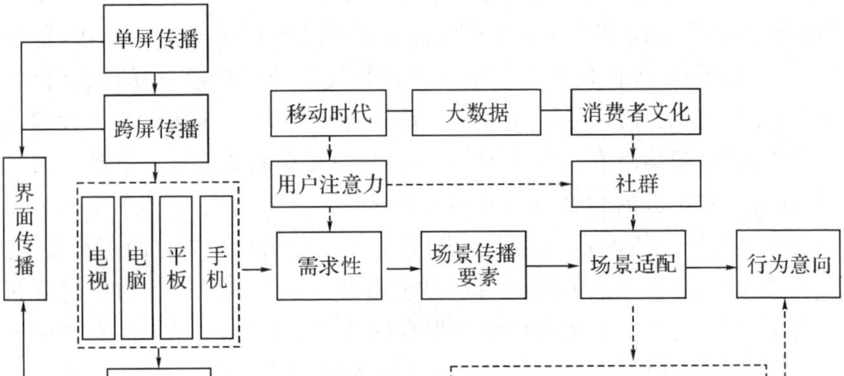

图 3.3　场景传播模式

① 增强现实是将虚拟环境匹配叠加到真实世界显示的技术,促进了虚拟现实技术的发展演进。
② 混合现实是一种使真实世界与虚拟物体在同一视觉空间中显示和交互的虚拟现实技术。

第三节　流动性时代的病毒式传播

学者曼纽尔·卡斯特尔(Manuel Castells)提出信息理论中的“流动空间说”来强调当代生活的“流动性”特征。其后，有学者将“现代性”喻为“液化”的力量。“流动的现代性”是英国社会学家齐格蒙特·鲍曼(Zygmunt Bauman)对当代西方发达社会的一个诊断性结论。[①] 有学者认为，虚拟社群中的流动性成为网络社群参与的根本动机和交往基础，既满足了成员个体性表达，又实现了成员在共同体中的情感共鸣。[②]

传统媒体时代，发布内容是从媒体到用户的单向传递和流动，互联网群体传播是在双向传播中形成交流，具有双向乃至多向对话的特质，“转发”意味着信息更大范围传播，“评论”则显示传播的内容有了反馈和回音，使信息传播在关系链中流动起来。

即时零散的发布时间、情绪化的内容生产、多样化的信息发布、随意化的内容再创造，这些碎片化特征使互联网群体传播符合后现代性逻辑。信息即时发布的频率可能由于这种碎片化表达而有所提高，但简短的零散信息使逻辑完整性不足，信息的这种碎片化现状在让·鲍德里亚(Jean Baudrillard)的“内爆”理论中曾有过阐释。

互联网群体传播时代，新媒体技术建构了一种新信息组织方式。互联网为群体传播提供了信息聚集、交流的“物理空间”，而突发的社会公共事件容易产生病毒式传播力。信息传播从以往的垂直线性流通变成水平病毒式扩散，为行动者提供了更加便捷的沟通渠道和组织手段，具有快速性、方便性、低成本、低风险、匿名性、互动性和跨地域性等特点。而极端的意见指向在舆论场中可借助互联网群体传播呈现立体网状扩散。

互联网群体传播往往融合了人际传播模式，通过人际的信任关系，使传播者发布的信息通过接力和分享，不断进行信息的接收和转发，以此不断往复和

---

① 齐格蒙特·鲍曼:《流动的现代性》,欧阳景根译,上海三联书店 2002 年版,第 10 页。

② 黄彪文,殷美香:《在个体与集体间流动:论虚拟社群的参与动机与交往基础》,《国际新闻界》2014 年第 9 期,第 6-19 页。

扩散，信息便能以类似病毒的速度迅速传播开来。[①] 病毒是这个世界上传播效率最快的生物，原因就在于病毒的表面蛋白质具有定向结合宿主细胞上的受体的能力，然后快速地将自己的遗传物质释放在宿主的细胞体内。这和传播很相似，要对目标受众非常了解，要提供的是对他们而言有价值的信息。裂变式传播即病毒式传播，往往发生在关系结构的网络中，也常常容易偏向情感传播。

网民上网时间不断增加，过去网民每天上网几分钟，后来变成十几分钟，再到好几个小时，现在可以微信随时在线，中国在2024年已经进入11亿人同时在线的时代。从线上线下的分隔到随时随地在线，为病毒式传播提供了充分必要条件。在互联网群体传播时代，实时互动模式开启，并逐渐取代原先的延迟传递模式，从封闭式到开放式，从强势到平等，从单向度到多向度，带来信息瞬间的裂变扩散。

网络信息传播的路径和态势无法预测、无法把关、无法控制。互联网内容产生有原创模式和转发模式，众多社群成员的多级转发，不同于以往点对点或点对面传播，而是呈指数倍逐级放大，使传播方式呈现滚雪球般的裂变性。在这样的模式下，通过微妙的偶然因素的作用，网络信息传播在混浊区某一参数靠近临界值时容易发生突变，在此影响下就会产生蝴蝶效应。

微博作为中国目前最大的信息发布和交换的传播网域，是网络群体聚集的平台。微博呈现了线上弱关系，但其产生的巨大能量却不亚于任何现实生活中的集体行动，突发事件、公共事件的病毒式传播在微博上呈现了强大的媒介景观。

2010年12月6日晚，微博上出现"金庸去世"的传言，随后借助微博这一新兴的信息发布媒体，该消息在网络上大肆传播，众人哗然。传统媒体忙于求证消息来源和真伪，在微博发布的8分钟后，香港媒体方面证实这是则假消息。因网络上这条不足60字的微博信息的病毒式传播，使得传媒界以《中国新闻周刊》一名副总编辑辞职、一名网站内容总监降职和一名网站编辑被解聘而收场，也令世人见识到互联网传播的强大威力。

2014年8月的"冰桶挑战"风靡全球，各界大佬纷纷湿身挑战。从IT大佬、体育明星、影视大腕乃至英美领导人，都玩得不亦乐乎。参与者在社交网

① 钟雅琴：《网络社会的崛起与文化公民身份建构》，《江苏行政学院学报》2010年第3期，第48页。

络上发布被冰水浇遍全身的视频，然后可以网络“点名”其他人参与其中。被点名者可选择接受挑战，或捐款 100 美元，对“肌肉萎缩性侧索硬化症”（简称渐冻症）治疗有所贡献。

2014 年 8 月 20 日，TOMsInsight 的分析师团通过分析 Instagram、Facebook 和 Twitter 的数据发现，共有 79356 人在这三大社交工具上记录完成了冰桶试验，其中来自体育、娱乐、演艺界和企业的名人占 42%。通过网络社交接力，渐冻症第一次真正走进了社会主流的视野。2014 年，好莱坞在一年之内推出了两部渐冻症题材相关的电影《温暖渐冻心》（*You're Not You*）和《万物理论》（*The Theory of Everything*）。

冰桶挑战成为当年互联网上最流行的现象，仅仅半个月时间里，Facebook 上关于冰桶挑战的相关内容就超过了 1500 万条，其中有 900 万是在一周内发出的。数据显示，在 7 月 15 日，Twitter 上关于渐冻症的内容只有 100 多条，但是此后一个月，这个数字飙升了 300 多倍。国内新浪微博的统计显示，有各领域的明星名流近 200 人在微博上发布视频，完成冰桶挑战，近 4 万人通过微博公益平台向渐冻症捐款项目捐了 700 多万元。

通过这次前所未有的“病毒式”活动，渐冻症协会史无前例地募集到了 1.15亿美元的善款，而在 2013 年，他们获得的捐助资金只有 2350 万美元。调查显示，2014 年 7 月至 8 月，渐冻症的讨论增加了 6 倍，8 月份全网 1/3 的讨论都和渐冻症有关，在冰桶挑战活动之前，有大约 42%的人完全不知道渐冻症。

2017 年八一建军节期间，《人民日报》推出的军装照 H5 风靡全国，短短一周时间浏览量超 10 亿，截至 8 月 7 日 6 时 47 分，浏览次数（PV）达 10 亿次，独立访客（UV）达 1.5 亿多，8 月 1 日最高日访问量达 3.9 亿多。

2018 年 3 月 13 日，在十三届全国人大一次会议“部长通道”采访提问直播中，一位蓝衣女记者向身旁正在现场提问的红衣女记者翻白眼，微博和微信朋友圈被其表情包刷屏，瞬间火遍大江南北，一不留神成为“网红”。各微信公众号蹭热点纷纷发文，微信群内更是转发无数，微博上快速出现红蓝球队交锋、红蓝车系对比等戏谑段子，针对“自古红蓝出 CP”做文章。淘宝上当天就出现以该事件为模本的“红衣蓝衣女”定制手机壳等商品，某商业 APP 蹭热点推海报时的标语就是：看不起，不需要那么多表情；提问题，哪那么多没用的话；打掉虚高，回归品质。

2018 年 4 月，“创造 101”选手杨超越带火了“锦鲤”一词。9 月 29 日，支付宝发布微博抽奖活动“祝你成为中国锦鲤”,将抽取一名幸运儿奉上“超级大礼包”。通过超额奖品筹码以及“中国锦鲤”符号加持,仅6小时转发量即破百万。至10月7日活动开奖,此条微博阅读量达2.16亿,周转发量过310万,总互动量超过420万。开奖当日支付宝官微发布4条微博@信小呆,赋予中奖者以“中国锦鲤”称号。网民纷纷涌向其微博评论区吸取好运,使事件再推高潮,网民通过戏谑狂欢主动“加冕”,将普通网民塑造成一名新晋“网红”,创造了一次互联网群体传播的神话。

2019年3月,在圈子公认的代码托管平台GitHub上,有程序员发起名为“996.ICU”的项目,意为“工作996①,生病ICU”,得到了大量程序员的响应,上线仅半个月得到15万名程序员关注。马云在直播中关于“996工作制”是福报的发言,在社交传播中出现各类解读,网友们并不买账而采取“对抗式解读”,引发新的热议与站队,“996ICU”从程序员圈热议到引发全民关注,话题破圈。公众关于996的吐槽,关注数字劳工问题的自我调侃也引发社会关注,《人民日报》发文《崇尚奋斗,不等于强制996》,将关于“996”的全民大辩论推向高潮。

2020年9月,“秋天的第一杯奶茶”在朋友圈刷屏传播,网友晒出朋友、恋人转给自己的红包或购买的奶茶并配文。奶茶梗爆红的背后是网民对“奶茶”这个符号的消费,在互联网群体传播时代,消费是一种建立关系的主动模式,这种关系不仅体现了人与物之间的关系,而且也体现了人和群体以及世界之间的关系。秋天的第一杯奶茶梗的爆红,不仅满足了网民在社交平台的分享欲,更是在这场互联网接力中通过对热点事件的追逐获得存在感。

在这些全民传播的共享式疯狂互动中,人对信息的接收不再是单向性,信息在个人和社群中多向传播、循环对接、不断拓展,在社交互动中信息传播样态更为多变丰富,在网络社群的交融碰撞中实现裂变传播,全民自发参与的病毒式传播由此产生。

病毒式传播存在三种扩散模型,分别为单核、双核、多核模式,每一种模式的传播途径、重要时间节点、关键舆论领袖的数量都不尽相同,不同网络事件在社交媒体中的扩散模型也不同。从数理构成的复杂性来看,互联网群体传播可以描述为一种基于拓扑结构的数字网络平台,在其传播过程中,每位获知或参与网络传播的个体都可以被视为一个有效节点,网络事件的传播轨迹图

① “996”即许多企业的程序员工作状态,从上午9点工作到晚上9点,每周工作6天。

最终形成一个星云结构图。

关系密度是病毒式传播机制中的一个重要因素，决定着信息在网络空间内传播效率的高低。在网络空间的某个特定范围内，相互联结的节点数量即关系密度，关系越稠密，信息流动的效率越高，意味着信息扩散的速度越快，距离广度也越大。关系密度大，在关系网络中节点之间存在联结关系的概率就大，信息流动可选择的路径方案也随之增多，发生传播断链的可能性就会下降，处于局部关系网络边缘的节点也有较大概率接收信息，因此，在互联网群体传播中高密度关系结构表现出高效性。

互联网群体传播时代的病毒式传播，其实就是典型的将关系密度属性变现的例子。病毒式传播的核心机制在于激发社群成员对信息进行自发的传递和接力，成功的病毒式传播往往以特定议题的形式出现。但病毒式传播中的"病毒"只是某个圈子的病毒，只因共同置身于某个圈子内，与之相关联的其他节点都在传递此信息，才营造出势不可挡的情境和氛围。而此铺天盖地的传播场景只有在网络达到一定密度时才能实现，形成病毒态势以达到相互传染的效果。

口碑营销学者伯格(Berger)将病毒营销分解为社交、触发、情感、公众、实用价值和故事这六个关键驱动环节。① 关系密度是社交环节中的关键因素之一。不确定的信源会产生谣言和流言，信源的确定会对谣言的传播起到推波助澜的作用。从陌生人处听到的谣言不太会引起注意，但来自亲友的谣言，则会大大增加其可信度。② 从某种意义上来界定的话，互联网群体传播是一种非制度化的传播方式，虽有"认证"一说，但大量碎片化的信息，仍存在"不可验证性"。微博、微信等社交媒体目前是个零门槛的媒介，信息传播没有规范、成熟的法律法规约束，难以保证信息的真实性。

第四节 后真相时代的网络反转

在互联网群体传播时代，频频出现网络失范现象。过去定义新闻是新近

---

① Berger J, Milkman K L: What Makes Online Content Viral? *Strategic Direction*, 2002, 28(2):192-205.

② 隋岩、李燕:《从谣言、流言的扩散机制看传播的风险》,《新闻大学》2012 年第 1 期，第 73-79 页。

发生的事实的报道，在互联网群体传播时代，新闻可以被定义为正在发生的、新近发现的、搜索与议论的互动中产生的事实的传播。人们之前聚焦事实的关注点是其发生、发展的过程和结果，现在关心的焦点已经演变成对事件的解说和认知是否精准出彩，这类事实或观点最大功用是在谈论事件时使人耳目一新，或发在朋友圈供他人点赞。

《牛津词典》公布了2016年的年度词汇post-truth（后真相），意为在互联网时代真实真相变得不那么重要了，情绪的影响力已经超过事实；2017年，《柯林斯英语词典》将fake news（假新闻）列为年度热词；2018年，英文字典网将misinformation（假消息）评选为年度词汇。美国CNN电视主播阿曼普这样形容互联网群体传播时代的众生相："就是人们想相信什么就会去相信什么，真相已经无关紧要。"①

深圳病童罗一笑事件中的父亲罗尔，让我们体验到疾病的恐怖，又让我们感到人性的狡诈；安徽女子为救女童被狗咬成重伤，安徽女大学生因扶老人被讹，江苏考生在监考教师猝死的情况下平静做题，被称冷血或自称被讹学生直指社会冷漠和道德滑坡；上海女子跟男友回江西老家过年时见到第一顿饭后想分手，刺痛着割裂的社会。这些网络反转事件一次次制造了跨群体、跨地域、跨行业的情感共鸣和情绪共振，网络舆论的前后反转和割裂，表明社会情感治理急需摆上社会治理日程。

居斯塔夫·勒庞曾在《乌合之众》中写道，给群体提供的任何观念，只有形式简单明了，才有效果和影响力。② 容易被群众接受的往往是将观念披上形象化的外衣。

互联网群体传播时代，人们对社会问题的理性思考并不会随着网络炒作而得到提升和促进，反而被激发恐惧、怒怼、悲伤、愤慨、娱乐等社会情绪。相比事件背后复杂的社会现实，这些强烈易被煽动的社会心态和情感力量更具有传播力。面对网络上的纷扰怪象，我们看到的只是我们希望看到的，人们从社交媒体中寻求的无非是情绪的共鸣，而最能引发共鸣的恰恰是这些网络反转事件。情感的需求太强烈，以至于事实都不够用了，而传播中需要的恰恰是符合情感信念的事实。在层出不穷的网络炒作事件中，对网民进行情感动员的有效手段更多出自悲情和戏谑。

---

① Christiane Amanpour：（2019）The Power of Truth-Telling | 2019 Skoll World Forum，YouTube.

② 古斯塔夫·勒庞著，范雅译：《乌合之众：大众心理研究》，重庆出版社2023年版，第25页。

互联网群体传播时代，社交媒体的崛起意味着更自由的观点传播，人人似乎有了话语权，但事情却微妙地发生了戏剧化转折，关心真相不再成为重点。就像人人都根据各自的“感觉”对薛定谔的猫被关在盒子里讨论一番，却没人掀开盒子去目睹猫的生死。如今，真相未被质疑和篡改，而是变得次要。人们凭着自己的感觉去看、去听，只愿意接受想接受的东西，反而不再关心所谓的真相。

牛津大学出版社词典部卡斯帕(Caspar)在接受BBC采访时说：“后真相(post-truth)的语言学根基由来已久，随着社交媒体崛起成为新闻来源，人们对主流机构提供的事实越发不信任。”[①]相较于主流媒体，网民们更愿意相信自媒体平台。在网民的认知中，信息来源的可信赖度是这样排序的：微信公众号优于朋友群(微信群、QQ群)，朋友群优于新闻。随着获知真相成本(包括经济因素、获取途径、接受心理、理解能力和时间成本)的不断提升，探寻真相的过程如同侦探案件，各执一词，只能仅供参考。而搜索资料、获取信息、缜密排查、抽丝剥茧、层层取证，在理性分析的基础上深度思考，这些都需要大量的精力、人力和物力作为支撑。

现代社会压力大、节奏快，人们面对信息大都采取低卷入度的应对。卷入程度指个人对信息处理的精力投入。信息对个人的重要程度有区别，因此个体对信息加工的动机和能力也不同。如果一条信息对个人来说很重要，个体会根据自身经验、知识和能力，会有强烈的动机参与信息处理；反之，个体就会成为“认知的吝啬鬼”，不会进行细致广泛的认知工作，卷入度就会比较低，可能用简单的外围线索，如吸引力、信源身份、可信赖度等，去判断信息或改变态度。人们习惯了“填鸭式”和“快餐式”的新闻消费，消化不了海量信息，判断不了事件真伪，一些关键信息被屏蔽，很多人对真相已没有耐心。

在人人都想拥有话语权并亟待发声的年代，人人都想显示聪明和见地，选择“相信自己愿意相信的”是最省力和快捷的途径，而在此社会风气下，世界变得扭曲和癫狂。人们更倾向于无视与自己立场相悖的证据和消息，使秘闻绯事、流言蜚语、谎话连篇被包装成真相，在网络上贩卖和受追捧。

若网众对热点事件中的主流观点不满意，随即忧国忧民的键盘侠、亦真亦假的知情人、唯恐天下不乱的阴谋论者等种种角色，就要将剧情往揭露“真相”

---

① BBC：“Post-truth” declared word of the year by Oxford Dictionaries，https：// www. bbc. com/news/uk-37995600，2016-11-26.

的方向推进,让吃瓜群众看后恍然大悟:所谓事实原来如此!网络上的所谓独立观点其实是"看人下菜",缺乏事实根基。"咪蒙"在分享经营自媒体微信公众号写作经验时,说到如何写出阅读量100W+的微信爆款文章,认为大众在文章中不是想看作者如何表达自己,而是想看如何表达"我"。在朋友圈转发文章,是因为文章作者体察到人性的痛点,挖掘到大众的情感共鸣,帮助表达了转发人的心声和想法。性格宽容、观点中立、说话温和的人不适合写公众号文章;爱憎特别分明的人更适合写新媒体文章,标题必须简单粗暴,情绪明确。她十分认同《乌合之众》中的观点,任何时代,偏激的意见领袖的观点才具有煽动性。2019年,"咪蒙"被一篇《一个出身寒门的状元之死》的爆款文章拖下神坛,旗下"才华有限青年"发布文章讲述了寒门子弟周有择逆袭成为高考状元,后被厄运击倒患病身亡,文章成为安慰剂或麻醉剂,存在多处破绽或漏洞,被指毒鸡汤灌输太深,煽动网民情绪而罔顾事实,因涉嫌造假而遭到口诛笔伐,最终公众号被永久注销。

社会学定义的"权力"是一种客观、间接的价值形式,是通过影响他人价值来帮助自我价值实现的手段。权威的形成来自这种价值形式在人的主观意识中的反映。[①] 从某种意义上来说,社会的进化是一种有序化的过程,社会活动的客观需要形成权威,而权威是社会进化过程初期的表现,社会秩序的正常进行可以通过强制制度来保障维系,一个社群、系统、社会的秩序建立就是权威建构的过程。

互联网群体传播时代,宏大叙事终结,原有的序列断裂,原有的权威也遭到解构。这个时代倡导的所谓独立,有时是挂着"反权威"的旗帜自欺欺人,就网络反转事件的"再分析",其实并没有更接近真相。网络反转传播模式的时间进程一般会经历潜伏期、酝酿期、爆发期,再到反转期,之后转入成熟期,最后归于消退期(见图3.4)。在集体无意识的洪流中,主导大局的往往是主流意识,拥有更多话语权的微博大V、微信大号,为了蹭上热点,往往不是在剖析真相,而是忙于给回锅鸡汤贴上符合时宜的最新标签,抓紧售卖改头换面的庸常观点。

2016年的罗一笑事件是互联网群体传播时代网络反转的典型案例,围绕公益信息传播而产生的群体公益参与得到了全社会的关注。2016年9月,罗

① 李志雄:《网络社群的变迁趋势和负效应——以微博为例的多位视角分析》,《当代传播》2013年第3期,第18页。

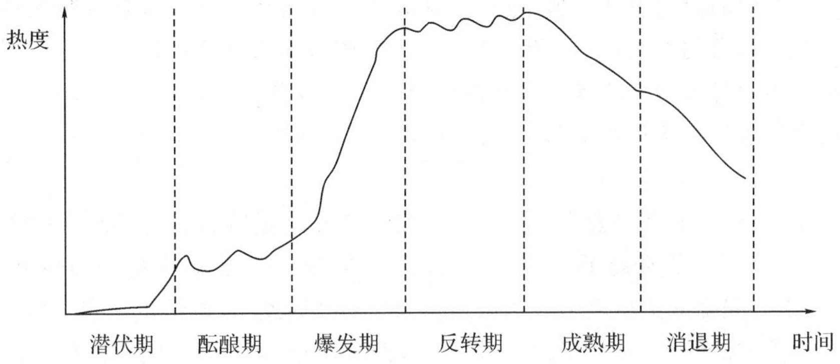

图 3.4　网络反转传播模式时间进程

尔 5 岁的女儿罗一笑罹患白血病，罗尔在其微信公众号上撰写《我们不怕讨厌鬼》《耶稣，别让我做你的敌人》等文章。11 月 25 日，罗尔发布《罗一笑，你给我站住》一文，短短几日创下近 1 亿的阅读量，文章引发网友捐助渴望，深圳市小铜人金融服务有限公司（下称"小铜人"）介入炒作，引爆舆论场。"小铜人"联合创始人刘侠风是罗尔的好友，正是这一事件的策划者。他将罗尔为女儿写的系列文章发布在微信公众号"P2P 观察"，并开通赞赏功能，赞赏金全部归罗一笑。读者每转发 1 次公众号文章，小铜人就捐助 1 元，保底捐赠 2 万元，上限 50 万元。11 月 30 日凌晨，赞赏数额仅 1 小时就超过 100 万元，最后事件涉及赞赏资金超过 260 万元。

随着事件不断发酵，有网友爆料罗尔的家庭状况并没有想象中那么差，名下还有三套住房、两辆汽车和一个广告公司，选择网络筹款治病引来了外界的质疑；之后又有网友爆料罗一笑住院费用自费比例仅为 14.48%，医疗费用负担远不像罗尔所说那么沉重。网友对其财产和医疗费用的质疑，使罗尔被迅速卷入舆论漩涡。此时网络舆论发生反转和割裂，一方批评罗尔借女儿炒作没有人性，另一方认为不管是否炒作，孩子的病能够治愈最重要。同时，微博大 V 和微信大号开始介入该事件，讨伐谴责罗尔"带血营销"。罗尔在质疑他的媒体镜头前痛哭，认为此时不再有人关心其女儿生死，只想知道他是不是骗子。之前转发文章或捐助的网友在短短数日内见证了罗一笑事件的舆论反转，都心存戚戚。指数级增长的爱心是对网络慈善的又一次考验，在更多的商业、资本、营销裹挟下，微信的熟人社交圈可能已渐渐偏离人际社交的初衷。

12 月 1 日，该事件以将 2626919.78 元赞赏奖金全部原路退回结束。这场席卷全国的舆论风暴看似平息,但这起巨大流量冲破微信赞赏限额事件引发了整个社会的关注,一定会在互联网群体传播发展进程中留下印记。因为该事件不只是因为承载社会关怀的海量赞赏引发微信系统漏洞,还因为这一网络反转事件在微信社交圈造成的撕裂,关于真相、关于互联网公益的争议仍在继续。

据腾讯2015年数据显示,2383万爱心用户通过腾讯公益平台捐赠善款超过5.4亿元,共资助了2960家公益组织的7241个公益项目。2016年11月,腾讯研究院安全研究中心和微信安全中心共同发布《微信生态安全报告》,称造谣传谣的约10万个微信账号、20多万篇文章、120万条朋友圈链接已被处罚和处理。

《人民论坛》发布的《当前社会病态调查分析报告(2014)》,把信仰缺失、网络依赖症、社会焦虑症、看客心态、炫富心态、审丑心理、自虐心态、娱乐至死、暴戾狂躁症、习惯性怀疑列为十大社会病态。阶层分化或利益集团的分化严重,甚至出现了尖锐的对立,在其中也折射出个体焦虑、群体焦虑、行业焦虑、社会焦虑、国家焦虑,超八成受调查者认为当前社会处于亚健康状态。

网络失范其实折射了社会矛盾和公众诉求,在互联网空间越发显露和激化了社会焦虑情绪。社会焦虑即社会挫折感或紧张感,是一种身心焦虑,个体产生压抑、失落、焦躁、愤懑、冲动等紧张心理,往往被互联网放大和激活,根本源自社会价值观的混乱与割裂。这种社会紧张状态积聚到一定程度就会形成社会压力,若没有有效的疏导途径,最终会以扭曲、分裂、冲突的方式得以释放。

互联网群体传播时代,中国社交媒体商业化和娱乐化色彩浓重,一些公关机构和商业机构界限意识模糊,人们的基本社交生活被隐形入侵。技术、市场和人的心理需求及其与权力的博弈形成了网络领域内各种失范现象的主要驱动力,其中各方力量的作用力和影响力各不相同。网络社群中,普遍存在网络"水军"和"掮客",这样的角色往往招致排斥或天然的反感。

网络水军业务遍布各大网络论坛,通过建立网站平台共享资源、相互合作,形成"有偿删帖、发帖、灌水"中介模式产业链的特大"网络水军"团伙。这是一个以网站作为核心平台,服务范围覆盖整个互联网,具有地域范围广、人员数量多、违法业务多等特点的网络产业链,主要业务包括做广告、推销性质的短信以及删帖。"网络水军"利用手中的网络资源,大肆群发广告、炒作网络事件及论坛"灌水","收钱"为客户联系网络资源删除特定网站信息。

“网络水军”常常充当“捧人推手”和“网络打手”两个身份，将时下的新闻热点和网民情绪结合起来，通过“借势”和“造势”达到营销目的。删帖、屏蔽帖子，在接到客户需求后，会根据客户情况评估费用，后通过层层中介找到论坛版主或公司“内鬼”进行操作。在此过程中，每一个中介会收50至100元的介绍费，形成一条覆盖面广、链条长、关系复杂的有偿删帖中介模式产业链。

“网络水军”带有强烈的“网络黑社会”性质，容易侵蚀网络正能量、破坏网络正常生态，往往造成正义网民不敢发声。一个健康的社会同样需要清净的网络空间，网警成为新媒体时代的守门人。在国外，有社交网络警察，美国的社交网络警察通过社交网络追查有计划犯罪或犯罪信息，通过参与到社交网站中以便发现在网上炫耀犯罪事实或宣布犯罪计划的人，并成功破案数起。在国内，网警全称是公安机关公共信息网络安全监察部门，2010年后改为网络安全保卫部门。公安机关依法打击“网络水军”、整治网络空间秩序，彰显了公安网安部门打击网络违法犯罪、维护网络安全的实力和决心，对于危害网络生态、破坏网络安全的违法犯罪行为，公安机关绝不姑息，坚决依法打击。除了依法治网外，柔性治理也是关键，其中包括政府以外的行动主体，如网络公司、互联网协会、网评员、“自干五”、普通网民等。

互联网时代最大的便利是连接了所有人，最大的危机也在于技术赋权所带来的便利性，当信息被表达欲和传播欲裹挟着向前时，其根本的真实性和理性更值得被推崇。

第四章　互联网群体传播对媒介格局的冲击

40 多年来，中国社会历经对外开放、社会转型、媒介化这三重社会性变革，中国的传播格局被全面改写并面临转型。印刷机的出现使新闻自由成为可能，报纸、电报、电话、留声机捕捉舆论也制造舆论，联系大众也动员大众。20 世纪 80 年代和 90 年代，广播和电视是中国最具影响力的媒体，具有较高的传播效率；1994 年互联网的接入打破了这种局面，互联网的全面崛起，改写了中国传播格局，倒逼宣传理念、传播战术、框架模式、媒介格局的系统性变革。

社群被激活之后，媒介生态的重构本质上是一场革命，以“媒介化”为特色的互联网群体传播中，媒介是相对独立的具有自身传播规律、逻辑和社会功能的中介，同时不同的群体参与者不断适应、利用媒介来服务自身的社会需求，并以媒介为中介进行连接、分享、对话、协商、博弈和互相调适，对传统社会媒介格局产生冲击并倒逼其重构。

第一节　技术博弈：分享传播

一、新技术对分享传播的驱动

在人类文明史的进程中，迄今为止，人类社会经历了五次信息技术革命，对人类文明和发展产生深远的影响。第一次革命是语言的使用；文字的创造带来第二次革命；第三次革命是印刷术的发明，五百年前古登堡的印刷技术带来了知识首次大规模的传播；第四次革命是电报、电话、广播、电视的发明和普及应用。1838 年电报的出现，使信息传播的速度和效率提高到一个新的层次，美国总统林肯就是借助信息的快速传播打赢了南北战争；1895 年广播出现，富兰克林·罗斯福总统凭借“炉边谈话”这一广播形式向民众阐述其经济政策；1924 年，英国人贝尔德发明了最原始的电视机，使用电传输图像成为可能；1957 年，卫星技术运用于信息传播行业。第五次技术革命是计算机应用的普及以及计算机与现代通信技术的结合。1998 年，作为人类史上发展最为迅速的媒体形式，互联网被联合国新闻委员会确定为“第四媒体”，成为一支强势的力量影响传媒界。

持“技术决定论”观点的首推多伦多学派的哈罗德·英尼斯(Harold Innis)及其弟子麦克卢汉。“媒介是人的延伸”是麦克卢汉提出的核心思想，他认为技术对环境进行重构，媒介技术通过对身体感知、时空观念、意识施加影响而实现重构。而尼尔·波兹曼(Neil Postman)认为“机器曾被认为是人的延伸，可如今人却成了机器的延伸”。众多的媒介环境学派学者都在呼吁对“媒介环境”的人文关怀和保护。保罗·莱文森认为，补偿性趋势和人性化趋势是媒体发展的驱动因素，前者指的是后继媒介是对过去媒介或先天不足功能的弥补；后者指的是随着技术发展的趋势日益人性化，技术不断复制甚至模仿人体的某些功能。[①] 从达尔文物竞天择、优胜劣汰的自然进化论角度来看，人们选择媒介以维持生存、发展自我、认识世界、改造世界。

1950 年后，全球新技术革命日新月异，微电子技术大行其道，网络技术和通信技术成为主流，人类社会进入“信息社会”的崭新时代。奈斯比特(Naisbitt)认为，信息社会是创造、生产和分配信息的经济社会，信息在其中起决定性作用，知识使价值增长。在信息社会中，人们对信息的渴求不断升级，从而使传播媒介加速发展。

信息社会是以计算机信息处理技术为生产力特征的社会形态。信息社会 1.0 阶段是信息技术应用阶段，其表现形式是买设备、建网络，中国也是从大量采购国外设备进行自主网络建设这样的路子发展过来的。这一阶段的主要特点是电子化，解决各种信息的处理和存储问题，数字化技术的发明，极大地便利了信息的存储，几十万册电子书、海量图片、音频视频等资料均可轻松容纳于一个小小的硬盘。

信息社会 2.0 阶段是信息产业发展阶段，中国大力发展拥有自主知识产

---

① 保罗·莱文森：《手机：挡不住的呼唤》，何道宽译，中国人民大学出版社 2004 年版，第 6-7 页。

权的软件、硬件产业。互联网化解决了信息充分共享的问题,过去依靠发行图书、邮寄信件、广播电视等来传播信息,进入互联网时代,电子化的信息可借由互联网方便迅捷地传送到世界各个角落,实现信息的网络化传播。

信息社会3.0阶段是信息经济的推进阶段,其主要特点是电子商务及信息化在相关经济领域的应用。这一阶段是移动化,实现信息的个性化获取、发布和使用,以往信息获取受时空所限,很难做到随时随地掌握个性化信息,智能手机的普及,使用户既是信息消费者,又是信息的提供者,成为信息社会进入普及阶段的最重要催化剂。

信息社会4.0阶段是信息社会的构建阶段,其主要内容是构建信息社会的生产关系、意识形态、上层建筑,以电子政务为起点,向生产关系和上层建筑领域拓展。[①] 智能化成为这一阶段的主题词,"人工智能"在2016年的乌镇世界互联网大会上成为热议的关键词,被视作互联网发展的风口。方兴未艾的人工智能技术,对用户平台、新闻生产系统、新闻分发平台及信息终端产生重大影响,对传播隐私权、信息的自由流动进行重构,可以说人工智能、大数据、云端、VR/AR、机器算法、物联网等新技术集群对信息社会产生了深刻影响。

技术社会建构论在20世纪80年代中期兴起,技术哲学的范式从本质主义、功能主义转换到建构主义。社会建构论更强调技术与社会的相关性,而并非传统技术哲学的技术本质观,认为技术由文化和社会建构,技术内部所蕴藏的文化因素值得挖掘,不仅要关注何种社会因素占据技术建构的主导地位,更要关注技术与社会的共同演化。[②] 在数字精英的努力下,媒介技术逐步推进,而技术的最终走向并不由技术发明者所掌控,技术的善恶取决于人类自身的利用。

法兰克福学派前代学者批判认为,技术理性把一切还原成单向度的东西,人类正被技术装置所奴役。马尔库塞提出重建社会的技术基础;哈贝马斯用"劳动"和"相互作用"来划分人类的活动,认为"劳动"范畴包含技术,却忽略了系统与现实世界之间互动的复杂性。在发达的工业社会中,技术本身的复杂性被忽略,技术网络使其成员处于新的控制中,而网络由于召集群体,自身也经历着群体由其引发的变革。

---

① 熊澄宇:《信息社会中新媒体的格局与走向》,载自《新媒体研究前沿》,清华大学出版社2012年版,第2-3页。

② 李志敏:《从"控制工具"到"交往媒介":论新一代法兰克福学派学者芬伯格的传播技术观》,《国际新闻界》2017年第3期,第77页。

从丹尼尔·贝尔(Daniel Bell)的后工业社会理论,发展到曼纽尔·卡斯特的信息社会理论,技术作为生产力发挥的经济和社会功能越来越多成为论述的核心。无论是技术社会学、传播学还是经济学,在分析技术变迁与社会变迁关系的过程中,都存在技术决定论的质疑。曼纽尔·卡斯特在《网络社会的崛起》一书中认为,"技术决定论"的困境可能在于问错了问题。因为技术就是社会,而且若无技术工具,社会也无法被了解或被再现。技术体现出社会自我转化能力,在充满冲突的过程中,社会决定了运用技术潜能的方式,卡斯特也在《千年终结》《网络社会:跨文化的视角》《网络星河:对互联网、商业和社会的反思》等著作中提出,信息时代中,网络社会取替工业社会,成为一种新的社会组织形式。在网络社会环境下,视听传播的影响不断深入人心,真实虚拟的文化被建构起来,渗透到社会每时每刻沟通传播和精神表征中。

卡斯特在"信息社会"和"网络社会"的分析中重新解释了新技术环境中的生产力来源。他首先从生产的角度区分了"生产方式"与"发展方式"两个概念,生产力实现过程的特征是生产的技术关系界定了发展方式,生产过程中促进生产力的根本元素界定了每一种发展方式。在新的信息发展方式中,生产力源自处理信息、产生知识、象征沟通的技术。

伯格认为,计算机技术为实现技术的民主化带来福音。其一,网络与用户的"交互"使其交往潜能不断提升,技术极大地支持了个体主动性的发挥,当大量个体在日常生活中遭遇技术系统带来的限制,各技术社群能够利用互联网协调自身的需要,群体会调动起来参与抵抗并表达利益诉求;其二,互联网提供了系统与现实生活相互作用连接的场景,系统将有效兼顾、整合更多参与者的利益,这对创建新型社会技术环境会有影响。

雷吉斯·德布雷(Régis Debray)从媒介学角度认为,媒介不仅仅是技术体系和文化体系,还是一种历史结构。[①] 以互联网为标志的当代新技术革命正在给经济社会带来巨大的变化,与人类历史上发生的类似情况相比较,有人提出第四次产业革命的概念。第四次科技革命是继蒸汽技术革命、电力技术革命、计算机技术革命的又一次科技革命,全新技术革命以工业一体化、工业智能化、互联网产业化为代表,以量子信息技术、无人控制技术、人工智能、虚拟现实、清洁能源、生物技术为主。互联网群体传播正开始重新塑造产业结构和社会生态,新媒体正全面介入社会生产和生活,围绕其依托介质和载体呈现

① 转引自陈卫星:《新媒体的媒介学问题》,《南京社会科学》2016年第2期,第114-122页。

组织性和结构性，这不仅是一种信息生产方式，更是社会性的生产关系的重构。

在互联网诞生之初，就有所谓的"数字鸿沟"学说。但在摩尔定律[①]、吉尔德定律[②]、梅特卡夫原则[③]的效用下，数字鸿沟正在慢慢弥合，人们被不断接入这个奇妙的数字世界，享受信息社会带来的快感。但也有研究表明，数字鸿沟的宽度可能在不断缩小，但其深度很有可能在增加。

新技术作为一种生产力，改变了媒介制度的费用结构，对原有制度安排的博弈各方的成本收益比例产生了普遍影响，并影响媒介制度安排。一方面，技术革新影响生产函数，形成新的利润空间，诱使组织进行制度创新以吸纳新的技术形式；另一方面，新技术改变了组织的市场竞争环境，收益的减少也会迫使组织进行制度改革，以求得生存与发展。新的信息技术在当下时代背景中担负着多重角色。从媒介文化的角度来看，网络社群是人与人之间从新媒体技术连接到情感共振的结果。正如英国社会学家汤普森所说，在媒介技术的应用过程中，公共和私人生活的内容及边界不断被重构。[④]

互联网的高度互联，在节点之间可以有多条传播路径，提供了自动查找传递消息路径的能力，这就意味着不能通过控制网络上任意节点上的数据来阻止消息到达目的地，这种技术赋权使普通人生产和传播信息的成本降低，同时也提高了政府信息管制的成本。[⑤] 技术促成新的受理模式，即信息接收、消费、生产的碎片化，从移动直播发展为社交直播，催热了网红经济。音频上也有突破，从车载音频到聚合音频，再到智能语音，技术不断引发认知更新。

Project VOCO 是 Adobe 公司推出的一款音频编辑软件，该音频编辑软件的功能十分强大，可以在音频文件里加入不存在的词语和语音内容。也就是说，可利用语音拼接技术将某个人说话的录音合成任意录音。随着合成技术的不断改进，该软件的逼真性会不断提升，几乎能以假乱真，在人工智能领域将带来更多惊喜。

社交媒体上播放一次后就消失的语音、视频，被称为"看后即焚"，在社交

---

① 摩尔定律，是指用 1 美元所能买到的电脑性能每隔 18 个月翻两番。

② 吉尔德定律，是指主干网的带宽每 6 个月增长一倍。

③ 梅特卡夫原则，是指网络价值等于节点平方。

④ Thompson J B：Shifting boundaries of public and private life，*Theory，Culture & Society*，2011，28(4)：49-70.

⑤ 潘祥辉：《组织再造：媒介社会学的中国视角》，人民出版社 2017 年版，第 84 页。

圈十分火爆。Snapchat 是一款“阅后即焚”照片分享应用，最初由斯坦福大学毕业生在 2011 年开发，目前拥有过亿用户，发展势头迅猛。用户可拍照、录制视频、添加文字和图画，发送给好友列表，所有照片都有 1 至 10 秒的生命期，这些照片会根据用户预先设定的时间按时自动销毁。若接收方在此期间试图截图的话，用户也将收到通知。Facebook 曾想以 30 亿美元收购 Snapchat，未果后先后推出 Facebook Poke、Slingshot，Facebook 对“阅后即焚”围追堵截，足见对其市场价值的看好。国内早在 2013 年阿里的“来往”与腾讯的 QQ 都曾推出阅后即焚功能，因其用户群体为熟悉的社交圈子并不看重消息的秘密性，未引起过多关注。2014 年 3 月，陌陌增加阅后即焚功能；7 月，YY 涉足私密社交也推阅后即焚服务，韩国移动应用 Line 也于 7 月低调推出阅后即焚功能，选择分享信息存在的时间有 3 秒到 1 周不等，“Sobrr”的社交应用中所有交流信息只能存在 24 小时。

稍纵即逝的社交方式受到陌陌、无觅、乌鸦等更多基于陌生群体交流的 APP 的关注。阅后即焚功能弥补了“黑色秘密”满天飞的不足，也刚好印证了人性的特点。在有限制条件的大环境下，你反而会因紧迫感快速地完成一件事，因为怕失去。阅后即焚软件中的消息大多转瞬即逝，给用户带来焰火式享受的美。

在互联网技术公司，正不断涌现出颇具潜力的“独角兽”①公司。2024 年，中国独角兽公司中抖音集团、京东科技、菜鸟网络、钉钉、小红书、猿立科技、货拉拉等头部人工智能、金融科技、供应链物流、信息服务等互联网公司的表现十分亮眼。2024 年中国独角兽企业榜单显示，当前中国共有独角兽企业 369 家，企业总估值约为 1.4 万亿美元。2024 年全球独角兽企业 500 强中，中国新增独角兽企业 32 家，包括平安智慧城市、京东产发、车好多、米哈游、蜂巢能源、滴滴自动驾驶、T3 出行、小度科技、曹操出行、顺丰快运、美菜网等。

二、媒介化社会的自组织传播

(一)网络社群时代的媒介化特质

我们处在一个媒介化的时代。“媒介化”(Mediation)描述了多种形态的媒介和信息技术得以应用，构成了当下公共生活的基础设施；也指向媒介技术

① 独角兽公司是估值达到 10 亿美元以上的初创企业。

的逻辑已经改变社会生活中的传播形态、传播伦理,以及传播发生和形成的关系。[①]

互联网群体传播时代具有“媒介化”的特征,英国传媒社会学者罗杰·席瓦斯通(Roger Silverstone)认为,媒介化“根本上是一个辩证的过程。(分析这个过程)要求我们把传播的过程看作由制度和技术驱动,同时又嵌入制度和技术环境之中的过程”。[②] 这种辩证的关系需要我们“理解传播的过程是如何改变它所身处的社会和文化环境,并改变传播的参与者(个人或组织)在适应这种环境并彼此调试的过程中的关系”。这种媒介化的群体传播,不仅可以重塑传播活动、改变传播观念(文化),也对媒介本身在技术和治理层面具有一定的影响。这种媒介化的视角,对分析传播技术、传播活动、传播环境和传播参与者之间相互作用和相互塑造十分有益,也为研究互联网群体传播提供了新的思路和维度。

互联网的本质是各种对象间的关系与连接,互联网最核心的就是分享信息。互联网群体传播不断带来人、物、环境这三个变量间新的关系与连接模式,与其关系相适配的内容和服务之间也会产生更深层的互动关系。互联网中的连接也在渐进地升级,目前主要以人为核心来进行连接,它已逐渐完成了人与机器(前 Web 时代)、人与内容(Web1.0)、人与人(Web2.0)、人与服务(Web2.0)连接,移动互联时代这些连接本身也在升级,[③]到人机交互(Web 3.0)将是智慧控制的时代。

计算机网络承载着与人际交流、自我表现、亲密关系等相关的内涵和意蕴。计算机技术是一种两重性技术,被赋予传播知识和网络交往的机会,因此既是控制系统,也是一种交往媒体。新媒体技术不应只顺应人的本性,还需要帮助人们克服自身的局限,新媒体在连接人与内容时,还应该借助内容更好地连接人与人,打破人们的自负和封闭,虽然有难度,但这应该是新媒体未来的追求。

(二)网络社群自组织的形成

在网络社群自组织的开始阶段,互联网群体传播的去中心化特征使每个

① 潘忠党:《导言:媒介化时代的公共传播和传播的公共性》,《新闻与传播研究》2017 年第 10 期,第 29-31 页。

② Roger Silverstone: The Sociology of Mediation and Communication in C. Callhoun, C. Rojek & B. Turner(eds.), *The Sage Handbook of Sociology*, Newbury Park, CA: Sage, 2005: 188-207.

③ 彭兰:《移动互联网时代“连接”的扩展及其蕴意》,《中国移动互联网发展报告》,社会科学文献出版社 2017 年版,第 27 页。

成员都拥有平等的信息获取途径和话语权，因此在传达和解释信息方面，意见领袖相对而言失去了以往的优势，由于组织中的成员获取信息不再依赖于意见领袖的解读，变单一途径为多种途径，新的平衡在话语权的博弈中逐步达成。在一个具有自适应能力、有弹性、可进化的活系统中，每一部分系统都有自身的思维，可以独立进行记忆和感知。与计算机网络中的分布式系统相类似，各部分系统之间高度连接且相互影响，用简单的统计学分析或是线性因果关系都不足以解释系统中各部分思维博弈的过程。

现在所有的社交媒体都在尝试将自己打造成为一个吸引和掌控着海量流量的开放平台。互联网的本质是自由、分享和参与，大部分的社交媒体都提供免费注册和使用，鼓励人们积极评论、分享和反馈信息，社会化媒体中的内容被使用几乎不需要支付额外费用。在技术上提供简单易操作的网络群体模式很关键，因为人是群居性动物，都渴望归属于群体，拥有与他人合作共享、一致行动的本能，而此前一直受到交易成本的抑制。[①] 网络工具的发明帮助群体形成，这不仅是普通的技术变革，更像是一场社会秩序重构运动。

（三）自媒体的内容生产

克莱·舍基在《认知盈余》一书中写道：在现实生活中，每个人都有不少短暂的闲余时间，只是有人什么也不做，有人总是做着什么。他认为，“认知盈余”是群体创造和产生价值的源泉之一，全世界受教育公民的自由时间被集结成一种普遍的社会资产，用于共同创造。移动互联网络和智能手机为网民利用闲余时间提供了最便捷的方式。克莱·舍基在心理学家德西的研究成果基础上，提出“自治”和“胜任感”是个体聚合为群体共同完成某个目标的动机，“自治”即决定自己做事的范围和方式，“胜任感”指对自己所做之事能够胜任，自组织机制之所以能在网络中起作用依靠的就是这两个动机。[②]

自媒体的概念最早出现于2003年谢恩·鲍曼（Shayne Bowman）和克里斯·威利斯（Chris Willis）在美国新闻学会媒体中心出版的报告中，他们通过对当时盛行的博客性质和作用进行阐述，提出了自媒体这样一种公民通过自主生产内容或参与其中的新闻和媒体形式。自媒体是普通大众经由数字科技强化、与全球知识体系相连后，提供和分享其事实和新闻的传播途径。

传统媒体时代的内容生产因为有了“把关人”而能保持稳定的质量，而“把

① 胡咏：《网络社群的崛起》，《南风窗》2009年第10期，第37-39页。
② 克莱·舍基：《认知盈余》，中国人民大学出版社2011年版，第13页。

关人理论”其实源自纸媒。20 世纪 50 年代,美国学者怀特(Whitel A.)借用库尔特·卢因(Kurt Lewin)的“把关人”概念,将一位编辑作为观察对象,对美国一家地方性报纸如何使用电讯稿进行了专门研究。他在一周中发现这位编辑在来自 3 家通讯社 1.191 万篇的电讯稿中只选择采用了 1297 篇稿件,只占 11%不到。经过此研究,新闻传播的把关人理论正式提出。[①] 从理论意义上来说,互联网群体传播时代已经不再设置把关人,但网站、贴吧、微信公众号的管理员、版主、吧主等行使着一部分管理职能,只是并不能左右信息生产的内容。网络用户成为生产信息的主力军,但也因为教育程度、文字能力、编辑能力的差异,造成内容生产参差不齐。

传播格局的变化使得内容生产、分发、消费环节出现了多元主体。内容生产有四类:UGC(Users Generate Content)用户生产内容,PGC(Professionally-generate Content)专业生产内容,OGC(Occupationally-generate Content)职业生产内容,MGC(Machine Generate Content)机器生产内容。[②] 优酷在 2012 年就推出 PGC 计划,对工作室提供投资基金等资金支持,并提供创业指导,借助海内外平台的传播实现商业化运营,平台也将 PGC 工作室制作视频广告收入的一部分分享给上传者。

早在 2006 年,美国《时代》杂志评选的年度人物为一台屏幕上显示“YOU”的台式电脑,底下三行英文字注释为“你,没错,你控制了信息时代,欢迎你来到你的世界”。这里的“你”是每一个网民。网民成为年度人物的背后,折射出网民不仅仅接受内容,而且创造内容。

最初的用户创造内容可追溯至早期的 BBS 应用,其中尤以校园 BBS 创造力最佳。从 1995 年清华大学“水木清华”BBS 建立开始,南京大学“小百合”、北京大学“一塌糊涂”、上海交通大学“饮水思源”等成为高校青年的根据地。国内高校 BBS 自 20 世纪末快速崛起,在 21 世纪初迎来了“黄金十年”。那个年代,高校 BBS 扮演着资讯门户、社交工具、文学网站等信息交互的多重角色,大学生把闲暇时光和青春热血聚焦于此来寻找归属感,恰同学少年,指点江山,抒发情怀。而后,在贴吧、人人网、微博等新生事物的冲击下,高校 BBS 颓势尽显。如今,贴吧已日渐冷清,人人网早已改版,并于 2018 年全资出售。

---

① 何瑛、胡翼青:《从“编辑部生产”到“中央厨房”:当代新闻生产的再思考》,《新闻记者》2017 年第 8 期,第 28-35 页。

② 李彪:《未来媒体视域下媒体融合空间转向与产业重构》,《编辑之友》2018 年第 3 期,第 40-44 页。

校园 BBS 兴衰史是社交形态演变的结果,也是一个时代的落幕。

从某种意义上来说,论坛中美剧的中文字幕组也是一种用户创造内容。2002 年,YYCAF(国内第一个韩剧字幕组)的 YY 论坛(早期影视论坛,现已关闭)有会员提议制作美剧,ID“小鬼神”牵头召集组员挂名在 YYCAF 下面制作美剧,成为 YYeTs 字幕组雏形。当国外播完最新一集的热播剧,不超过 24 小时便已经有配上准确中文字幕的相同剧集在国内网站流传,“字幕组”完成字幕翻译、节目制作和传播,字幕组成员分布在世界不同角落,从事不同的职业,但都具有超强翻译能力,通过互联网联系沟通,其动机是对剧集的喜爱、成就感及与其他网友交流共享的乐趣。花费无数脑力和心血的行为不以营利为诉求,共同的兴趣是其诉求。这个群体有专业的分工,寻找片源,分割剧集,打包分发,翻译、加工、整合、审核、合成等环节组织良好,它满足了市场需求,但打破了市场规则。众所周知,“用爱发电”的字幕组是非营利性质,无偿地贡献价值,不收取费用,日常运作大多是靠成员募捐或网友赞助,虽然打着“合理使用原则”的擦边球,但在版权问题上其实字幕组没有合法的存在地位,在版权拷问和审查机制的夹缝中求生存。在全球生产体系的背景下,字幕组作为一种特殊的网络社群,以无名联合、跨域流动、弹性自愿、免费劳动、协同共享为核心,形成了独特的字幕组文化和协作劳动,字幕组成员通过参与喜爱的文化工业产品的传播或重构,体现了粉丝的生产力,彰显出互联网群体传播时代数字劳动的意义和价值,诞生出基于分享的网络青年文化。

2010 年,字幕组开始批量译介国外著名大学开放课程,2011 年,《人民日报海外版》曾对字幕组引发的国内开放课热潮进行报道,评价“开放课程打破了知识与教育传播的樊篱”,其中字幕组作出了巨大贡献。字幕组被复旦大学中文系教授严锋评价为历史上第四次对中国文化产生巨大影响的翻译活动,与改革开放后三联书店、上海译文出版社对西方现代人文社科著作的系统翻译相提并论,足见其在网络上的传播力和社会影响力。

自媒体的载体由于科技的进步而不断改变,2005 年博客进入中国,可视为自媒体的起点。博客是继早期个人网站之后的自媒体典型应用,很快在社会公众层面得到认知。发展到 2008 年博客全盛期时,中国有近 1 亿博客。2009 年新浪推出微博,借助其强大媒体属性很快成为国内头号互联网应用,2011 年至巅峰状态,是继博客之后又一个典型自媒体应用。自微信 2012 年推出微信公众号后,自媒体行业迅速崛起。从某种意义上来说,被微博击败已经翻篇的博客在微信公众平台上得以涅槃重生。2015 年中国微信公众号 500

强中,内容创业者占 88%。2016 年就有超过一千万个公众号、一大批自媒体在此孕育,形成许多自媒体联盟。百度百家、搜狐新闻等自媒体平台纷纷推出,360、今日头条、易信、米聊也都呈现自媒体平台繁荣场面。《内容创业白皮书(2017)》显示,内容创业者 2016 年得到了头条号、企鹅号、网易号等内容平台上亿元的资金补贴,投融资案例中 2016 年共有 21 亿元给到内容创业者。

如今,内容领域的竞争空前激烈,BAT(百度、阿里巴巴、腾讯)悉数入局,力求打造媒体开放平台。随着内容创业的兴起,国内互联网公司不惜下血本来争夺优质内容,投资并扶持自媒体创作者在开放平台上生产优质原创内容。从目前总体格局来看,"今日头条"成为媒体开放平台的领跑者,以 BAT 为代表的互联网企业成为主力军,传统主流媒体实力相对较弱。

21 世纪的头十年,每年正月初一都会出现除夕夜全国短信发送量的报道,中国移动和中国联通赚得盆满钵满。短信祝福段子的创作也算是用户创作内容的鼻祖,而自从有了微信后,这样的报道已销声匿迹。从 BBS 发展到后来的博客、微博、豆瓣、知乎,乃至今日的微信公众号,用户生产内容的工具不断在更迭,趋势也越来越猛。社交媒体营销平台 MAVRCK2017 年提供的数据显示,Facebook 上有效的用户生产内容的参与度,相比品牌生成内容高出 6.9 倍。

Bilibili 网站是汇聚年轻人的地方,也是聚集最优创意能力的地方,从国内一个不算入流的创意视频网站起家,2024 年,Bilibili 网站共有 2.51 亿用户,2023 年 B 站月均视频投稿量近 2150 万,比 2022 的月均 1470 万同比增长 46%。2018 年 3 月 28 日,B 站在美国纳斯达克正式上市时,董事长陈睿带了 8 位 B 站超红 UP 主去。源源不断的用户创作是 B 站从一家小众社区走向上市公司的重要力量,据公开数据,UP 主创作的高质量视频(PUGV)占到 B 站平台整体播放量的 85.5%。原创动画、游戏受到网民喜爱,弹幕传播和创意视频成为 B 站一大特色,用户中有 81.7%是出生于 1990—2009 年的年轻人,黏性高、付费习惯好。

移动互联网的无缝覆盖和智能手机的广泛普及,为自媒体行业的快速崛起提供强大动力,后续想要长足发展,需要解决优质内容的可持续性和流向如何变现这两个问题。现在的新媒体每天生产的内容有没有 1%是真正原创的? 互联网时代原创者是希望获得利益还是希望作品被更大范围地传播? 技术开源能带来产业的创新和体制的改革吗? 版权保护问题在分享时代应该如何落实? 这些问题都需要进一步思考。

三、利他行为与社群分享

（一）网络社群时代的利他主义

理性行为理论认为，行为意愿是个体实际行为的决定因素，个体态度影响行为意愿的形成，并受到个体行为理念的影响，个体对某种行为结果的评估以及对结果的期望由行为理念来体现。总而言之，相较于无利可图的活动，人们总是倾向于参加那些有利可得和获利较多的活动。

社会学家马克斯·韦伯把人的合理性行为分为价值合理性和工具合理性，前者指相信一定行为的无条件价值，强调在纯正动机的指引下，选择正确手段去达成自己的目的，但并不考虑结果；后者指行动被追求功利的动机所驱使，预期目的借助行动理性而达成，强调效果最大化，但漠视人的精神和情感价值。

利他主义（altruism）作为最高道德表达，是社交性的直接产物，代表个体理性的理想和对掌控权力的渴望，是夹杂着保护欲的综合性感受。利他主义可能没有物质回报，却有释放自我、助益他人、表达激情、成就群体的获得感。① 社交媒体可以激发感兴趣的人主动贡献内容和反馈信息，使媒体和受众之间的界限变得模糊。

在互联网场域中，博客、播客、闪客、换客等轮番上场，微博、微信备受青睐。分享是社交媒体中最普遍的行为，共享经验、不求回报的“江湖义气”使互联网充满豪气与侠义。维基百科、微博寻人、微博打拐、微博公益体现出共同的根基：社群交流工具如此大规模、高效率地支持群体对话与群体行动，这在人类历史上还是第一次实现。在传统媒体时代，在全世界范围内聚集一群人并使之共同行动，对资源的要求极高，使得群体努力被置于一种制度的垄断之下。如今个体公民终于获得全球分享与合作的工具，集体行动的障碍由于社会化工具的普及和信息共享得以消除，此后群体改变世界的途径更为有效便利。就像 Flickr 网站，事先无组织，也没有报酬支付，在管理成本几乎为零的情况下，只不过是提供了分享和聚合的平台，其浏览量和订阅量就远远超过专业媒体。由于交易成本的降低，传统组织受到来自非机构性群体的强势挑战。

从宏观层面来看，互联网时代下的无条件分享、共同参与精神促使着用户

---

① 胡百精、杨奕：《欲望与认同：二十世纪早期的群体传播思想——基于特洛特群体心理和行为研究的重述与讨论》，《国际新闻界》2017 年第 10 期，第 55-74 页。

投入网络社群的狂欢中；从中观层面来看，虚拟社群中互信、互惠机制是信息分享的主要动机；从微观层面来看，参与网络社群的信息分享有利于个体建立自我认同，实现自我重现。[①]

互联网用户源源不断地创作海量的内容，并借助社交媒体的分享和串联，使互动式的媒介文化开始形成。参与式文化以网络社群为主体，社群成员积极主动地创作媒介文本，相互之间加强网络交往以传播媒介内容，是一种共享、开放、平等、自由的新型媒介文化样式，极具包容性。参与式文化并不仅仅是网络社群成员参与媒介内容的创作发表和分享创意，而是一个包含了技术和社会话语体系的复杂场域，带来了文化权力的结构性变化。网络用户逐渐拥有对内容生产的掌控力，通过参与和互动实现自我赋权。[②] 参与式文化是一个动态复杂、充满活力的文化现象，涵盖话语和权力关系的交叉点，隐蔽或公开的多方力量在其中相互博弈。互联网群体传播时代的参与式文化充分体现了网络社群成员的创造性，呈现出互助共享的集体式状态，不仅强调单纯的个体表达，更看重"社群参与"。

从心理层面来看，人的本能就是在群体中与他人共享与合作。基于喜爱和兴趣的分享，是创造新群体的起点，很多时候分享的是一种情感上的态度和信息。在"知乎"、"得到"、"下厨房"、"马蜂窝旅游"、新浪微博等众多分享平台上，基于兴趣的传播是用户分享的最大动力，激发了个体在传播中的最大潜力，从而实现个体最大的参与度。马蜂窝中旅行者日志的分享出于自身旅游经验对他人的帮助和参考，在分享好风光、好路线、好心情的同时也满足了个人的成就感；"罗辑思维"微信公众号是分享时代的知识碎片化传播和知识胶囊零售共享的典型。

在社交分享的过程中，网络用户既可选择默认设置与公众坦然分享，也可以选择可控传播范围内与他人分享，分组显示好友圈、"仅对好友可见"等多项功能恰恰满足了后者的需求。微信朋友圈开通了显示时间跨度，分"最近三天""最近一个月""最近半年""全部"四个选择项；微信和微博显示可分为本人可见、某类群体可见、公开等层级。这种分享是可以设置层级的，其分享的程度和开放的范围由用户自身来决定，因此这样的分享也使人从心理上获得某种安全感和控制感，技术的不断优化使这种可能变得越来越容易。

① 黄丽丽、冯雯婷、瞿向诚：《影响虚拟社群信息分享的因素：多层分析视角》，《国际新闻界》2014年第9期，第20-34页。

② 岳改玲：《新媒体时代的参与式文化研究》，武汉大学博士论文，2010年。

基于对偶像的爱而展开的分享、合作和集体行动，是一种以兴趣和情感为核心的亚文化传播现象。交往途径的增多以及交易成本的瓦解，使人们更容易聚集成社群和组织。互联网群体传播时代有了更适合社群成员活动交流的社交工具和媒介平台，并在此基础上发展出相应的社会模式。社交媒体改善和突破了大众传播、群体传播、人际传播、网络传播等多种传播形态，使跨越时空的社会交往成为可能。①

互联网群体传播使胶片时代的“摄影中心化”转变为数码时代的“社交网络中心化”，给网络用户分享照片提供了展示的平台和互动的观众。相较于其他社交图像分享行为，网络自拍因主体的“在场”，其形象背后透露出自拍分享者的经济地位、社会身份、价值取向等丰富信息，与其社交关系相互作用。年轻一代的网络自拍带动了“硬件＋软件＋社交”的整体产业链在互联网群体传播时代迅猛发展，“智能手机＋美颜应用＋社交网络”就能衍生出分享时代的美颜文化和自拍时尚，而自拍杆作为自拍“神器”也大行其道，网络自拍成为日常生活不可或缺的一部分。

当“自拍”这个网络技术和文化实践成为青年亚文化习以为常的社会参与及表达方式时，青年群体正在演绎和展示的是一个完全不同于以往的虚拟现实。互联网群体传播为中国当代各种青年亚文化的外来接受、本土生成、发展及迅速传播提供了前所未有的开放式、无边界、多媒介的物理空间和相对平等、自由、开放的精神空间，成为青年亚文化传播的利器和青年一代寻找志同道合者、构建文化族群和部落的文化场域。

在 2014 年奥斯卡颁奖典礼上，主持人和获奖影帝影后们一起照了张自拍，入选了《时代》杂志十大年度自拍照。2016 年，希拉里在竞选活动上向选民挥手致意，她的支持者们不再是簇拥着她求合影，而是手持智能手机转过身背对她，随时捕捉与她的完美自拍，这个场景完美诠释了民众对于自拍的痴迷。希拉里竞选团队成员将此场景拍摄照片后发表在 Twitter 上，画面颇有深意，引起网民大量转发。

爱美是人之常情，也是人的本性，在智能手机强大的美颜功能下，个体凭借美图软件美化后的形象和生活在社交空间拥有了更多的存在感，变潮耍酷成为普通年轻人在互联网群体传播时代的“刚性”需求，也拥有了赢取更多社

① 隋岩、周琼：《互联网群体传播时代的网络语言与准社会交往》，《社会科学战线》2016 年第 11 期，第 148 页。

会资本的可能。网络自拍如此有人气,蕴含巨大商机,智能手机厂商和软件开发者在自拍功能上扩展细分市场,苹果、三星、联想、华为等众多手机厂商都在摄像头上添加美颜功能,Oppo、美图秀秀专门推出自拍美颜手机,2015 年卡西欧、微软、索尼均宣布自拍手机更新计划。美颜应用层出不穷,包括人脸识别快速拍照、多种滤镜一键美白,其宗旨就是让自拍更简单、更美好。在社交平台上"晒"文化渐成风气,年轻人晒自拍照,收获点赞,美其名曰"刷存在感",成为时下的一种生活方式和文化表达。转发和点赞能让人获得存在感,以获得外界关注与认同。自拍也可以为政治服务,成为宣传和营销利器。崔永元在 2015 年两会期间用智能手机搭配自拍杆采访时任中央政治局常委、中央纪委书记王岐山的视频,在社交媒体上被广泛传播。基于自拍的分享和表演,更容易带来社交平台的互动,自拍者在"晒"的同时,也暗含对他人赞美的期待。而自拍作为文化消费的一种方式,也代表着社群传播对消费社会的新驯化力量。

第二节　时空博弈:移动传播

移动互联技术正在破除大众媒介在时间和空间上的不同垄断,同时不断赋予个体更大的权利和自由,使得"秩序"所必需的一致性与确定性在时间和空间上都被重新定义。

一、移动互联的迭代发展

我国"十二五"规划中提出要重点发展新一代移动通信、下一代互联网、三网融合、物联网、云计算等国家战略性新兴产业。2016 年发布的"十三五"规划纲要中提出"加快发展网络视听、移动多媒体、数字出版、动漫游戏等新兴产业"。在移动支付大行其道的当下,2020 年发布的"十四五"规划纲要中提到要稳妥推进数字货币的研发。

2007 年,作为移动智能终端代表的第一款苹果智能手机发布。当年全球手机用户总数达 30 亿,中国手机用户突破 5 亿。移动通信网络正以迅猛的趋势覆盖地球的每一个角落,中国正在加速 5G 建设,2020 年中国移动全国 5G 基站数超过 30 万个,覆盖全国所有地级以上城市,而全国移动通信基站总数已达 931 万个。2024 年,中国近 11 亿的网民中有 10 亿移动手机用户(见图 4.1)。

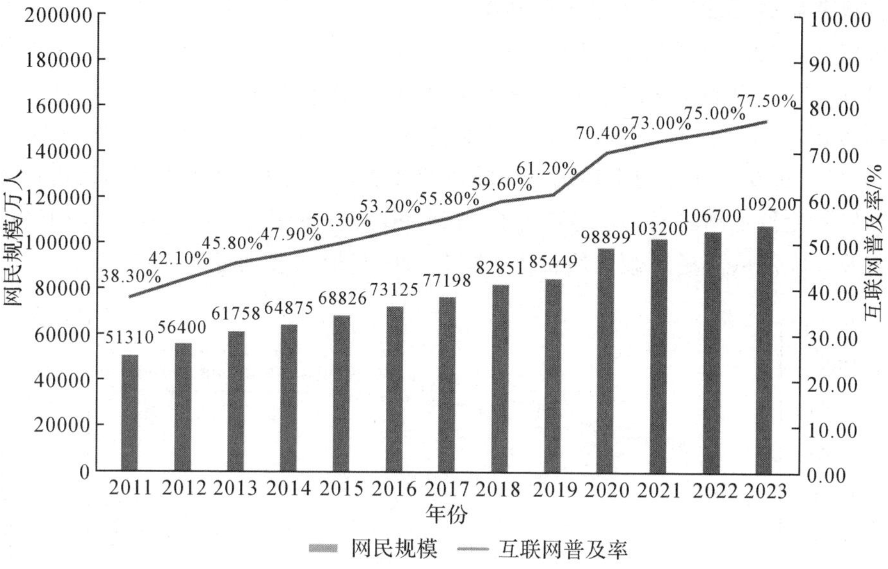

图 4.1　2011—2023 年网民规模和互联网普及率

资料来源:《中国互联网络发展状况统计报告》(2011—2023)

2009 年 1 月,我国首次发放第三代移动通信牌照,3 年后中国移动、联通、电信三家运营商完成对国内所有城市、县城以及部分乡镇的 3G 网络覆盖。2011 年 12 月 23 日,温家宝总理在互联网产业会议中强调,下一代互联网业务平台将重点支持移动互联网的发展。

2012 年,中国移动互联网用户增长幅度远远超过中国网民增长幅度,中国手机网民数量上半年已超过 PC 网民数量,移动互联网有着广阔的市场空间。微信成为移动互联网最大的平台应用,移动社交应用、整合地理位置信息、通信录等功能,使人际联系前所未有的便捷。移动化和社交化正强力推动关系型社会的深刻变革。2013 年,国家"宽带中国"战略实施,推动网络全面覆盖和产业化发展,并在年底由工信部发放了 4G 牌照。移动互联网覆盖了中国越来越多三四线以下城市及城镇中不便于使用 PC 或笔记本电脑上网的人群,游戏、购物、社交成为人们刚性的移动需求,成为强有力的市场增长支柱。

2014 年,中国建成全球最大的 4G 网络,上网设备结构加速优化,网络连接、移动设备、应用服务形成了完整闭环,无所不联,无处不达。移动互联网产业生态、商业生态、社会生态系统正在形成。2015 年,工信部发布电信服务通告数据显示，全国 4G 用户全年新增 2.89 亿个，总数达到 3.86 亿个，移动宽带用户数达 7.85 亿个。中国电信全国宽带用户超 1.5 亿，4G 份额三年提升 11%。2015 年底，国内 4G 网络数据流量占移动数据总流量的比例约为 45%，到 2019 年 12 月底，4G 用户总数达 12.8 亿户，占移动数据总量的 80.1%，远高于全球的平均水平。随着智能手机的普及，中国手机网民占全体网民的比例不断攀升，到 2023 年已占到 99.9%（见图 4.2）。随着 4G 网络的普及，3G 网络流量承载作用将逐步弱化，2G 将退出移动流量市场。

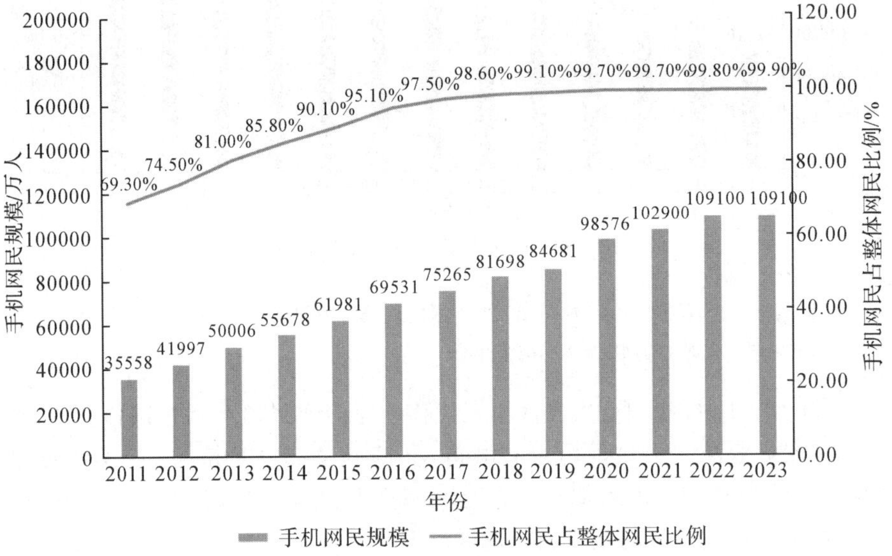

图 4.2　2011—2023 年中国手机上网人群比例

资料来源：《中国互联网络发展状况统计报告》（2011—2023）

伴随基础网络设备的不断完善，4G 移动通信技术进一步推广，移动互联网进入高速发展期。LET 作为第 4 代移动通信技术已在全球规模商用，其无线接口及网络架构面向移动互联网设计，有效促进了移动互联网的蓬勃发展。但随着移动数据业务流量的持续高速增长，目前的移动通信标准无法满足更高级的宽带业务需求，需要将有线和无线网络紧密融合，提供高速的数据传输。业界有移动通信每 10 年出现一代新技术的规律，各个国家都在大力投入新一代全球移动通信系统（5G）的研发。

2015 年 9 月，国际标准化组织（3GPP）召开 5G 标准研讨，在 2016 年正式启动标准研究。尽管 4G 增强型技术仍会不断发展演进，但 5G 将出现无限新空口、新型网络架构、新频谱等技术来满足移动互联网和物联网多种场景需求。2015 年,国际电信联盟(ITU)公布了 5G 技术标准化的时间进程表,并在 2020 年完成标准制定。2015 年 11 月,世界无线电通信大会(WRC-15)召开,争取到移动通信的新频谱,并启动高频段潜在频段的研究。

5G 将会满足即时新闻和多样化场景的挑战。据工信部通告,2024 年第二季度,5G 手机用户文件平均下载速率为 131Mbps。5G 与工业设施、交通工具、医疗设备等深度融合。2017 年初,窄带物联网企业标准由中国电信发布,随后中国移动、联通均加快城市试点工作,窄带物联网商用不断推进。2017 年 5 月,国际电联(ITU)完成了 5G 愿景和关键性能指标。2018 年 2 月在西班牙召开的世界移动大会上,中国移动宣布将在 2018 年建设世界规模最大的 5G 试验网。2019 年 1 月,广东联通打通了全球第一个 5G 手机外场通话。

2019 年 6 月 6 日,工信部向中国电信、移动、联通、广电发放 5G 商用牌照,我国正式进入 5G 商用元年。5G 为万物互联提供了可能,其研发力求为移动互联网用户带来更佳的使用体验,而技术能有效吸引用户转移,为移动互联网提供源源不断的动力。5G 不是简单的移动通信技术,而是一个生态体系,是传统互联网与移动网络标准的融合,互联网、云计算将在 5G 生态体系中发挥重要作用。业界认为,5G 将进一步提升移动互联网用户体验,重点解决千亿级机器无线通信的物联网需求,将极大促进车联网、工作互联网等融合领域的发展,成为推动社会经济发展的重要基础平台。到 2024 年 8 月底,全国已建成 5G 基站 404.2 万个。

伴随着信息技术的快速发展,人类历史正经历农业革命、工业革命后的第三次信息技术革命,信息突破时空限制的进化过程遵循“电子化—互联网化—移动化”演变历程。移动终端突破了互联网使用的地点附着性,用户在便捷享受网络的同时,能够随心所欲地分享、互动和沟通,社会和个体由于移动网络所赋予的与世界的连接性而带来深刻变革。据《世界互联网发展报告 2024》显示,截至 2024 年 6 月,我国有 10.9967 亿网民,5G 移动电话用户达 8.89 亿,在全球 5G 用户数占比 52%。

1946 年,美国密苏里州建立了第一个商业移动电话系统,此后美国的移动传播技术取得了快速发展。美国移动媒体研究也一直居于世界领先地位。目前我国已成为世界第一大移动互联网用户国,在 2018 年全国两会期间《人民日报》客户端新推出的中国形象系列宣传片《中国一分钟》中数据显示,每分钟移动互联网流量 46804G，网上零售 1043 万元，移动支付金额 3.79 亿元。预计移动视频流量每年的增长速度将在 50%以上，移动互联网的接入流量也是在逐年递增（见图 4.3）。

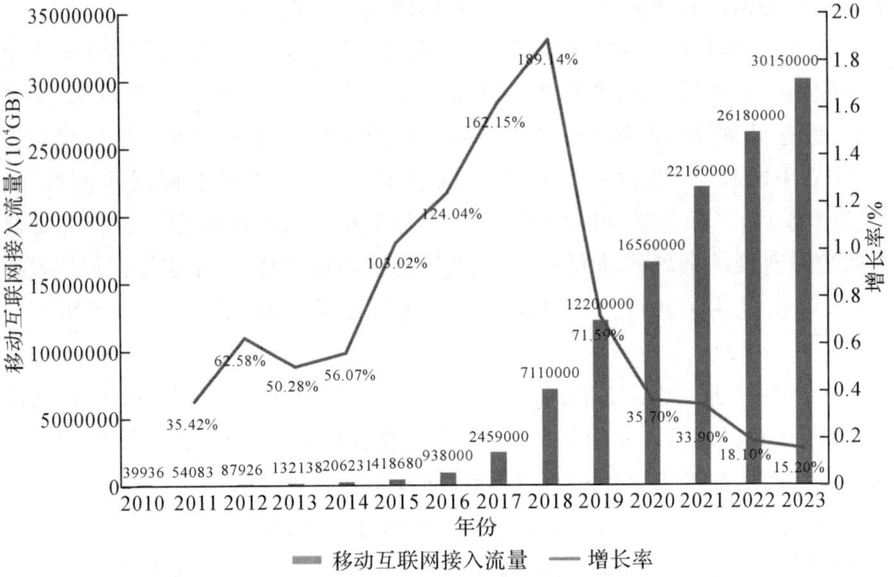

图 4.3　2010—2023 年中国移动互联网接入流量及月户均接入流量

数据来源：据工新部发布的《通信业公报解读》

移动互联网与实体经济将深度融合，与第三产业实现跨界融合，移动电子商务对吸纳就业、产业结构调整、创造利润等将发挥显著作用。主流社交产品全面进入“移动社交+”时代，移动变现成为新发力点。新媒体、数字内容、网络文化成为文化创意平台的主要功能，分散的社会资源和个人资源被有效调动起来，以实现价值变现。2016 年中国整体网络广告市场规模为 2902.7 亿元，全球网络广告市场，尤其是移动互联网广告市场呈现蓬勃发展之势。互联网广告收入自 2010 年以来一直保持强劲增长，2017 年全球互联网广告收入创历史同期最高水平，达 401 亿美元，移动端互联网广告收入首次超过 PC 端，占总收入的 54%。2020 年，移动应用的发展进入第 12 个年头，在全球大多数市场中，整体移动应用市场的发展已渐趋饱和。目前移动网络经济已领先于 PC 网络经济的发展，据《2020 中国互联网广告数据报告》显示，2020 年我国互联网克服全球疫情的严重影响，互联网广告全年收入同比增长

13.85%，达 4971.6 亿元，其中短视频广告增幅达 106%，远超长视频广告 25%的增幅。移动广告市场逐年递增，到 2022 年达到 8950 亿元(见图 4.4)。

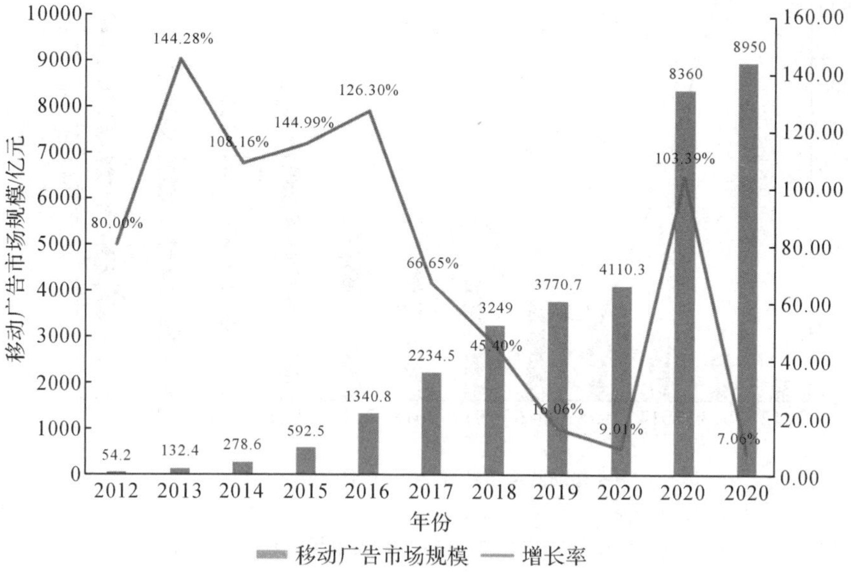

图 4.4 2012—2022 年中国移动广告市场规模和增长

数据来源：iiMedia Research 艾媒咨询。

二、移动阅读开启社会化分享模式

据中国新闻出版研究院第十七次全国国民阅读调查，国民数字化阅读方式的接触率为 79.3%，其中手机阅读接触率达 76.1%。继数字阅读时长超过传统纸质阅读时长之后，移动阅读成为消费者首选的阅读方式，远远超过 PC 端的传统数字阅读。在新闻资讯领域，腾讯新闻和今日头条分别是门户客户端和聚合客户端的领导者。据《2020 中国移动阅读行业报告》，2020 年我国移动阅读用户达 6 亿人，月均使用时长约为 16 小时，中国移动阅读市场规模逐年递增(见图 4.5)。

2014 年 6 月，新华社和人民日报社均发布了新版新闻客户端，上海报业集团连续推出"上海观察""澎湃""界面"三个 APP。2015 年，移动阅读平台成为 BAT 巨头的争夺阵地，并带动网络文学的成长。2016 年底，我国移动网络文学用户为 3.04 亿，占手机网民的 43.7%。移动阅读消费者从一、二线城市

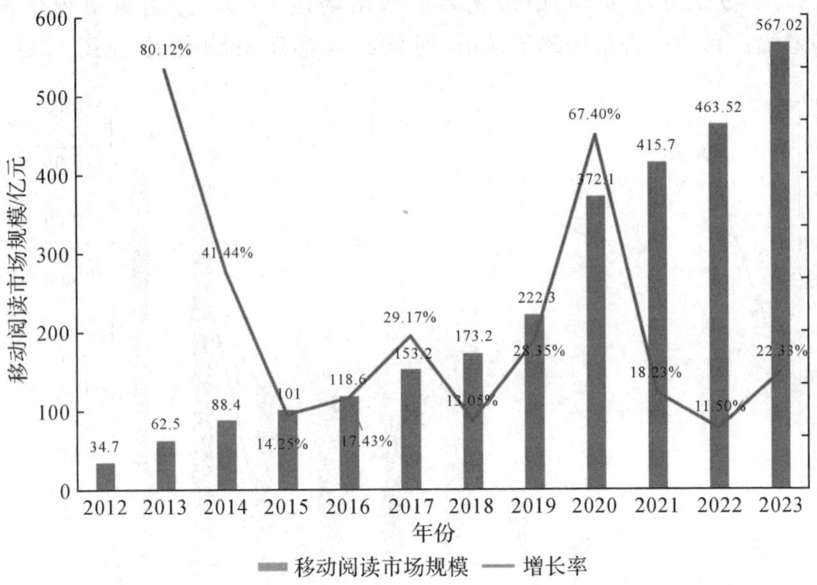

图 4.5　2012—2023 年中国移动阅读市场规模及增长率

数据来源:《中国互联网络发展状况统计报告》(2012—2023)和《中国数字阅读报告》(2022—2023)

向三、四线城市及农村扩展。2016 年移动端阅读时长是 PC 端的 4 至 5 倍,超过六成用户通过手机、平板等移动终端阅读网络文学,过半用户通过移动客户端进行阅读。移动阅读应用和设备持续丰富,智能手机成为人们随身携带的"口袋图书馆"。移动阅读的场景更加碎片化,阅读目的更加偏向娱乐消遣,用户对优质内容付费习惯良好,专业公司盈利势头日益向好。

自 2014 年开始,央媒除了推出"人民日报""央视新闻"等官方大号,还推出"学习小组"(人民日报)、"海运仓内参"(中国青年报)、"团结湖参考"(北京青年报社评论部)等视角独特、文笔犀利、清新亲民的"小号"。民间自媒体中,"一条""二更""新世相""Sir 电影""十点读书""张德芬"等也拥有众多粉丝。

一般来说,自媒体阅读都在移动设备上进行,手机或平板电脑是主要阅读工具,碎片化时间在移动阅读中被充分利用,收藏和分享凭借数字技术变得十分方便。媒介环境学派认为,阅读催生了个人主义,继而催生了自由主义,进而催生了主流文明。原先的阅读纯粹是一种个人行为,读者在阅读时和自己对话,个人主义情结明显,思考内省之下突出的是个体;互联网群体传播时代,基于社交的阅读不再属于个人行为,充满了作秀成分的分享成为一种集体行为,分享者向他人明示或暗示自己阅读的是哪一类内容，也许本人并没有真正花时间阅读长文，分享者不是在分享阅读后的心得体会，而是在分享文章本身。

分享行为很大程度上已经成了某种“游戏”，简·麦格尼格尔（Jane McGonigal）在其《游戏改变世界》一书中说，优秀的游戏都有一个反馈系统。[①] 阅读是内省之事，原本是缺少反馈的，外部很难有刺激来继续激励阅读，但分享后却有了反馈，比如微博、微信朋友圈对分享的点赞。这种反馈只是增加了人们分享的动力，而不是阅读的动力。在展示性的互动中，阅读已完全超越个人主义行为，而成为基于小圈子式的集体主义行为。

互联网群体传播时代，网络社群成为信息分发传播的主渠道，社群流量推动社群参与社会化阅读。在参与式文化盛行的当下，在群体互动中，社会化阅读打通了阅读、查询、分享、讨论、思考等各个环节，促成浅阅读向深度阅读升级。移动阅读 APP 也开始重视对社交功能的开发。2015 年，“简书”提出“交流故事，沟通想法”的口号，用户可以与简书上的朋友交流读书心得，并形成程序员交流、文学写作和漫画手绘等特色社区。“当当读书”APP 则设有“书友圈”，还有“附近的人”等板块，打开后可查看附近读者发布的帖子、收藏的书和文章等，并进行互动。亚马逊中国发布的《全民阅读报告》显示，2017 年，78％的受访者选择微博、微信、豆瓣、知乎等社交平台分享阅读相关内容，17％的受访者会在购书的电商平台留下读者评论[②]，到 2020 年，免费阅读争夺用户进入瓶颈期，读者的付费阅读意愿进一步提升，近八成读者愿意为喜欢的电子读物付费，36％的读者看重他人“荐读”，其中作家和名人的“带书能力”最强[③]。

移动阅读大多利用的是碎片化的时间，而碎片化的时间不可能保证很深入的阅读，更何况移动阅读的环境大都匆忙和嘈杂，缺乏自省的情境，相对来说，移动阅读会更为短平快一些。移动阅读和通常意味上的阅读，特别与深度阅读相比有着根本上的区别。自媒体阅读其实是一种社交行为，图书阅读率上升与社会文明进步之间，不是简单的因果关系，移动阅读之于整个社会和文明的发展走向，是一个有趣的问题，有待社会考量。

---

① 魏武挥：《自媒体时代的电子阅读》，载于《互联网与中国 20 年：变革与创新》，上海人民出版社 2016 年版，第 38-39 页。

② 科技热度：《亚马逊中国发布全民阅读报告——中国人都怎么读书？》2017-04-21，http://www.sohu.com/a/135509288_331153。

③ 封面新闻：《“书香天府—全民阅读”——亚马逊中国发布“2020”全民阅读报告》，2020-04-20. https://baijiahao.baidu.com/s?id=1664481460053372317&wfr=spider&for=pc。

三、移动直播催生信息消费新业态

2016年被称为“移动直播元年”。“直播”指的是在现场伴随事件进程同步制作和发布信息。2016年开始，移动互联网新产品、新应用、新模式不断涌现，网红和直播平台联姻催生出新型经济模式。信息消费新业态被催生后，数据价值得到彰显，移动直播等行业经历了深层次的调整，进行供给侧结构性改革，加快了数据经济的发展。

腾讯、爱奇艺、优酷土豆在网络视频业成三足鼎立之势，各家的定位也日渐清晰。短视频领域前三甲有抖音、快手、美拍，视频行业中涉足网络直播的社交产品，都分享了视频直播带来的红利。2020年8月，艾瑞咨询报告显示，在抖音、快手和梨视频的短视频用户占36%，主打UGC模式的抖音自2019年开始短视频用户增长增幅最为明显。据《中国移动互联网发展报告(2020)》显示，2019年，移动用户使用抖音、快手等短视频应用消耗流量占比超过30%。尤其是抖音从2020年开始一直保持着高速增长的月活用户规模(见图4.6)。

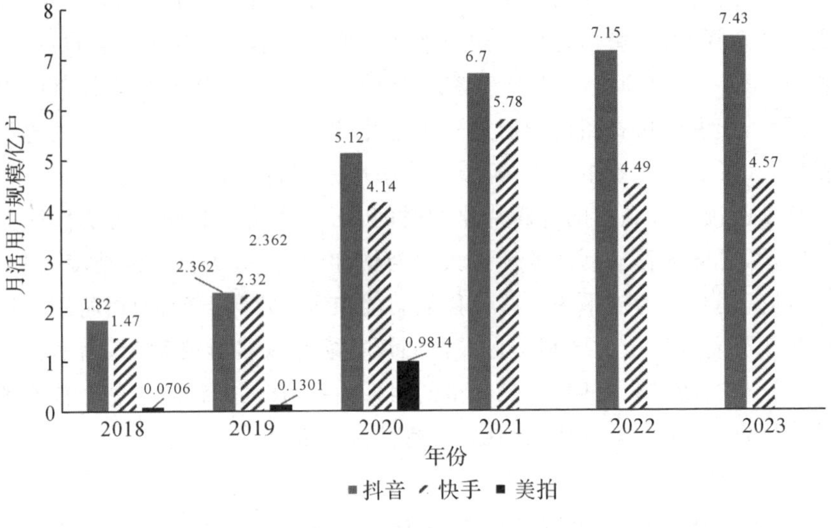

图4.6　2018—2023年抖音、快手、美拍短视频月活用户规模

数据来源：QuestMobile(北京贵士信息科技有限公司)数据报告。

网络直播大致可分为秀场直播(表演类)、新闻直播和游戏直播。

（一）秀场直播

秀场直播的最大特点是互动社交，采用网络游戏的商业模式，通过提供社交服务来获取用户付费。其实，网民观看的不是直播而是消遣；使人上瘾的不是主播而是陪伴和归属。网络直播平台加上简单的标配（电脑、摄像头、麦克风）就可以将一名网络主播的生活向全球直播，游戏竞技、歌舞表演、化妆美容、旅游美食、手工 DIY 等等，花样百出，令人目不暇接。

始于 2016 年的直播产业，从最初以内容建设与流量变现为目的的尝试，发展至今，产业链已逐步完整化和多元化。据《光明日报》报道数据显示，2015 年，国内近 200 家网络直播平台坐拥 2 亿直播用户，到 2016 年，用户超过 3 亿。2016 年萌芽期时，电商平台与短视频平台陆续上线直播功能，短视频开始进行电商、付费等多种商业模式的尝试。截至 2016 年底，在线直播应用在 APP Store 中国区已超过 500 款，腾讯系（腾讯直播、QQ 空间视频、Bilibili、斗鱼、龙珠直播、TGA）、百度系（百秀直播、爱奇艺）、阿里系（淘宝直播、陌陌、优酷土豆、AcFun）、新浪（秒拍、一直播、MSeeTV）、网易（网易 Bobo、网易 CC）、合一、360、YY、小米等互联网企业均入场，直播成为标配，竞争异常激烈。2016 年，“网红产业”产值近 580 亿元，远超 2015 年中国电影产业的 440 亿元票房收入。

2016 年 7 月，第一网红“papi 酱”在微博首次直播，两个半小时打赏礼物超 90 万元，话题阅读量就达 2.5 亿人次，可谓见识了粉丝的强大。微博成为网红主播打造个人 IP 的重要平台，尽管国内直播生态还不完整，但中国网红变现能力相比欧美更强，也更依赖社交媒体的流量，潜力更大。

自从出现微信后，微博的网络用户有一部分流失，近年来，微博短视频、微博直播功能使用户数量有了一定回升。[①] 微博有成为国内最大的微视频创作和消费平台的潜力，“秒拍”为微博引流成效显著，微博 2016 年第二季度财报显示，微博短视频播放量达 15.7 亿人次。2016 年“一直播”在微博提供网络直播服务，实现日均观看 773 万人次。[②] 近十年，网络视频用户的规模一直在增长（见图 4.7）。

2017 年，移动直播市场经过资本疯狂涌入、野蛮生长后回归理性，开始比

---

① April Ma：“Weibo Increases Stake in Video-Streaming Service Yixia，” Caixin，2016-11-21，http：//www.caixinglobal.com/2016-11-21/101009769.html.

② 搜狐公众平台：《微博财报全面披露一直播和秒拍数据》，2016-08-09，http：//mt.sohu.com/20160809/n463365895.shtml。

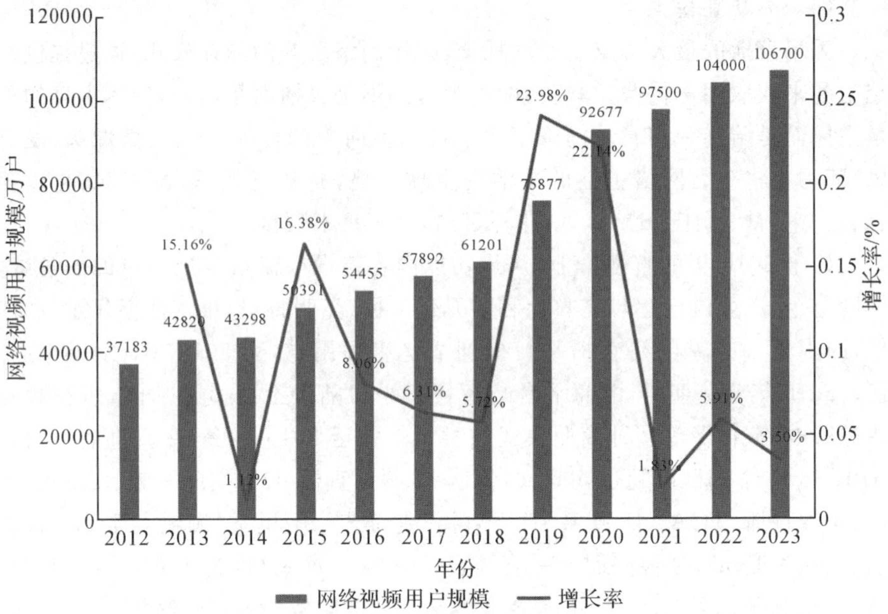

图 4.7　2012—2023 年中国网络视频用户规模和增长率

数据来源：《中国互联网络发展状况统计报告》(2012—2023)

拼内容质量、主播水准以及用户忠诚度。300 多家直播平台中倒下了 200 家以上。有些主播不择手段的吸睛手段一再冲击伦理道德底线，污染公共空间。2016 年，《互联网直播服务管理规定》《关于加强网络视听节目直播服务管理有关问题的通知》《网络表演经营活动管理办法》分别由国家新闻出版广电总局、国家网信办和文化部发布，“主播实名登记制”“黑名单制度”被强力实施，对网络主播提出上岗要满足“双资质”要求，进一步细化规定了网络表演者、表演内容、表演单位等资质要求。2016 年查处、整改、关闭了一批网络直播间，但不定点的直播节点和数量庞大的直播摄像头也使监管很难真正到位，网络直播产业单凭经济处罚，监管的效果可谓微乎其微，因此对主播的监管和加强行业自律十分重要。

2017 年进入起步期，主播身份从明星网红向素人扩展，直播品类也更多元化，此时行业角色分化，源于国外成熟的网红经济运作的短视频机构（MCN 机构）出现。到了 2018 年的行业成长期，直播频道在各内嵌平台的重要性逐渐上升，各大平台转型并推出“内容补贴”战略，开始扶持内容创作，而内容平台开始建设自有供货平台。

2019年开始至今，行业进入爆发期，电商直播标配化，主播身份更加多元，2020年疫情期间，各地政府部门负责人上线担任带货主播，火爆一时，这个阶段直播更是精细化运营，供应链建设得以强化。2016年，就在抖音爆红的李子柒经过几年时间，把视频里的美食搬到网店，观众边看抖音视频边下单过嘴瘾，两者相加的带货威力丝毫不亚于各路主播。2019年底，李子柒淘宝店开张后，火锅底料、藕粉等配上制作视频大卖，而李子柒螺蛳粉更是一夜暴红，年销售6亿元。

目前直播带货作为直播电商发展的新风口，引领直播电商进入爆发式增长阶段，拉动社交、内容、电商等各平台的流量势能。艾媒咨询发布的《2020年中国直播电商行业研究报告》显示，2019年，中国直播电商行业的总规模达4512.9亿元。商务大数据显示，2020年上半年，电商直播超1000万场，活跃主播数超40万，观看人次超500亿，上架商品数超2000万。其实粉丝购买行为中包含了对主播个人影响力的追崇，是粉丝对有影响力的主播忠诚度和信任感的流量变现。明星、网红、企业家、主持人等变身主播带货成功的重要原因，来自粉丝经济典型的"光环效应"，粉丝产生主动消费行为，实质来自明星主播的影响力和消费者对其的信任度；反之，粉丝的助力又进一步增强了明星主播的影响力，最终形成良性循环链条，进而提升粉丝经济的效率和优势。

近年来，电商型MCN机构快速增长，上游对接主播和商品供应侧，下游对接分发平台，KOL"内容种草"模式的成功变现，使直播电商具有广阔的发展前景。电商型MCN机构还兼具网红孵化、内容生产等多重角色，批量化管理主播，而且直播场景日趋多元化，向线下与产业链上游场景扩张，实现专业化、规模化的内容变现，助推直播带货的产业化发展。2020年3月，淘宝直播MCN机构已超千余家；2020年6月，抖音电商型MCN机构超400家。在直播带货过程中，消费者的审美个性被重塑，在趋同心理下，消费认同被构建，影响消费者的个体选择；而在消费结构的转型过程中，人们的消费模式也随之从生存型消费转向享受型或发展型消费，兴盛的消费主义文化拉动非必需消费，引发无序消费。一些品牌商家雇佣电商MCN机构承担带货任务，在责任界定不清的情况下，若是主播行为引发纠纷，消费者和监管机关难以确定责任主体，也增加了维权和平台监管的难度。

直播带货也成为传统媒体融合转型的突破口，与社交平台、内容平台、电商平台建立新型的合作关系，将直播增长的人气转变为"私域流量"，重塑主流媒体的影响力。2020 年 5 月 1 日,央视联合天猫、淘宝,主持人撒贝宁、康辉、尼格买提、朱广权首次同台直播,3 小时成交 5 亿元;5 月 10 日,“小朱配琦”(朱广权 & 李佳琦)“国货正当潮”带货直播,近 6000 万名网友观看,销售额超 7000 万元。传统媒体的直播带货,虽以公益传播为主,但作为一种新兴商业模式,能够促进媒介融合,帮助传统媒体有效盘活广告资源,拓展服务模式,实现多方共赢,探索未来融合发展新模式。

互联网群体传播时代,借助自媒体人人都能成为主播,在行业度过野蛮生长期后,要提高行业准入门槛,平衡直播行业生态,严查数据造假,严格取缔违规营销广告,同时加强行业自律,加大监管力度。2020 年 6 月 24 日,《网络直播营销行为规范》由中国广告协会发布,规范商家、主播、平台经营者、主播服务机构和参与用户的行为;8 月 3 日,国家网信办联合 8 部门召开会议,制定主播账号分级分类管理规范,明确打赏行为管理规则,规范主播带货行为,建构激励高质量信息内容供给的直播账号信用评价体系。未来直播带货的行业法规急需出台,以实现法律对主播直播带货的硬约束。

(二)新闻直播

广播是最早尝试直播的媒介,随后电视也尝试直播,如今网络直播正逢时宜。2009 年国庆 60 周年阅兵式是网络电视第一次重大场合的现场直播。进入 4G 时代,智能手机广泛普及,移动互联网高速发展,网络直播的崛起击破了电视直播的优越感。2016 年开始,继视频新闻后,网络移动新闻直播蓬勃发展,因其全时段、全覆盖、随机互动的特征,移动新闻直播在突发性事件中更具现场视觉冲击性,时效性也更强。除了实时视频,又以信息流方式(图片、文字、图表)不断更新事件动态,并通过 VR、H5、弹幕等技术手段提升现场体验和互动性。2024 年底,移动新闻用户规模已达 10.05 亿人。

2010 年 1 月 9 日,微博直播在国内第一次亮相,新浪微博为“中国影响 2009 时尚盛典”活动做直播。2011 年春节,腾讯微博与电视媒体合作进行春晚微博直播。对于公众普遍关注的社会热点新闻,如归真堂活熊取胆引发争议,新浪微博全程直播了熊场开放日。2016 年 4 月,联合国首次通过微博视频向全球直播了秘书长甄选,超过 260 万人次观看。

网上直播成为政府网络执政的重要途径,重大舆情新闻事件发生后,政府开始召开“线上”新闻发布会。随着济南中院通过官微对社会民众关注的重大事件公开庭审过程进行直播，政务微博开始成为重要案件审理中的权威信息源。[①] 2016 年第一季度，各级人民法院在微博视频直播领域最为活跃，共有 503 个法院系统微博开通庭审直播功能，80 个微博共计直播庭审 355 场。2016 年两会期间，各级地方政府利用官方微博积极进行视频直播。

2015 年“摇电视”成为风尚，微信直播参与央视羊年春晚互动，引起用户强烈关注，春晚直播开始后打开微信“摇一摇”即可参与互动，摇出红包、贺卡祝福、演员节目单等惊喜，互动总量达 110 亿次，峰值达每分钟 8.1 亿次。除了春晚，一些综艺节目秀也开启全新互动模式，如手机“摇电视”参与有奖投票等。

互联网群体传播时代成就了一种全新的直播理念和传播形态，新应用、新技术和新服务层出不穷，更带来全新的产业革命、关系革命和思维革命。网络新闻直播不同于传统电视直播的专业内容生产，属于用户生产内容，网民成为直播内容的生产者和传播者，从“人人都有麦克风”到“人人都有直播间”，公民记者对公共新闻的贡献一直都在。新闻直播一是真实接地气，直播的都是民众关注或感兴趣的内容；二是互动性强，可以随时随地进行网络交流，直播的内容又可以根据用户反馈及时变换。

新闻直播秀“事”而非秀“人”，一般只能做内容产品，缺乏建构消费场景的能力，很难通过粉丝打赏来产生经济效应，在广告和增值服务领域容易直播变现，但在游戏、电商领域较难延伸。网络新闻直播作为传播方式和连接手段，关键还要看其理念、主题及意义所在，若要与传统电视直播相区别，就要避免做成“政治秀”和形象工程。新闻及生活服务类资讯直播正在兴起过程中，处于争用户、抢地盘的阶段，未来的前景还未清晰，但仍要把握好以下原则：一是永远在线，二是社交互动，三是整合资源。

从某种意义上来说，是受众的需求形塑了新闻产品“平面—图文—音视频—直播”的发展路径。由于直播管理的不规范也不时出现各种互联网传播乱象，容易引发道德及政治导向问题。加之直播运营眼光不够长远，平台流量掺水作假，还未发展成熟就急于变现，使网民产生审美疲劳，也使互联网生态进一步恶化。即时新闻直播还是很有生命力的，未来监管部门的政策变化以及对新闻直播中流量变现盈利模式的思考，有待进一步探索。

---

① 谭天：《在中国，网络直播到底能走多远？》，《南方电视学刊》2016 年第 8 期，第 34-38 页。

(三)游戏直播

在游戏市场,中国2016年超过美国,成为全球第一大游戏市场。其中,腾讯和网易成为全球移动MOBA和MMORPG游戏的领军者,移动游戏创新带来收入的快速增长。2019年,中国游戏直播平台用户规模达3亿人,中国独立游戏直播平台市场规模超过200亿元,2024年达到275.68亿元的规模。

2013年之前,中国游戏直播处于萌芽期,电竞游戏催生了游戏直播的需求,视频网站和语音平台开始打造直播子系统。2013年开始是增长期,各平台旗下的直播子系统如斗鱼、虎牙、战旗、火猫等独立运营,变为最早的直播平台,国家提升网速政策催生出大量的游戏主播,而海外Twitch被并购也刺激国内资本涌入直播平台。2015年至2018年是游戏直播的爆发期,移动电竞风靡推动游戏直播市场,腾讯入股斗鱼、虎牙,加大对头部游戏直播平台的投资,虎牙直播2018年5月11日在纽交所上市,成为中国第一家上市的游戏直播平台。2019年开始,游戏直播进入成熟发展期,2019年7月17日,斗鱼直播在纳斯达克证券交易所挂牌上市,战旗、触手退场或转型,哔哩哔哩(B站)、快手、西瓜视频、酷狗直播加大游戏直播的投入,爱奇艺、酷狗直播、Now直播等娱乐平台,也延伸出游戏直播内容,构建多元化直播内容生态,行业呈现"两超(腾讯、网易)多强"的格局,游戏直播的竞争十分激烈,社会开始关注游戏直播版权的保护。

根据小葫芦大数据平台数据显示,游戏直播平台上热度和观看度最高的版块来自游戏相关内容,手游整体的观看度(占40.1%)已经超过PC游戏(占36.3%)。游戏主播在用户打赏、弹幕活跃上相较于娱乐主播略显劣势。从TOP1000主播的订阅粉丝量来看,52.7%的主播粉丝数超过50万,但顶级主播仍是游戏直播平台的稀缺资源。在游戏直播平台,弹幕观众是平台更活跃的用户,而付费打赏观众则是平台重要的收入来源。不同领域、不同性格的观众通过游戏直播平台聚集在一起,利用弹幕进行游戏内容的二次创作。弹幕本身也成为直播内容的重要构成部分,弹幕传递出观众对主播主导的游戏画面内容的补充,并亲自参与到画面当中。弹幕的存在便于观众之间的准社会交往,观众通过公屏和弹幕进行交流,成为现代人孤独感引发的社交方式,让观众获得一种他人陪同看直播的感受,获得认同感和被尊重的感觉。弹幕文化加快了网络流行语的诞生,电竞游戏中的词汇被玩家迅速传播且大量运用于日常生活,可以说游戏直播平台促进了文化的多元性。

如今游戏直播平台的竞争已转变为内容生态的竞争,除了游戏和电竞赛事直播内容，还不断拓展出娱乐、秀场、自制赛事、自制综艺等多样化的内容形态。2020 年疫情期间，在社会公益、在线教育、电商购物等方面，游戏直播平台作出更多的探索和尝试。游戏直播的增值服务通过平台的虚拟道具来实现，并通过电子商务进行变现，利用粉丝优势发展社群经济，将平台变成一个电商入口。主播在直播过程中通常会介绍自家淘宝店或通过代理广告获利，基于庞大的粉丝数量，实现人气资源的变现。目前，游戏直播平台的盈利模式包括用户打赏、会员订阅、广告收入、游戏分发和与游戏厂商联合运营、电商导流与直播带货、数据增值服务、签约培养游戏主播等方式，游戏直播平台通常将多种盈利模式结合使用，形成完整的商业闭环。电竞游戏直播需要更高清的视频输出，将赋予这个行业更广阔的想象空间。未来游戏直播会更加注重内容生态建设，如 IP 化、与短视频联动等，并不断创新商业模式，开发元宇宙直播场景等。

2018 年开年，游戏直播答题迅速成为移动互联网第一风口，从 1 月份的产品酝酿、社群爆发，在临近春节期间大部分互联网平台都开通了直播答题通道，直播答题已全面触达中国网民群体。其中早期表现突出的有“冲顶大会”、花椒直播“百万赢家”、今日头条“百万英雄”、映客“芝士超人”、百度(“极度挑战”)、微博(“春晚答题王”)、知乎、网易、腾讯视频、爱奇艺等非直播平台也接入了直播答题入口。各大平台都纷纷邀请明星、网红为自己站台担任出题主持人，像“芝士超人”就邀请到了卫视知名主持人、真人秀节目热门嘉宾、网络综艺脱口秀节目嘉宾等出任“出题官”。

直播答题 APP 的“鼻祖”源自国外的一款“HQ—Live Trivia Game Show”知识互动游戏，其自 2017 年 8 月上线后迅速发展为一种文化现象，最佳时刻有超过 120 万玩家登录了直播答题应用 HQ Trivia，创下了游戏史上同时在线玩家数的最高纪录。HQ Trivia 之所以大获成功，亮点在于简单便捷的运营模式。

多年前的电视上就能看到诸如《一站到底》《开门大吉》《贫民窟的百万富翁》等类似的答题赢奖品的节目。网络社群时代，传统媒体也通过与直播答题平台合作参与网络直播，以吸引用户、增强平台互动性。《人民日报》与“芝士超人”合作直播答题，为其客户端引流，有 500 多万人次参与，微信指数日环比上涨 608.94%。中央纪委监察部网站还在 2018 农历春节前推出 H5 答题小游戏，以预防“节日腐败”。

全民网络狂欢时代，“在线答题＋百万奖金”的互动模式简单却有吸引力。

直播答题游戏规则并不复杂,其形式就是在线答题瓜分奖金。每天举行几场答题直播,每次共有固定数量的题目,答错或者超时即退出比赛,全部答对者可平分每期奖金。其间提供复活机会,需用户邀请好友参与答题,而这就是一种互联网惯用的营销策略。

直播答题这一新形式有很大的创新和发展空间,但借此进行的网络营销还需谨慎,正如老牌益智类综艺节目《开心辞典》制片人刘正举曾在微博上说的,看似简单的网络直播答题拿奖,其实对知识把握能力和政治敏感度要求挺高,题库需要老练的把关人,否则问题频出,监管出手,全体遭殃,创新停滞。

直播答题题库敏感出错、网络服务器被挤爆、作弊手段频发等伴随直播答题市场的火爆而出现。2018 年 1 月,直播答题因其对政治敏感度和知识把握能力不足,甚至在花椒直播平台"百万赢家"竞答中,将香港和台湾列为国家选项,其后被网信办约谈,被要求立即进行全面整改。

随着平台参与度的激增,相应的监管机制又缺失,直播问答的发展面临瓶颈。2018 年 2 月 14 日,国家新闻出版广电总局发文对网络视听直播答题进行管制。据我国相关法律法规,只有具备《信息网络传播视听节目许可证》才能开展直播业务,且《视听许可证》准入门槛极高,申请单位的基本条件第一条就是具备法人资格,要求为国有独资或国有控股单位。但现有的直播平台并非都具备完整资质。根据广电总局通知,网络直播答题属于直播业务,也必须持有《视听许可证》。因此,虽然直播答题门槛低,但"持证上岗"将绝大多数直播创业平台拦在门外。另外,直播答题主持人也需要"持证上岗"。此前,一些平台为了吸引用户,采用明星艺人、网红做主持人,这一现象也将被管制。

导演刘正举在微博上曾探讨过,当益智游戏答题节目以这种迅猛、暴烈的方式从电视端来到了新媒体直播端,是否是互联网的又一个风口。新媒体终于拿起直播加互动的超强武器,这当然是方向,但行业自律和内容生产规则同样值得遵守和谨记。

第三节　权力博弈:参与传播

一、权力转移引发传播格局逆转

技术具有先天的政治性,互联网群体传播使中国的传播格局乃至权力格局出现大幅逆转。互联网技术结构引发权力转移，释放出无限的传播能量，改变了原先传统媒体时代传播权力结构和政治权力结构之间的既有平衡，使社会、经济、政治进程中的所有中介形式得以消解，之前由政治精英、媒体精英主导的传播格局被打破。

互联网群体传播时代，信息化的基础设施应无歧视地惠及所有群体。2020年，中国人均GDP居世界第59位。2020年7月，联合国电子政务调查报告发布，中国的电子政务发展指数提升至第45名，电子参与指数从第29名提升至第9名。

信息传播技术迅速大规模普及的深刻意义还在于，占中国社会主体基数的社会中下阶层（也称信息中层）不但已经在使用互联网、智能手机，而且已经成为新型传播工具的制造者、管理者、拥有者，并在社交媒体视频应用领域，如快手、抖音等短视频中成为信息的生产者、传播者和消费者。

（一）互联网群体传播对权力结构的冲击

福柯说过："权力只有在社会关系中讨论才有价值。"[①]网络用户之间的聚合性、交流性、黏着性不断裂变，新的社会参与方式和民众诉求渠道被催生出来，作为新的社会形态，网络社群正改变着大众"话语权力"的弱势状态，也构建了社会治理的"第五种权力"。[②] 新的信息技术打破了传统话语权的壁垒，瓦解了传统社会等级结构，权力被稀释，并被分散到更多的群体当中。

哈贝马斯关于公共领域的观点中包括三个核心因素：其一，公众；其二，基于普遍利益的公共舆论；其三，讨论遵循理性、批判性与平等性。"公民"一词在中国是舶来品，长期以来，人们在文化心理和社会心理上依然深受传统封建思想的影响，作为现代社会公民的意识不强。随着公民权利观念的被唤醒，我国公民意识在公共领域中不断培育。学者胡泳认为，公域与私域不能看作结构性的东西，而必须视之为一种流和一种过程。

信息与政治和权力关系密切，在信息时代，信息与权力的关系会更深入。在互联网时代，未来学家阿尔温·托夫勒的预言正成为现实，他在《权力的转移》一书集中探讨了与权力密切相关的知识的作用，知识使起支配作用的权力正悄然发生革命性转移，知识代表着一种崭新的社会权力理论。

---

① 黄月琴：《"弱者"与新媒介赋权研究——基于关系维度的述评》，《新闻记者》2015年第7期，第28-35页。

② 秦德君，高琳琳：《网络社群与民间话语：一种影响公共决策的域场》，《新闻记者》2017年第6期，第91页。

全球权力结构也在互联网时代发生着解体。在工业革命时代建立起来的国家机器由于腐败低效和官僚主义,各个国家内部权力体制正失去往日的权威,权力正向低层次扩散。正如曼纽尔·卡斯特所言,苏联的衰落和解体与信息革命的发展密切关联,在向信息时代的过渡中显示出国家主义的无能为力。①

从中国的现实国情来看,媒介不是独立机构,媒介被看作凝聚政治认同和国家统一的核心工具。改革开放以来,部分传播权力被激活,媒体的表达空间被释放,扩大了媒体市场化的自主权,但传统传播格局并没有发生颠覆性的改变,容易维系公共舆论系统的相对平衡。只要掌控了传统媒体就等于掌控了舆论场的"阀门",也就控制了传播场域。

互联网群体传播时代,媒介格局走向多元,控制媒体的各方力量进行博弈,既往策略的适用性随之消减。随着传播新技术的普及,民间新闻开始勃兴,因其自发传播所以很难管制,且在公共事件中成为公众的生存常态,必然与既往舆论引导策略相冲突。目前中国正处于不断开放的语境下,影响传播的变量增多而且复杂,该语境下的传播机制面临的挑战也更艰巨,传播权力和传递信息,不再成为政治、媒体精英们的专属,权力下移到平民阶层及草根阶层。

我国逐渐定型下来的社会结构包含以下特征:其一,改革开放后,体制内外精英形成精英联盟,精英阶层在社会改革及社会决策上的话语权不断增强;其二,社会中精英寡头化统治现象严重,依靠社会背景使正常权利大量被占有;其三,社会资源分配不平等现象严重。

互联网群体传播就是要说服个体及其群体,是现代社会公共生活中重要的公共传播行为。随着互联网传播技术的普及和民主政治进程的深入,说服公众和社群变得不像之前那么容易。沃尔特·李普曼(Walter Lippmann)曾指出:"在新一代掌权者的政治生活中,熟知如何制造同意成为自觉的艺术,劝服已然成为世俗政府的一个常规功能。"②其中提到的大众说服,就是现代社会的"宣传"。诚然,在互联网群体传播时代,说服变得越来越难,宣传效果也被打折扣,难抵人心。传统的认知框架、宣传理念、技术路径和传播模式,已不再适合今日社会的大众说服。

① 曼纽尔·卡斯特:《千年终结》,夏铸九等译,社会科学文献出版社2003年版,第2-3页。

② 沃尔特·李普曼著,阎克文、江红译:《公众舆论》,上海人民出版社2002年版,第198-199页。

互联网群体传播时代，新兴党媒的表现也引起关注，微信公众号“侠客岛”和“政事儿”分别代表了理性政治和感性政治的传播模式，母报的宣传模式和市场模式在这里得到有效延伸。在互联网时代，党媒需要思考如何在获取公众注意力的前提下，避免工具化，仍能占据舆论引导的主阵地。党媒在不断调适自身以适应互联网群体传播环境，在传统宣传模式的基础上，形成“专业＋温情”的杂糅化的传播范式，体现出执政党致力于建构分层化传播体系的努力和实践。而在这个过程中，柔性治理手段和策略必不可少，不限于强制性的规定和法律，还包括主流媒体占领网络阵地、争夺话语权等积极手段。

互联网群体传播时代的媒体结构发生重大变化，传统媒体与自媒体共存发展，信息生产和传播机制发生变化。在传播实践中，上海报业集团“澎湃新闻网”“上海观察”等媒体融合改革引起社会普遍关注，人民日报“打通两大舆论场”的实践风生水起，“复兴路上工作室”的新媒体实验方兴未艾。这些传播实践的努力，使普通人有参与传播的权力，有通过互联网、自媒体发声的权力得到某种程度上的实现，这从某种意义上来说，当下中国的信息传播形态趋向多元化，主流宣传的被动局面有极大改观。

互联网群体传播时代，受传关系不是简单的线性关系，其受制于多种变量的复杂关联，涉及的关联变量越多，传播机制越复杂，传播效果的不确定性也就越大。在互联网崛起前，中国的政治权力格局决定传播格局，传播权力由政治权力主导，两者结构基本一致。执政党全面主导政治权力和传播权力的生产与分配，执政党掌控和配置核心传播资源，从某种意义上来说，也就控制了传播效果。

中国的权力结构呈金字塔式集权结构，信息自下而上，层层上报，管理机构和人员的规模呈上层小、下层大的金字塔形；管理权力自上而下，层层贯彻执行，权力规模呈上层大、下层小的倒金字塔形。这种结构容易造成政策传播路径烦琐、信息传播节点多，降低信息传播的效率和信息的保真度，来自基层的真实反馈很难及时向上传递。中国社会权力结构自上而下，一直以来都是政府相对强势，对公众舆论有着引导权，上层发政令，下层执行，上下传播的口径基本一致。

非线性、去中心化、扁平化是互联网群体传播的独特之处，这种传播模式挑战并打破了科层制式的政治传播体制，传播过程中的信息不对称现象被极大改善。在中国，公共领域与理想状态有一定差距，社交媒体的普及，助推着个体情绪成为社会舆论，互联网成为普通草根阶层就公共事务发声和获取知情权的重要出口,能有效减轻精英阶层的信息垄断,微博、微信公众号、视频号的日益勃兴和官方舆论圈形成博弈,重构公共空间,从某种意义上来说,社交媒体助推了公共领域中社群协商模式的复兴。

传统的传播格局一般比较固化和封闭,可以说执政党在社会中掌控着政治传播的闭环,上情下达的宣传是常态,传播权力被限定在一定的场域中,不能延伸至社会组织乃至社群中,这种传播模式最大的益处是容易控制传播风险。学者赵月枝论述过发挥媒体作用与实现"善治"密不可分,媒体应当成为民众参与政治生活的表达平台。哈贝马斯认为,媒介技术是影响公共领域生成与变革的重要因素。学者闵大洪认为,网络可以让受众发布新闻,制造舆论压力并且组织虚拟社团,但是这些说法其实过于乐观。① 互联网群体传播时代,舆论意见场更丰富也更复杂;大数据时代,控制数据很难。

英国哲学家托马斯·霍布斯(Thomas Hobbes)说,人类崇拜权力并对其进行永恒的追求,除非死亡否则不会停止。② 随着人们的日常生活被新媒介技术逐渐嵌入,平等、自由、共享、兼容的新媒介环境被构建起来,与此同时,人们的价值观念和行为规范被网络时代去中心化、权力分散和多元化的特征所重塑。从某种意义上说,舆情频发的状况在受高度控制的社会中和媒介环境下是不太可能出现的,因为强势的一方会形成无可反驳的意见指向。民众希望通过"协商"的方式,表达对特定事件的利益诉求,只有在平等交流的条件下才会出现,从中可感受到社会变革的过程。相互协商的频率的提高,从某种程度上意味着强加于人的频率的降低。民众通过新媒介技术渠道得到的信息越多,相应的持多元观点的批评和建议也会增加。互联网群体传播时代,舆情事件的频发是传播由传统模式转向新型模式的必然现象,多元利益方之间的博弈和妥协会更常态化、持续化和动态化。

(二)互联网群体传播见证网络社群的力量

PC 网络时代,网络用户分布极不平衡,主要分布在东南沿海和内陆发达省份,地区和城乡之间存在较大差异。在经济欠发达地区,很少有网民上网讨论公共事务、参与发帖投票等网络政治活动。从身份特征看,不同文化层次、年龄阶段、不同性别的网络用户存在较大差异。虽然上网操作随着技术迭代日益简单化,但对买不起个人电脑和缺乏电脑操作技能的公民而言,其网络政

① 闵大洪:《草根媒体:传播格局的新力量》,《青年记者》2008 年第 15 期,第 44-45 页。

② 霍布斯:《利维坦》,商务印书馆 1986 年版,第 72 页。

治参与的权力其实是被变相剥夺的。随着廉价智能手机在中低收入阶层的普及，以从农村进城务工人员为代表的中国新工人群体也借助社交媒体获取政府政策、福利保障等方面的信息，比如深圳工殇工人用手机上网查找公司赔偿信息，北京服务业女工用移动QQ、微信进行网上聊天。[①]

在中国，网民们不断见证网络的影响力，网民在互联网空间中摆脱了原先固化的现实生活中社会关系的羁绊，传播权力的转移使个人之间、个人与群体之间的社会关系被深度改写，现实生活中的"强链接"与网络空间中的"弱链接"相互交织。网络用户以移动QQ、微博、微信、新闻客户端为载体，以在场的方式关注公共事件，借助网络听证、网络公布、网络投票、网络调查、网络访谈、网络直播等形式，展现自身意愿、态度和立场，普通民众利用网络发声表达意愿，被更多地看到，从而获得话语权并在互联网上积极实践。互联网作为社会的"减压阀"缓解了中国社会变革所产生的社会矛盾张力，但在网络空间也充斥着非理性言论和观点，与哈贝马斯所谓的"公共领域"相去甚远。

在西方国家，大多数网民认为网络是实用工具，分析其触网行为发现，电子商务、即时通信和获取信息是排名前三的网络应用。[②] 与西方国家网民需求不同，在中国，网络首先是信息与舆论的平台。互联网使民众在一定程度上重新掌握了话语权，网络"意见的公开市场"带来社会的改变和进步，基于社交媒体的群体传播能促进独立的社会力量的发展。

互联网开辟出相对自由和广阔的言论表达空间，在线发言即出版，网上出版即是与他人关联。地球村概念下，全球范围内可灵活接入个人出版。在传统媒体时代宣传框架下，无法充分表达的诉求更多地转移到网络空间，某些一直被边缘化和被压抑的诉求反弹出来。在网络社群从现代性到后现代性的数字化进程中，受众由被动变为主动，由群体化转变为个性化。[③] 这一转化极大冲击了传者中心，使受者中心逐渐增强。互联网赋权使原先缺乏传播权力的"沉默的大多数"转变为网络舆论场中的主角，虽众声喧哗也不乏真知灼见。权威遭到解构，不再高高在上和遥不可及，全民参与在互联网空间中得到前所未有的彰显。

---

① 邱林川：《信息时代的世界工厂：新工人阶级的网络社会》，广西师范大学出版社2013年版，第115页。

② 张发林：《风险社会视域下的网络舆情治理研究》，武汉大学博士论文，2016年5月。

③ 李欣人、段婷婷：《权威的消解与受众的转化：数字出版时代传播关系的重构》，《出版发行研究》2009年第10期，第59-62页。

二、净化网络生态与主导网络舆论

由于互联网具有控制和赋权的双重功能，网络行为带有更多的不可测性，并对现实社会秩序产生冲击和威胁。分权是互联网带来的社会结构的最大影响，分权是民主的必要条件，但是否必然导致民主化尚无定论，也有可能在某种条件下导致社会分裂。学者埃瑟·戴森(Esther Dyson)认为，网络既能造福社会，也有可能危害人间，放权是制造不稳定的一股深刻力量。

政府在顶层设计层面大力推进传统媒体和新媒体的融合发展，更多的是着眼于意识形态阵地的拓展。政府层面主导网络舆论有三支重要力量，政务微信及政务微博、主流媒体的"两微一端"、民间"网评员"。此外，对其他网络"自媒体"的舆论将进一步规范，"两微一端"舆论生态进一步净化。

编造、传播虚假信息的行为甚嚣尘上，借助互联网群体传播，网络空间中严重危害社会秩序和国家利益的虚假信息层出不穷。随之而来的网络谣言也给互联网治理提出了新的难题，某些微博大V不经核实转发谣言，扩大其负面影响；出于商业利益考虑，一些网络公关公司编织传播谣言，网络空间中充斥着网络虚假信息、网络诽谤、网络敲诈，正常的市场秩序被扰乱。法律是社会的最后求助对象，是其他社会矫正手段失效后的最终方法。中国对网络信息的法治化管理加强，使得社交媒体用户对原创和转发的信息具有了更多责任意识。

2013年8月10日，国家互联网信息办发布互联网"七条底线"，包括法律法规、社会主义制度、国家利益、公民合法权益、社会公共秩序、道德风尚、信息真实性，体现网络社区自治和网民自律的柔性治理思路。2013年下半年，公安部统一部署打击整治网络违法犯罪专项行动，打击对象包括网络造谣者、网络勒索敲诈者、网络传销者、网络卖淫者等。对网络有组织制造传播谣言等违法行为进行集中打击，微博谣言者和微博大V是此次主要整顿和治理的对象。8月20日开始，媒体报道了蓄意制造传播网络谣言、恶意侵害他人名誉的秦志晖(网民"秦火火")、杨秀宇(网民"立二拆四")等人被抓获，此后拥有1200万粉丝的微博大V如薛必群(网名"薛蛮子")因嫖娼、董如彬(网名"边民")因恶意编造谣言牟利等被刑拘。

2013年9月9日，《关于办理利用信息网络实施诽谤等刑事案件适用法律若干问题的司法解释》由最高人民法院、最高人民检察院颁布，其中第五条第二款将网络造谣造成公共秩序混乱的行为以寻衅滋事罪定罪处罚。规定利用信息网络诽谤他人，若情节严重即该信息被点击、浏览 5000 次以上，或被转发 500 次以上，可构成诽谤罪。这标志着对网络失范现象从被动应对变成主动依法治理。当然，这一规定出台后也可能会影响个人观点发表的积极性和主动性。

2013 年 9 月 28 日，国家互联网信息办相关负责人出面解释实施该规定是为了有效打击网络谣言。“打击网络谣言有利于保护正当的言论自由。被转发 500 次的对象是特定的诽谤信息，只要不是故意在网上捏造事实诽谤他人或散布损害他人名誉的信息，就不应以诽谤罪追究刑事责任。”[①]网民担心参与转发就会被追究责任，因此出于自我保护意识，对于没有把握的信息减少了传播的积极性，在社交媒体上发言更加谨慎，即使发言也多选择匿名发言。

2014 年 2 月 27 日，中央网信办成立，习近平主席担任组长，这体现了互联网和信息技术控制的“集中化”趋势，并形成了一种由高层领导负责、类似宣传部系统的互联网治理组织模式。[②]

2015 年 11 月 1 日，《刑法修正案（九）》正式生效，将编造、传播虚假险情、疫情、灾情、警情的行为正式纳入刑法调整的范畴，编造、故意传播虚假信息罪被规定在与编造、故意传播虚假恐怖信息罪同一条法条中。网络谣言的刑法规制已经成为司法界和立法界的共识。

2017 年，国家网信办联合多部门，运用多种手段，加强对互联网的管理，维护网络安全和秩序，成为网络监管的主要诉求。国家网信办出台并实施一系列行政法规和规范性文件，对互联网新闻信息内容服务、跟帖评论服务、网络论坛和公众号等的管理进一步规范化，明确了服务提供者的主体责任，对互联网信息提供者实行“属地管理”原则，对跟帖评论建立“先审后发”制度，使互联网言行边界更加明晰。

2017 年 6 月 1 日，《中华人民共和国网络安全法》开始正式实施，规定任何个人和组织不得利用网络从事侵害他人名誉、隐私、知识产权和其他合法权益等活动。6 月初，千万级粉丝的微信公众号“咪蒙”被禁言，“中国第一狗仔卓伟”“全民星探”等账号在全网多平台被关闭。但网络法能处理的仅仅只是很少一部分案件，互联网空间治理更需要的是媒体对真实、人的尊严和非暴力

① 史竞男：《国家互联网信息办：网络空间不能成为谣言空间》，新华网，http://news.xinhuanet.com/2013-09-28/c_117543582.htm，2013-09-28.

② Rogier Creemers："Cyber China: Upgrading Propaganda, Public Opinion Work and Social Management for the Twenty-first Century," *Journal of Contemporary China*, 2017,26(103):85-100.

等媒介伦理的倡导，以及各监管部门的合力监管和道德干预。①

2017年8月25日，国家网信办公布《互联网跟帖评论服务管理条例》，要求从2017年10月1日起发表跟帖评论的网民必须按照“后台实名、前台自愿”的原则进行真实身份信息认证。要求跟帖评论服务提供者建立先审后发制度、提高审核编辑人员专业素质和应急处置能力、配合做好监督检查工作，提供必要的技术、资料和数据支持。②

2017年10月7日，国家网信办印发《互联网群组信息服务管理规定》，明确了互联网群组管理责任，即“谁建群谁负责”“谁管理谁负责”，依法规范群组网络行为和信息发布。互联网群组包括如贴吧群、QQ群、微博群、微信群、陌陌群、支付宝群聊等。规定要求，服务提供者应落实信息内容安全管理主体责任，对使用者进行真实身份信息认证，实施分级分类管理，保护使用者个人信息安全。成员在参与群组信息交流时，应文明互动、理性表达，遵守相关法律法规。

国家网信办和地方网信办联合有关部门依法加强对直播平台的网络信息内容进行管理，约谈相关网站负责人，关停传播低俗信息直播类应用，对部分微信公众号实行永久“封号”。北京、江苏等地对十余家传播淫秽色情信息的网络直播平台进行刑事立案侦查等互联网治理行动。2018年4月4日，由于直播短视频平台传播涉未成年人低俗不良信息，社会舆论反响强烈，国家网信办依法约谈“快手”“火山小视频”（今日头条旗下）相关负责人，责令全面整改。2018年3月以来，国家网信办已依法关停“夜车直播”“月光秀场”等70款涉黄涉赌直播类应用程序，封禁涉未成年人主播账号近5000个，删除相关短视频约30万条。

互联网的净网行动等整治措施在一定程度上影响了网民通过微博曝光、围观和评论网络事件的积极性，弱化了网络围观的参与度和扩散效应，因为跟帖评论是网络围观过程中网民情感动员的最重要环节，但网民发声会更慎重。互联网本身是一个无秩序、无约束的空间，要使网络有序和规范，除了基于社会责任感的自我约束，也需要通过机制建设构建法治健全的网络生态，互联网的管理是一个渐进的过程，舆论的力量能倒逼政府主动作为。随着政务新媒

① 宁丽丽：《新媒体时代的媒介伦理倡导与道德干预：对克利福德·G.克里斯琴斯的访谈》，《国际新闻界》2017年第10期，第45-54页。

② 中华人民共和国国家互联网信息办公室：《互联网跟帖评论服务管理规定》，2017年8月25日，http://www.cac.gov.cn/2017-08/25/c_1121541842.htm。

体的频繁发声，网上的主动回应既有官方与民众的平等对话，也有传统媒体与新媒体的融合发声。

三、社交媒体成为风险社会减压阀

媒介权力指大众媒介对个人或社会产生影响、支配、操纵，对议题进行议程设置的能力。互联网群体传播时代，对“网络媒介权力”的把握成为风险社会管控的关键。英国政治学家蒂姆·乔丹（Tim Jordan）认为，网络权力是组织网络空间与互联网文化、政治的权力形式，网络空间的权力之争主要在技术精英和个人之间进行。① 网络发声的低门槛是否意味着公众反馈和公民意志能够顺利流通和保真传播？

近年来，随着传媒范式和业态的嬗变，网络用户从最初的信息需求和接受，逐渐转型为渴望表达和公共参与，进而通过自媒体传播甄别网络信息和对公共事件的围观在场。网络正在建立起更加通畅便捷的沟通渠道，并努力促进社会健康、和谐、稳定发展。随着ICT技术的迅速迭代，公众对互联网是否真正有利于政治民主变革尚存疑虑，从政府层面来看，网络公共事件引起的社会危机是社会控制的重要隐患，在社会转型期如何有效凭借互联网和社交媒体，实现现代社会治理和风险社会管控，是一个蕴含执政智慧的长远议题。

当民众参与社会治理的制度体系无法有效得到保障时，其利益诉求会转向网络寻求支持，而网络抗争行为若得不到制度化的吸纳，最终会导致网络群体性事件的频繁发生。2011年以前，针对网络群体性事件，网络媒体和传统媒体互动对网络舆情的形成发展具有重要推动作用。但自2016年以后，在和颐酒店事件、雷洋事件、魏则西事件等重大网络舆情中，微博、微信、知乎等社交媒体构成了舆情发生的主要信息源以及舆情发酵关键渠道。基于社交媒体关于突发事件、社会民生、环境保护等热点事件的讨论，可以瞬间扩散，传播力极强，无论是传播数量还是传播范围和传播频率，均超过传统媒体，中国开始步入互联网群体传播时代。

网络舆情发挥制衡、预警、协商和抚慰的功能是其正向价值，有助于现代社会建构；网络舆情也可能引致群体性事件、消解政府公信力、重塑社会意识形态、影响国家文化安全、挑战国家政治安全等，会加剧社会风险。

我国对互联网治理持“先发展、后规范”的导向，在这种政策红利背景下，

① 田作高：《国外网络政治研究现状》，《上海社会科学院学术季刊》2002年第1期，第67-73页。

当下互联网的社会功能被迅猛释放。互联网群体传播时代，网民的注意力成为稀缺资源，面对信息超负荷的传播环境以及多元化的沟通渠道，表达空间日益松动和更加开阔，网民的表达行为也更大胆和活跃，针对热点事件或群体性事件的网络言路也愈加开放。

据2015年人民网和上海交通大学舆情研究实验室调查显示，近年来“正能量”表达快乐情感的网络事件相应增加，“负能量”表达愤怒和怨恨的抗争性网络事件明显减少。“共识性网络事件”逐渐增多，发生在2016年初的“帝吧出征事件”就是共意性运动，共意性运动往往能获得体制的默许或支持。[①] 2016年1月20日，微博上关于“帝吧出征Facebook”的消息持续发酵，居实时热搜榜首位，网民自组织式成立数个QQ群作为活动基地。当晚数千网民通过VPN翻墙将编辑的“表情包”、祖国河山、中华美食等象征性图片、“台湾是中国的一部分”等口号、文字大量投放到苹果日报、三立新闻、蔡英文的Facebook主页，以形成“轰炸”之势和“被刷屏”的效果。[②] 帝吧出征事件在斗鱼、虎牙、熊猫等直播平台上广泛传播。这场以90后年轻人为主体、以反台独为目的的网络事件，与以往带有敌意、霸权和父权色彩的网络攻击不同，当下的网络民族主义与网络亚文化相结合，以情感化游戏的方式呈现，使曾经属于网络亚文化的爆吧攻击变成了跨境跨媒体的主流行动。

2019年的“饭圈出征”事件是一次基于话语和符号的网络集体行动，也是一次基于认同和情感的仪式狂欢。网民表达对乱港者的愤怒和对爱国艺人发声的支持，饭圈女孩成为出征的主体，自发且瞬时集结成行动力、组织力极强的社群自组织，完成以爱国主义为叙事的庞大规模的网络行动。社交平台为行动群体聚集提供了互动空间，使之达成“虚拟在场”；记者付国豪被殴引起爱国艺人发声遭到恶意围攻引发共享情感；共同的符号资本以及情感认同为行动设定了排除“局外人”的界限。“饭圈出征”构建了一条完整的互动仪式链，并产生了行动主体的身份认同及群体符号，实践了精准的群体传播策略，以权力仪式和互动仪式作为组织基础，情感能量作为驱动力，亚文化符号表达作为强化剂。饭圈女孩要“守护全世界最好的阿中哥哥”，利用各种打call用语、表情包、揭露暴徒暴行的图片和文字等，在海外社交平台的话题广场进行刷屏、控评等操作，而且在与出征相关话题的热门微博评论下，通过发布“阿中勇敢

---

① 杨国斌：《情之殇：网络情感动员的文明进程》，《传播与社会学刊》2017年第40期，第75-104页。

② 刘海龙：《像爱护爱豆一样爱国：新媒体与“粉丝民族主义”的诞生》，《现代传播》2017年第4期，第27-36页。

飞，izhong 永相随”“我们是阿中哥哥毒唯死忠粉”等评论强调这种身份来表达立场和情感。出征成员产生了与之相关联的强烈的成员身份认同感，并且通过行动社群中其他成员的呼应和反馈得到了强化。

鲍曼在探讨液态现代性中自由和安全的矛盾性时，称某一群聚为挂钉社群(Peg Community)，“无关紧要的(不做承诺)的合群”，呼之即来，挥之即去[①]。但挂钉社群的个体特质却无法解释“帝吧出征”中民族主义的凝聚强度。网络空间中网民通过形成网络社群以达到群体起哄，以一种处于集体化与个体化之间的方式来寻求满足。“草根”网民的自组织能力和强大力量在 2016 年“帝吧出征”和 2019 年的“饭圈出征”事件中得到了充分展示。

社交媒体对网络民意的表达，尤其是年轻人的社会化，影响较大。“帝吧出征”行动主体被媒体和舆论称为“小粉红”，就是在网络社群中“情绪激动又常识欠缺的爱国兼追星 ACG 女”。行动主体在“帝吧出征”过程中采用游戏化的行动策略，利用感性和理性兼具的游戏规则，通过社交网络的数字化逻辑，把在集体化与个体化之间寻求满足的网民有效组织起来。行动者选择的模板留言以积极、正向、大爱的情感诉求为主，抵消或掩盖了非模板留言中复杂的民族主义情感。“饭圈出征”的行动主体是各家明星粉丝，他们迅速联结起来，建立组织共同为“阿中应援”，对激进乱港者的愤怒情绪以及由此激发的强烈的爱国热情，在互动主体中达成一致。网络社群借力互联网群体传播，缔结于基层群众的利益共同体，对法律公正性存在质疑，对捍卫公共利益有自觉性，对社会不公事件表现出正义与良知，有明确的利益诉求和爱憎分明的价值观。

西方学者大多认为共意性运动在推动社会变革过程的作用有限，但基于实际国情和东方文化，在中国的突发事件和集体行动中，民众在行动策略中会考虑政治机会条件，根据实际情况和政策导向灵活高效地调整行动方式，以获得最佳动员效果。在参与的过程中，会与政府部门和官员建立合作关系，共同有效推动行动的发展。

互联网在进入中国后就被寄予构筑公共领域的热切期待，但目前尚未形成成熟高效的官民对话平台。在社交媒体构建情形下，“点对面”逻辑下的单向传播模式，正被强调互动性的社群议事模式所替代，从传播政治角度来看，

---

① Zygmunt Bauman：*Liquid Modernity*. Cambridge：Polity Press&Blackwell Publishing，2000：37.

这意味着舆论形成机制的大转型。微信圈转帖、自媒体公众号原创内容、政务微博对话等各种模式，已成为互联网群体传播时代交往行动的潮流，催生着虚拟社群向网络共同体转型。从某种意义上来说，社群议事模式复活了传统社会群体互动的叙事的群体氛围，也在一定程度上诠释了公共领域建构过程中的咖啡吧角色。在中国互联网文化和政治历史上，有影响力的网络事件大多是基于抗争性话语，不是共意性话语。近几年，互联网群体传播中，抗争性网络事件的减少以及共意性网络事件的增加，也许预示着哈贝马斯式的公共领域的结构转型，其进程仍有待考量。

互联网群体传播时代，政治权力和传播权力实现了某种微妙的平衡，官民之间的对话和交流也借由群体传播而变得更加有效和平等。领导干部践行网络群众路线的过程中，要有包容性和耐心，及时宜介建设性意见，廓清网络上的模糊认识，引导纠正错误看法，要化解怨气怨言，使互联网成为了解和贴近群众的新途径，官民沟通交流的新平台，以及接受人民监督的新渠道。①

“崛起”可分为国家崛起和国民崛起。国民权利的崛起注重内心的幸福，注重个人思想上的创造，使社会走向开放和多元。国民崛起使国家更丰富，不至于凌空蹈虚和徒具虚名，也使国家在适当时机中得到修理和改进。② 党的十六届六中全会将社会建设与政治建设、经济建设、文化建设放到同等重要的位置，并提出“共同建设、共同享有”的社会治理理念，倡议和强调全民参与社会建设。

党的十八届三中全会通过《关于全面深化改革若干重大问题的决定》，提出需要创新社会治理体制，推动中国特色社会主义制度的发展和完善，以及社会主义现代化的进程，而推进社会治理体系和治理能力现代化是其重要保证。社会问题的处理、社会各方利益关系的整治、促进社会行为的规范、社会公正与和谐的实现、社会矛盾的化解，都需要创新社会治理体制。当前，国家执政词典中“治理”概念越来越深入人心，与以人类终极幸福为目标的世界政治出现了某种融合，中国正在重新寻找和发现“社会”的价值。

在互联网群体传播时代，网络上的群体传播成为连接社会的纽带。卡斯特曾提出“创造性受众”(creative audience)和“大众自我传播”(mass self-communication)概念，以描述大众通过互联网、社交媒体等多种传播渠道、传

① 习近平：《在网络安全和信息化工作座谈会上的讲话》，2016-04-19，http：//politics.people.com.cn/nl/2016/0425/c1024-28303283.html。

② 熊培云：《重新发现社会》，新星出版社 2011 年版，第 6-13 页。

播形态自己生产内容、传递信息，然后自主选择信息、生产意义，在社会体制和传统传播制度中获得自治能力。[①] 网络中流通的信息除了成为信息中介之外，还直接关系到社会再生产的软件范畴，也就是媒介技术的信息重组逻辑。从表面上看似乎是一种客体性质的技术革命，但实质也是主体的观念革命，因为用户生产信息并在网上交流，互联网时代的信息来自用户，真正的变化来自信息发源地。

除网络用户所共有的“多、杂、散、匿”等特点和年轻化的趋势之外，还有迫切要求自由表达与社会参与、得到环境认知以及其他边缘性的需求；其行为也具有解构性，试图打破传统，追求另类，不仅群体感染力强，暴力行为也容易被激发；在思维方面，质疑已经成为一些网民思维的基调，容易被简单化的思维主导；而在价值取向上，他们具有道德上的双重性、文化上的叛逆性、政治上的激进性。

个体在信息传播过程中的角色和作用通过数字媒介凸显，普通个体的角色凭借不同的传播媒介，从隐藏于群体之中的观者、听者、读者，成为具备个体性和主动性的网络用户乃至个人自媒体，通过互联网群体传播，个体的信息权力在不断增长，与媒介的结构关系也在不断重构。对个体心理的体察、个体需求的承认以及情感诉求的合理化，使得个体价值得以凸显。当私语者的私下议论被置于台面上，并不再感到局促、紧张、羞赧，这是对个体价值的最大尊重和认可。个人价值的不断凸显，与互联网群体传播的普及相伴，使个人空间的公共化成为可能。与此同时，诸多伦理及法律议题也相继反弹出来。

新媒介时代，传播主体极端多元化引发新的传播格局和媒介环境，传播主体的匿名化区别于大众传播时代的传者实名制，群体传播缺乏把关，因而缺乏真实性，信源的多元化带来极大不确定性，从而导致政治传播的价值多元化。而新媒体技术是把双刃剑，带来创新的同时也带来风险，群体传播的高风险性倘若再加上人际传播的推波助澜，便会极大地加速谣言、流言的大范围扩散。人们从自媒体上获知社会事件的比例逐年上升，自媒体成为群体传播的重要媒介，它常常助推着个人情绪化表达迅速升级成为社会舆论。

在国内，目前微博仍是公共事件发声和表达的最主要平台。但社交网络在政治参与上在全球总体上呈衰减之势，因为以私人传播为主的社交媒体并

① Castells, Manuel: “Communication, power and counter-power in the network society”, *International Journal of Communication*, 2007(1):238-266.

非以政治参与为主要目的，社会动员的能量也有限。网络社群的舆论动员一般都是基于自身利益或公共利益的集体行动，通常表现为反权利的过程，意在改变社会中被制度化的价值观和利益，进行权利关系调整。互联网群体传播时代，沟通和引导的权力成为新型权力，沟通和对话成为舆论引导的主要方式。由于人们生活方式呈现电子化和数字化，数字化生存图景将成为网络舆论空间的新常态。

第五章　互联网群体传播对社会关系的影响

第一节　网络交往中人的主体性

一、从主体性到主体间性

互联网群体传播通过日益人性化的技术发展路径，扩展了主体性的动力机制，为网络交往打造了日渐主体化的维度和不断延伸主体价值的适应方式。随着网络交往时代的莅临，社交媒体在提升主体流动性的同时，也全面加速了人的主体性在互联网群体传播交往语境中的嬗变。

主体性是人作为活动主体的质的规定性，是主体作用于客体的认识、价值、实践、审美等多重关系中表现出的本质属性，与客体相互作用得到人的能动、自主、自觉、发展、创造等特性的发展。① 多尔迈认为，人的解放和成熟历程中的一个重要阶段是“现代主体性”的兴起，形成以人为中心的个体主义。②互联网时代的主体性所体现的群体智慧不仅仅是网络献计，互动的社交型生产方式越来越成为一种开源的社群协作革命。因此，互联网群体传播时代体现的群体智慧和理性共生，将有序引领社交新模式的未来。③

真正的主体性是人的本性及其实现的理想状态。社会主体在主客体相互

---

① 郭湛：《主体性哲学：人的存在及其意义》，中国人民大学出版社 2011 年版，第 30-31 页。

② 弗莱德·R.多尔迈：《主体性的黄昏》，万俊人、朱国钧译，上海人民出版社 1992 年版，第 239 页。

③ 巴里·李伯特：《“我们”比“我”更聪明》，潘晓曦译，中国人民大学出版社 2011 年版，第 8 页。

作用过程中表现出来的主体性,决定了主体应有的功能及其发挥水平。创造性是人的最高形式的主体性,是指主体在改造自然与社会的实践中,尊重科学规律、大胆与时俱进、勇于探索实践和敢为人先,具备拥有创造力的社会主体所应有的品质。主体创造性的强弱决定主体运用规律、改造客观世界能力的大小。

人的世界是一个交往的世界,人在交往实践中生存。在人与人的关系固化且信息封闭难联结的时代,人们执着地以自我为中心,用自我的主体性否定、排斥他人的主体性。“当人可以为所欲为时,就以为自己是自由的,但人的不自由恰好就在任性中。”马克思在探讨人的本质时,首先把人看作主体,只有当人作为“自为的社会主体”时才能真正体现其本质。主体性之所以具有先天合法性,取决于非片面的特性,在各种主客关系中建立起非单一、非固化的主体性。随着人类的主体意识不断觉醒,追求主体性的同时也形成对物的依赖,当人的社会能力和关系越来越物化,就形成非人的即物的社会关系和能力。①

在大众传播时代,呈现的是模糊的人的图示,传者在高度组织化的机构中成为生产工具,受者在被利用中成为“盲众”和“买单人”,人成为金钱和意识形态的附庸。② 马克思曾说过,“有意识的生命活动把人同动物的生命活动直接区别开来”,主客体划分以人的活动的发出和指向为尺度,主体因此凸显。而“仅仅具有人的身份未必具有主体身份,主体是起主动性、能动性和创造性作用的人”,主体是相对于有资格承担权利和义务的人而言。③ 互联网群体传播时代,新的传播模式带来主体性的颠覆,作为交往主体的普通人充分享有技术演化带来的交往自由与价值重构,使主体镜像以更多空间化、个体化的方式呈现出来。

英国学者曼纽尔·卡斯特曾论述网络化逻辑的扩散如何改变生产、经验、权力与文化过程中的操作及结果。从宏观历史角度看,人类经验在“网络社会”发生了质的变化,同时时间与空间、生产与消费、文化与权力都发生了剧变,信息的生产、处理与传递成为生产力与权力的基本来源,传播领域成为权力关系施展的场域,身份认同的文化建构成为社会意义的主要来源,社会的组织方式一改原先的垂直或水平形态,转变为多中心的发散形态,社会不再由机

① 郭湛:《主体性哲学:人的存在及其意义》,中国人民大学出版社 2011 年版,第 4 页。

② 张政法:《主体的影响力——广播电视有声语言传播主体研究》,中国传媒大学出版社 2014 年版,第 10 页。

③ 孙倩:《主体生存视域中的播音主持生态研究》,河南大学硕士论文,2008。

构、组织、社团等传统单位结构而成，而是基于节点之间的相互联结，因此群体主体性借助“网络社会”不断构建，并在联结中不断强化。

对传播而言，消费者已从上帝沦落为物化的奴隶，现代传媒诱发大众的“虚假需求”，从而平息“反抗的可能性”。具有多样功能及高科技含量的传播产品，使人们乐此不疲地沉浸在碎片化信息之中而难以自拔，当下互联网群体传播中存在大量信息泡沫。批判学者认为，放纵人的主体性会最终阻碍人的主体性，人的全面解放和自由非但不能实现，主体与客体关系也会陷入矛盾和对抗中。在虚拟空间中，主体的存在和价值受到狂热的主体力量的威胁。将客体作为平等的主体进行对话和交往，意味着单一主体性向主体间性的转化。

对于生活在人与人、群体与群体交往之中的人来说，处于主体与主体关系中的人的存在是自我与他人的共同存在。这种两个或两个以上主体构成的“主体—主体”关系就是主体间关系。两个或多个主体的内在相关性体现为主体间的相互性和统一性，以“交互主体”为中心，是主体间在对话和交往中表现的和谐一致性。主体性是“主客体”关系中的主体属性，主体间性是主体间关系中的内在属性，强调各主体之间的相互沟通和理解，以实现认同与达成共识。处于交往关系中的人的主体间性是一种“构成主体性普遍网络的交互主体性”[①]。人的主体性在主体间的延伸形成交互主体性，即主体间相互沟通、尊重、承认和影响。真正的主体性只有在交往的主体间，彼此承认和尊重对方的主体身份时才可能存在。[②]

传媒文化为个体建立了主体性，在传播关系中个体重新确立和他者的地位，并用主体间性关系构筑文化认同和社会体系。主体性的建立来自个体的自我认同，自我认同应包括自我与自我、自我与他者的双向认同，有了清晰的自我界限和自我意识后，与他者建立关系。主体之间的交流是一种共享、共同参与和共同创造，既强调相互间的筹划、投射、浸润，又具有相互否定、批评、调节、校正的功能。不同价值体系和生命主体间的对话与交流，只有在既有冲突又相融合的共生共存的互动中才会形成全面的整体。

在数字化生存的时代，主体在电子时空中成为一个可以穿越时空的超人，并在网络中实现了“anything, anytime and anywhere”的通信方式。互联网群体传播时代为人的主体性发展提供了更广阔的舞台，网络化使人的认识活

① 弗莱德·R. 多迈尔：《主体性的黄昏》，万俊人译，广西师范大学出版社 2011 年版，第 27 页。
② 铁锴：《公民政治及其在当代中国的逻辑建构》，人民出版社 2010 年版，第 24 页。

动更具主体性，人的本质力量得到了极大增强，不仅扩大了人的认识范围，提高了人的认识效率，也增强了人的认识创新能力；同时信息网络的普及运用也更强化了人的实践活动的主体性，活动主体不断增强的主体性从个性化的实践主体，智能化、虚拟化的实践手段，信息化的实践客体，多样化的实践结果等各个角度得到表征。

世界是个大社会，和他人建立关系和交流信息是人的本能。“缺失社会情境线索假说”被 Sproull 和 Kiesler 在 1986 年提出，在面对面（FTF）的互动中充满着个人的表情、动作、环境、职位等各种社会情境线索，这些潜在信息会影响人们的行为。而以计算机为媒介的传播（CMC）因网络匿名性无法承载这些社会情境线索。网络的控制和规范会因为去掉社会情境线索而减少，从而使网络中每个参与者平等参与的程度提高。约瑟夫·B. 瓦尔特（Joseph B. Walter）曾分析过面对面的传播（FTF）和计算机为媒介的传播（CMC）的差异，计算机为媒介的传播只是提供给人们以其渴望的方式进行交流的机会，而交流的想法和冲动是人本来就有的，只不过在科技手段下更容易实现。[①]

早期研究学者认为，计算机为媒介的传播（CMC）不容易传递感情和形成群体规范，也可能会造成群体凝聚力的降低，但随着研究的进一步深入，特别是瓦尔特（Walther）和伯贡（Burgoon）的调研发现，相比于面对面交流者，使用电脑进行交流的人对发展社会关系更专注。

在麦克卢汉看来，“地球村”指代重归部落化的人类。工业机械量产时代中，面容模糊、彼此割裂的非部落人，将在网络时代重新向部落化回归，成为一个整体的人。解剖学、考古学的研究证明了灵长类动物拥有“社会性大脑”，人类的大脑就是为了建立社交关系网而生成的。《社交媒体简史：从莎草纸到互联网》的作者汤姆·斯丹迪奇（Tom Standage）将当今流行的 Facebook 与灵长类的“梳毛”群体进行了对比，发现两者在互动形式上存在着很多相同点，比如圈子意识都很强、同质化倾向明显、都鼓励流言蜚语。

传播活动始于主体性及其建构。欧洲传播学派的观点是，传播与社会历史交织融合，对于成就主体和主体互显十分重要，传播过程中从单一主体性走向多个主体互动的主体间性，不同主体间充分的自由对话与平等交往，才是实现人的全面解放与发展的出路。在主体间性关系中，不断完善传播个体的主

① 约瑟夫·瓦尔特：《以电脑为媒介的传播：非人际性、人际性和超人际性的互动》，载《大众传播学：影响研究范式》，中国社会科学出版社 2000 年版，第 413 页。

体性，使其变得愈加丰满，是促进主体间性对话和交往的基础。基于所处的情境，人只有修正自身原始的偏见才能接纳不同的意见，不同主体之间通过修正偏见来达成某种视界的融合。传播活动由主体性走向主体间性，意味着传播价值由单一转向多元，由个体性迈向社会性。

二、网络语言彰显主体性

网络表达是推动网络空间发展和构建网络社会的重要动力。在这种新的网络社会环境下，在新的网络文化氛围中，网络表达产生了与传统社会中的表达不同的社会效果，并与周围环境形成互动。

人的主体性越是减弱，其社会联系就越少，就越是依赖于人与人及人与自然界之间的自然关系。相反，人的主体性越是崛起，其社会联系就越多。学者胡泳指出，现代社会人们同时经历公共空间的私人化与私人空间的公共化这两个平行过程，它们之间彼此渗透而不是相互分离。[①]

伴随网络交流的普及，网络社群在网络虚拟空间中逐渐创造了一种新的媒体语言形式，网络语言具有多样、自主、开放、创新、包容等特点，不具备固定语言规则。网络语言一般由网民自行创作，拥有新颖独特的视觉形式，由汉字、字母、数字、标点符号和各种表情构成，在网上聊天室、BBS、电子邮件、博客、微博、微信、网络广告等网络交流平台上广泛使用。[②]

语言是人类相互沟通和交流的工具，也是了解人类历史的工具。历史需要语言来代代相传，语言与人类社会关系密切。网络语言根植于传统语言，又个性鲜明，是网络技术环境下语言发展的新形态，在网络社群中被广泛使用和传播，是最直接、便捷、通俗的终端信息符号。沃尔特·昂(Walter Ong)、人类学者杰克·古迪(Jack Goody)等研究了从口语转变为文字对个体观念和知识的社会定义和社会结构的影响。沃尔特·昂是麦克卢汉的学生，他提出电子媒介引入文字社会后，产生了所谓的"第二口头形式"，强调了新技术所具有的不同于印刷时代的革新因素，以及电子语境下人类新的回归方式。[③]

之前作为信息发布平台的大众传媒，运用媒介语言向大众传递信息，大众文化深受其影响。互联网群体传播时代，微博、微信等即时通信社交媒体的出

---

① 胡泳：《重思公与私》，《北大新闻与传播评论》2013 年第 1 期，第 17-29 页。

② 钱语眉：《谈网络语言传播的主体性问题：从模因论的角度》，《商业文化》2008 年第 5 期，第 74 页。

③ 刘燕：《媒介认同论：传播科技与社会影响互动研究》，中国传媒大学出版社 2010 年版，第 10 页。

现,导致原本建构在大众传媒上的语言环境剧变。从"议程设置"到"各抒己见",从140个字的"支离破碎"到"朋友圈私语",语言环境的变化使文化身份的建构随之变化。[①] 互联网群体传播时代的话语权已不再是少数精英的专属,"人人都有麦克风"的时代正改变着传统的人际关系和话语关系。

网络社群成员的构成复杂而多元,不同网络化用户发起或参与传播的动机和诉求也是各有目的,网络社群与大众媒体、政治力量、市场力量的权力博弈也持续不断地发生。互联网群体传播环境下,网络语言的存储、复制很容易就能够将所有媒介使用行为全都转化为公共记录,这让查询和再利用网络记录成为可能。随着媒介素养的提高,网络社群成员对于媒介使用行为皆为"可见"的"超级全景监狱"的意识变得更为自觉,这使在生产网络语言文本内容时不可避免地会将他者的凝视内化为自我的认同,构成了意识形态话语对主体的"询唤"。

流行的网络语言大都是被网络亚文化群体最先创造、转引和使用,如"中二病"来自动漫二次元群体,"屌丝"一词由"帝吧"创用,"晚上吃鸡"来自经典网络游戏台词,这些网络流行语都彰显了边缘性、批判性、开放性、反抗性、娱乐性的后现代社会文化特性。

随着互联网群体传播逐渐取代大众传播成为传播的主流,主流话语逐渐被网络语言所解构,一些网络语言得到公众的认可,甚至国家主流媒体中也不断吸纳在现实生活中流传广、影响大的网络语言。在一些政务新媒体语言的选择中,也倾向使用网络语言来拉近官方与民众的距离,营造平等交流和对话的社会语境。

三、互联网群体传播的认同建构

"认同"在1986年版的《新哥伦比亚百科全书》的条目释义为哲学范畴,表示"变化中的同态或差别中的同一问题,例如同一律"。"认同"在现代心理学中被埃里克森(Elikson)定义为用于判定个人生活中产生的既将其与周围的社会环境联系又将其区别开来的自我感受。[②] 社会学中包含个体认同和社会认同两个层面:个体的自我认同是指"个体依据个人的经历反思性地理解自我";社会认同即埃米尔·涂尔干(Emile Durkheim)所说的"共同意识"或"集

① 刘洋、肖潇:《微博客时代的网民身份构建》,《东南传播》2010年第6期,第40-41页。

② 贺倩如:《云南特有少数民族青少年自我认同研究》,复旦大学博士论文,2014年。

体意识”，是指社会共同体成员共有和分享特定信仰和情感。[①]

认同包含对内“求同”和对外“识别”。群体认同，即同中辨异、异中求同，是互动过程的产物。各个群体对“认同”或“辨异”深受“语境”的影响。群体认同，是在特定的群体中，人对该群体特定的文化、价值、信念的共有或本质上接近的态度。[②] 网络社群也有着自己的团体认同规范和认同取径，和现实社会中的群体有相当的吻合之处。

法国历史学家、哲学家米歇尔·福柯(Michel Foucault)认为“话语”是“用来理解世界的框架”。我们通过语言认识世界，通过交流学习熟悉民族文化，并建构特定的文化身份。作为文化承载的语言发挥着传承文化认知的功效。

“传播是一个社会过程，反映出人性的本质。我们通过传播与他人互相联系、共同创造社会现实、建立关系和自我认同。”[③]学者特洛特认为，个体的自我认同和社会认同皆来自群体中伙伴关系的确立与维系，具有社会学和传播学意义上明确的群体思维。

在当代多种认同机制中，国家认同是其中之一，但宗教信仰和民族国家的认同，仍然是引起最多冲突的认同形式。在互联网上占主导地位的英语和英语文化具有日益广泛的网络影响，这就存在着语言竞争，首先是在使用人数众多、分布区域较广的大语种之间，其次是在小语种和大语种之间。目前网络空间中英语占主导地位，互联网上的英文信息占九成以上，法语信息占 5%，而汉语信息尚不足 1%[④]，这明显不利于我国的国际传播。

“语言共同体”是“使用同一语言符号系统人群”，其形成是民族国家产生的前提。语言具有民族标识和身份界定的作用，通过语言来了解“我们”和“他们”。[⑤] 各国政府加强了对传播媒体，特别是电子媒介(电视、广播等)语言的政策规范，用以防范少数族群语言和地域方言的大众传播，可能会由此产生潜在的语言、文化、民族之间的冲突，进而影响到国家认同。

网络语言符号系统作为网友基于共同志趣喜好、约定俗成的共同创造，建

---

① 罗紫云：《高职生国家认同现状调查研究》，江西师范大学硕士论文，2021 年。

② 安东尼·吉登斯：《现代性与自我认同》，赵旭东、方文译，生活·读书·新知三联书店 1998 年版，第 275 页。

③ 莱斯莉·巴克斯特，唐·布雷思韦特：《人际传播：多元视角之下》，殷晓蓉等译，上海译文出版社 2010 年版，第 446 页。

④ 黄长：《网络时代的语言竞争：文化生态学的思考》，《国外社会科学》2001 年第 1 期，第21 页。

⑤ 詹姆斯·罗尔：《媒介、传播、文化：一个全球性的途径》，董洪川译，商务印书馆 2005 年版，第 158 页。

构出网络社群共同体的身份认同。特定的意义结构生产出的特定隐喻，并在网络符号系统中得到认同和传播，承载了网络社群对价值观念和社会的集体想象。

社交目标和社会关系是社会语境的主要因素。有学者对新媒体环境下的社会关系进行分析，勾勒出“部落化”的社会结构形态。我们的社会从部落到族群，再到国家，经历了一场以认同、文化、情感为纽带的成长，这种成长随着全球化的全面深入戛然而止，最终世界变平了。自原始社会人类群居开始，人际关系成为整个社会赖以生存的生命线。在农业社会时期，人类的交往、联系的本质是在有限区域内的资源争夺，由此衍生出民族、国家的关系单位。工业化的推进使物理空间的限制逐步被打破，为满足大工业生产需要，人们背井离乡进入城市，彻底改变原先的人际关系结构。工业化、城市化使人们逐渐原子化，人们开始渴望社区的重构，借助新媒体，人们重新聚合成带有部落色彩的网络社群，以兴趣、文化认同、情感为纽带，完成螺旋式上升的人际关系升华。新媒体时代，人际关系模式发生彻底变化，而互联网群体传播满足了人们在离散时代建立精神家园、聚类群居的诉求。

第二节　网络交往中的关系传播

一、准社会交往

学者特洛特认为，人乃社交性存在，社交同自我保护、摄取营养和性一样是人的生物性本能。“对每个人来说，社交性都是自明的特质，不论身处喧嚷人群，还是踽踽独行。”在对战时公共事务及相关群体心理的研究中，他在著作《和平与战争时期的群体本能》中提出“社交本能”（the instinct of gregariousness）的概念，认为人类接受多样、偶然的自然选择，也通过互动、社交和组群来适应、改造环境。因此，社交性是人类社会关系和行为的基础。

美国心理学家霍顿（Holden）和沃尔（Wall）提出“准社会交往”（Para-social Interaction）概念，用来描述媒介使用者与媒介人物的关系。电视观众往往会对某个电视人物或银屏角色因喜爱产生某种依恋，并发展出基于想象的人际交往关系，准社会交往与真实的社会交往类似，但又有所区别。[①] 20 世纪 70 年代，有学者基于"使用与满足"理论从传播学的角度去研究准社会交往与大众传媒的关系。[②] 准社会交往被定义为一种依托于电子媒介而产生的新型社交模式，与传统的社会交往和人际交往不同。

有学者讨论了电视使用与准社会交往的关系，认为观众可能用这种交往方式来弥补现实人际关系的缺失，作为一种情感上的替代。[③] 同样有学者以大众传媒的使用与满足理论阐述了准社会交往的情感替代功能。[④] 也有学者认为准社会交往是更为普遍的社会需求，随着大众媒介的发展趋于常态化[⑤]，由此产生"通用式"和"缺陷式"两种不同范式。"通用范式"认为准社会交往是现实人际交往的外延，是普遍的情感连接过程，与现实人际交往是否满意无关，并非寻求人际交往的补偿。[⑥] "缺陷范式"认为，准社会交往满足了因环境或心理制约而不善于社会交往的个体的人际交往的需求。[⑦] 有学者曾探讨亲子关系和人际交往之间的影响，论及准社会交往作为社会交往的补偿[⑧]，此后学者展开的验证性试验支持"通用式"理论为多，并提出了准社会交往作为普遍情感连接的理论模型[⑨]。

互联网群体传播使人与人之间的心理距离大大缩短，使普通人与明星之间的互动成为可能，非正式化的交流也日益频繁，这为准社会交往的发展提供

① Horton, D., & Wohl, R. R. Mass communication and para-social interaction: Observations on intimacy at a distance. *Psychiatry*, 1956, 19(3), 215-229.

② Palmgreen, P., & Rayburn, J. D. Uses and gratifications and exposure to public television: A discrepancy approach. *Communication Research*, 1979, 6(2), 155-179.

③ Nordlund, A. The uses of television and the development of parasocial relationships. In D. L. H. P. L. Johnstone & G. E. Neve (Eds.), *Communication and social influence*. Sage Publications, 1978: 119-139.

④ Rosengren, K. E., & Windahl, S. Uses and gratifications of mass media: A comparison of models and methods. *Nordic Journal of Communication*, 1972, 6(1), 56-70.

⑤ Rafaeli, S. Interactivity: From new media to communication. *Sociology of Communication*, 1990, 14(3), 24-36.

⑥ Perse, E. M., & Rubin, R. B. The uses and gratifications of media: A comparison of models and methods. *Communication Research*, 1989, 16(1), 44-72.

⑦ Davis, M. H., & Kraus, S. J. Social skills and personality: The effects of interpersonal sensitivity on social relations. *Journal of Personality and Social Psychology*, 1989, 56(6), 944-951.

⑧ Rubinstein, E. A., & Shaver, P. R. Parental influence on the development of romantic relationships. *Journal of Personality and Social Psychology*, 1982, 42(5), 1076-1088.

⑨ Hoffner, C. A. Parasocial interaction: A review of the literature and a model of its antecedents and consequences. *Media Psychology*, 1993, 3(1), 1-18.

了便利条件，使其成为青少年网络用户常见的社会交往行为。网络社群成员基于共同交往对象的信息交流趋向个性化和情感化，在网络社区中获得认同感和归属感，在此基础上建立起相互之间的信任，由此产生的信任，可形成新的网络社会关系。

网络社群已成为互联网群体传播时代基本的社会组织单元，以颠覆式的信息传播模式，催生出各种社会关系传播。互联网群体传播正借力社交媒体迅速改变人类的交往与交际。全世界的人口中有很大一部分时间都生活在社交媒体中，如交友网站、微博、校友网等。这一趋势正好说明互联网从本质上是由人际交往所驱动。与此同时，社交媒体正重新链接我们的社交 DNA，使得人们习惯于一个更加开放和多元的社会。在美国，社交媒体的研究包括自我透露、网上友情、网上寻偶和市场营销策略，以及人们为何热衷于使用社交媒体、如何在社交媒体中展现自我、社交媒体使用如何影响人们的社交关系等。

二、群体传播中的关系结构

20 世纪 90 年代中后期，中国社会正经历前所未有的祛魅过程，伴随着市场经济改革的深化，物质生活日益丰富，商业文化开始兴盛，社会的道德坐标向个体化转型，认同危机和信仰危机在社会中滋生，人们开始了对幸福感和人生意义的重新探求。在此社会背景下，互联网的兴起提供了魅化空间，网络空间中高涨的人气，陌生人之间对网络互动的向往，是发生在祛魅时代的复魅过程。

从“陌陌”“饭否”到微信的“摇一摇”，互联网打开了陌生人交友的序幕，从微博的陌生人“弱关系连接”再到微信的熟人“强关系连接”，随着技术的不断发展，互联网构筑起不同种族、不同地域、不同职业、不同语言之间人群的关系连接。2016 年 9 月，谷歌带来重大突破的智能翻译技术，不需逐字逐句翻译，而是从整体上分析句子进行翻译，准确度大幅提升，给人际之间的互动带来重大影响。使用不同语言的用户间的连接与交互将出现一种智能界面，这为打破人与人连接中的语言壁垒提供了可能。

互联网群体传播时代，人与人的联系更频繁也更戏剧性，提供了工具和平台让网络用户在群体中进行自我介绍，并帮助用户决定在何时与何人建立联系。网络用户借由互联网群体传播分享图片、文字、视频等个人信息，在扩大个人社会可见度的同时，标签化分类也更容易找到志趣相投者。社交媒体个性化的内容推送，显示独特的审美偏好，用户通常基于兴趣对图片点赞或评论。随着互联网群体传播的兴盛，出现了为具有特定需求的用户打造的高浓度的兴趣社交平台。针对高忠诚度、高黏合度的目标用户，根据其特殊需求和偏好，打造对味的内容推送和内部氛围，为聚合网络社群提供最佳方案。

20 世纪 70 年代，美国学者马克·格兰诺维特(Mark Granovetter)提出的"弱势链优势理论"，成为社交网络的理论基础之一。在传统社会，个体与亲友、同事、同学等接触最频繁，这种稳定但传播范围有限的社会认知是一种"强关系"；而在当代社会，广泛存在于不同网络之间的"弱关系"虽然认知肤浅但作用更大，成为个体与其他社会圈子的桥梁。

格兰诺维特根据熟悉程度、时间量、情感紧密性、互惠交换等四个衡量标准来区分强弱关系，通过对职业流动的实证分析，验证强弱关系在信息传播中的不同作用。① 也有学者通过统计分析 Twitter 数据，证实了线上网络空间也同样适用格兰诺维特的强弱关系理论。②

罗纳德·博特(Ronald Burt)的"结构洞"理论和格兰诺维特的"弱关系"概念有异曲同工之处，社会网络中某些个体之间会发生直接联系，有些则发生间接联系、关系间断或无联系的现象。若两个节点间处于封闭状态，将影响资源获取的渠道和速度，资源同质性的增强将导致关系转换的闭塞。个体关系转换的"资源流"与个体"结构洞"的数量息息相关。若以"弱关系"来填补结构洞，当回流次数增多且关系密度增大时，就会形成封闭结构，回流的最后一个节点与开始的节点会形成强连接。

关系强度不如"强连接"坚固的"弱连接"，却有着低成本、高效能、迅速的传播效率。尼古拉斯·克里斯塔基斯(Nicholas A. Christakis)在其著作《大连接》中，对强弱连接提出自己的观点，他认为强连接引发行为，而弱连接重在传递信息，成为不同群体间的桥梁，将不同圈子连接起来，通过圈子的弱连接有效渗透到强连接构建的社群。

互联网群体传播时代，媒介环境变化的核心是传播主体间关系结构的变化，传播关系结构主导话语权力分布，信息爆炸、受众觉醒、群体互动、互联网赋权等关键议题在逻辑上归因于网状立体的关系结构。清华大学彭兰教授认

① Granovetter M S：The Strength of Weak Ties，*Social Science Electronic Publishing*，1973，78(2)：1360-1380.

② Grabowicz P A，Ramasco J J，Moro E，et al：Social Features of Online Networks：The Strength of Intermediary Ties in Online Social Media，*Plos One*，2012，7(1)：e29358：1-9.

为，从“内容平台”到“关系平台”，关系建设会爆发出巨大的潜力。就像微博上已不仅仅是纯粹的信息交互，微博公益、微博招聘等层出不穷。除了关系网络，微博招聘的效果和影响力还取决于博主的人气、博文的精彩程度、企业的知名度等多种因素。

从个体关系到社会关系的扩展，是个体实现社会化的动态过程。关系所携带的社会资源，成为个体有效进行社会化的工具。大数据时代，“关系”作为数据是核心命题。在互联网群体传播中，通过关系对社会资源进行获取，比现实社会更方便和容易。如何开发、利用关系资源的途径以及关系资源的本土化路径，成为传媒业影响力发挥和市场空间拓展的关键。①

今天人类一天的信息量，可以抵几十年前一年的信息量，随着信息技术全面融入社会生活，信息爆炸已经积累到量变引发质变的程度。数字技术作为先进生产力的代表，使得人与人之间的思维模式以及交流、生产、行为方式都被打上数字化烙印。人们在网络世界的一举一动、一言一行都被数字化，足迹、方位、言语、爱好，甚至情感变化都被记录在社交平台中，成为被分析、被预测、被利用的数据资源。互联网群体传播时代，传统媒体的转型将对社会产生深远的影响，而新老媒体的融合过程中，文化性的障碍凸显出来，传统媒体传播是以内容为根基的文化，而互联网传播是以人为根基的文化。

在互联网群体传播中“关系”是一种可以数据化的社会资源，使“关系转换”成为可能的路径，并遵循“个体关系—关系数据—稀缺数据—关系价值”的转换链。个人跨越朋友圈连结成关系链条，链条中的每个节点都是一个个体，每一环都是一个社群。梅卡夫定律指出，网络的价值等于网络节点数的平方，这意味着网络的价值会随着其节点的增多而提高。② 节点间关系的强弱程度影响着信息的说服能力，在关系网络中传播信息时，流通的不仅是信息文本价值本身，还有其存在的关系价值。

关系属性包括位置、形状、密度、强弱、方向等五个层面的属性，都有其对应的价值。其中方向属性是指非对等的关系属性，指两个节点间存在的关系不一定是平衡的。在人际关系层面，关系的非对等性除了关系主体的认知差异，主体的个体属性以及社会角色、社会地位、名声、威望等社会属性也是导致关系天平失衡的因素。

---

① 喻国明：《“关系革命”背景下的媒体角色与功能》，《新闻大学》2012年第2期，第57-58页。

② Hendler J, Golbeck J: Metcalfe's law, Web 2.0, and the Semantic Web, *Web Semantics Science Services & Agents on the World Wide Web*, 2008, 6(1): 14-20.

关系资本通常用互惠、信任、认同、规范这四个变量进行衡量，是网络成员经过联结而形成的互动关系。关系资本反映了成员之间的关系质量，通过影响个体的互动意愿来影响互动行为。互惠指人们可以通过某些行为而获益；信任也有助于营造鼓励知识共享的环境；认同是指个体对自身的群体归属，与该群体共命运的心理感知；规范是指在公共空间中用户感受到的其他成员希望共享知识的程度。

互联网新老用户之间也存在不同的文化偏向，老年人更偏向被动接受的受众文化，而年轻人更偏向主动参与的用户文化。老年受众习惯于稳定的信息消费，而年轻用户更倾向不稳定的信息消费习惯；老年受众对媒体的态度是接受和欣赏的，与媒体的关系是仰视和服从的，而年轻用户对媒体往往抱着挑剔和批判的态度，与媒体的关系是平等和怀疑的；老年受众对媒体的功能需求集中于信息的获取，而年轻用户的需求更趋多元，包括信息生产、信息消费、社交、游戏、网购、移动支付、在线教育、网络医疗等；老年受众的价值观和审美趣味是传统和主流的，媒体给其带来仪式性和不可替代的满足，而年轻用户自带非传统、反主流的价值观和审美趣味，媒体仅能为其带来功能性的和可替代的满足。在传播关系的发展中，文化性"转基因"的适应十分关键。

社交分享在媒体价值链中的地位日益重要，年轻一代用户更看重"新闻本体"之外的信息增值功能，如内容的共鸣程度以及在社群中的意义。网络用户通过互联网群体传播彼此关联，个体信息合并为循环出现的互动模式序列，由此集合成不同细分领域的关系社群。社群成员在媒介化的关系社会中构建自我，并重新定义生活。作为承载与经营传播关系平台的社交媒体，通过众筹、打赏、会员制、用户分成等激励内容创新的盈利方式，有效增强用户黏性，也借助超大用户基数的互联网群体传播带来不错收益。

互联网群体传播环境下，节目不只是内容产品和服务产品，还可以做关系产品。社交媒体成为基于用户社会关系的内容生产与交换平台，从而把新媒体经济导向关系经济。用户之间的关系、用户与平台的关系通过不断更新应用服务而得以稳固。新媒体实践中众多新兴的盈利模式架构在媒介生态的新型关系结构上，利用关系结构的各种属性创造价值，是关系价值的力证。互联网群体传播构建群体思维，带来关系重构、边界重构、价值重构。

三、从文本交流到编织关系

在每个历史阶段，其实都有密集的人际互动和资讯交换的相应机制，从古罗马奔波的莎草纸,到16世纪引发革命的印刷小册,再到启蒙时代川流不息的咖啡馆,社交媒介古往今来在科技、媒体以及使用社群之间产生着重要的作用和影响。学者斯丹迪奇认为,社交媒体的原型可追溯至莎草纸信,当时古罗马政治家用此来交换信息,从莎草纸到印刷术、电报、电话、广播、电视,过去人们交流信息的方式依然影响着现代社会。互联网的出现使社交媒体重新变成人们与朋友分享信息的有力工具,人类一直处于信息流的各个节点,从莎草纸到互联网,依然没有改变信息流动的本质。在对社交媒体演进的回顾中发现,作为社会共同体成员,人们已从原先的单纯的内容交流到开始编织关系。

在互联网群体传播中,人们以摄影、动画、政治事件、影视剧等共同感兴趣的内容为话题,可以很快地形成一个社区进行充分的交流。美国学者彼得斯(Peters)曾发出这样的疑惑:如何判断已经做到了真正的交流?有时候交流意味着冒险,在虚拟世界中凭借符号去建立联系,看起来都像是一场未知的赌博。但人们可以确定的是,如果交流的后续行动比较协调,那就是实现了真正的交流。[①] 在互联网早期,校园BBS、天涯论坛、猫扑等动态网站中,网民之间的主要交流形式是简单跟帖互动,网络社群互动传播已初现端倪,但是由于缺乏交流中最核心的因素即时性,所以当时没有成为媒体盈利的关注点。

2004年,当时就读哈佛大学的年仅20岁的马克·扎克伯格和三位同班同学创建Facebook,每个月有超过10亿的照片上传到网站,网页可以用超过60种语言呈现,有超过20亿的注册用户。Facebook最终发展成全球最大的社交媒体。其后,2005年腾讯开发的QQ空间风靡中国,此后内容更加细分的开心网、人人网等陆续出现。接着微博、微信成为网络用户社交应用的心头好,两款APP都存在有效激发用户内容生产的设计理念和场景机制。

开心网作为曾经办公人群必上的社交网站,流行一时但又很快成为用户们的回忆,渐渐从大众视线里淡去。细细分析,开心网一开始通过社交游戏传播来构建人际网络,在转型为基于用户感情来互动和分享的社交模式时没有成功。游戏传播上,开心网被用户喜爱和熟知是因为2009年“偷菜”“抢车位”等游戏的存在,开心网用户在玩各种游戏过程中,以拉粉和互动加了无数个陌生人,玩完游戏后由于缺乏关系纽带仍然不认识这些玩伴。它并非像Facebook那样通过网络寻找新朋旧友,以人际关系为纽带组建线上社交关系。而游戏领域的周期一向很短,加之开心网本身内部创新也不足,2010年

① 彼得斯:《交流的无奈》,何道宽译,华夏出版社2003年版,第251页。

推出的产品《开心餐厅》,2011 推出的《开心城市》,均与“偷菜”等火热程度存在差距,遭遇用户流失。开心网上最吸引用户的还有朋友转帖,可惜开心网没有认清“转帖”这个需求的实质:用户最需要的是一个可以承载发言权、知情权的社交网络,而开心网构建的社交关系形同鸡肋,其遭遇滑铁卢的背后,折射出中国用户的网络社交偏向。

人人网的前身是校内网,早期曾是校园版的 MySpace。人人网上市时市值为 55.3 亿美元,从 2011 年开始业绩开始不断下滑,2015 年初,人人网关闭了站内信,到 2016 年市值缩水近 80%,仅剩 9.55 亿元。人人网原先的定位是作为校园文化的基地,构建学生社交圈子,但后来认为校园社交太过于垂直细分,想象空间太小,因此将“校内网”改名为“人人网”,想突破校园,吸引社会群体,如此造成与微信、微博争抢用户的局面,可谓战略失误之一。2013 年,人人网想重归校园,但此时的学生用户已大批迁往微博和微信。究其根本,人人网并没有创造出一种有效的基于校园圈子的内容生产机制,在“圈地”行动后,没有花心思在用户留存与活跃度上,也没有深挖校园圈子文化,主打内容差异化来探求盈利模式。人人网其实是一个足够吸引名人加盟入驻的基地,但由于产品的设计弱点导致流程混乱,过于严格的审核制度,也挤压了用户提升影响力的空间,加之无法吸引第三方开发者的加盟,从而丧失了产生优质原创内容的可能性,导致用户关系链条的松散。

新浪微博曾是中国社交媒体第一平台,2014 年上市首日市值约为 41 亿美元,微博市值超过了母公司新浪。新浪总市值约 38 亿美元,除去拥有的微博股票约 23.4 亿美元,实际市值只有 14.28 亿美元,仅占微博总市值的三成多。两者在金融市场上的估值,深刻预示着“承载关系的社交媒体”与“传统门户网站”的价值差异。2016 年 10 月 18 日,新浪微博迈出了社交媒体史上的崭新一步,在美股股价盘中上涨至 53.12 美元,市值达 113 亿美元,一度超越 Twitter。

微信一出现几乎改写了社交网络的整个格局,可谓一枝独秀、无人匹敌。笔者曾访谈一位运营 800 多个微信公众号、拥有 7000 万粉丝的网络公司总裁,该团队从做手游到转型运营自媒体,曾花了数月做调研,发现网络用户在微信上花费了近一半的网络时间。他认为微信里的人际关系可分为三层,第一层关系是基于地域、兴趣、爱好等共性而形成的弱关系,像微信小程序、公众号就是典型;第二层关系是基于家庭、同事、同学等关联性而形成的社群关系,随处可建的微信群就是代表;第三层关系是基于好友关系形成的强关系。

但任何产品都有其生存周期，微信在走入巅峰时也冒出许多问题。第一，是朋友圈的负担问题，在线下用户碍于情面，通过微信相互扫码被迫入群，仅有一面之缘或基于短期工作关系的人相互加为好友，朋友圈"好友"信息如此不断累积，逐渐成为超负荷的日常负担。基于"弱关系"的微信好友在不同社交、工作场合不断涌入，破坏了原先"强关系"的朋友圈生态体系。细观就能觉察，用户开始关闭朋友圈，或"仅展示最近三天的朋友圈"，在众多陌生"好友"面前，不再信任地发布会透露过多私生活的信息，很多用户也不再热衷分享自己的工作信息和对时事的观点评价，也很少有兴趣去关注和阅读他人朋友圈的信息。

第二，是不断增大的信息噪声。微信朋友圈"微商"盛行，品牌开始将微信作为下一个要开辟的营销阵地，朋友圈开始被商品广告信息刷屏，各大奢侈品牌的广告短视频正悄无声息地出现在朋友圈，在社交变现方面微信似乎在走微博的老路。

第三，不断挤压的信息空间。2018 年 4 月，微信公众号增添"朋友留言"新功能，即如果你和微信好友关注了同一个微信公众号，你的好友能够看到你在该公众号的文章下的留言，不用经过后台审核就会自动展示，而且该留言具有"优先权"，会自动排列在以往精选留言前面。对于这一功能，刺猬公社的调查显示仅有 10%的受访者喜欢，接受度极低。朋友分三六九等，在微信圈同样，没有人能做到工作和休息状态一个样，也做不到在人前和独处时一个样。美国社会学家戈夫曼曾提出"拟剧理论"，认为人生如戏，演戏得分前台和后台，前台必须精心修饰正式表演，后台可以无所顾忌身心放松。微信用户之所以不喜欢这个新增功能，也许是因为微信在这点上犯了"后台行为前台化"的错误，违背了人的社交规律。本想在后台愉悦身心的微信用户感觉自由放松的网络空间由于这个功能而受到挤压。

第四，用户审美疲劳。朋友圈呈现的大都是个人最佳的自我状态和生活境况，除了晒吃、晒玩、晒娃、晒伴侣，很少能了解一个人的完整状态和成长轨迹，长此以往，在激发出攀比心理的同时，也使用户产生审美倦怠。

微信从信息发布、分享、订阅，再到游戏和支付，紧密对接用户社交心理需求，运营的核心在于建立私密的强关系社交网络，打造与微博迥异的生态系统，具有强大的用户黏性以及社会影响力。微信未来的发展只有不断体察用户心理，持续巩固和优化"强关系"社交网络系统，追求产品创新和人性化设计，才有可能在这个更新迭代异常迅速的互联网群体传播时代赢得更长久的发展机遇。

互联网群体传播依赖社交媒体，建立起互联网互动社区，赋予了每个用户创造并传播内容的能力，满足了网络用户个人信息资料存储需求，类似于网络日志，时间越长，价值越珍贵。互联网群体传播促进了社会互动，能够满足用户"被关注""被认可""受崇拜"的心理需求，以及"建立关系"和"发挥影响"的需求，甚至有时候虚荣心作怪会战胜个人隐私泄露的风险担忧。此外，可以把文本、图片、音频、视频和传统内容进行融合混搭，在准熟人或熟人圈帮助圈子成员建立联系和生成意义。

互联网群体传播中"弹性社交"应用可以基于地理位置和周围陌生人搭讪及社交，从某种层面上来说可以拓展人们的人脉圈，加强人们和人类社会的联系，而不会一头扎进数字世界中不能自拔。但随着关系因素的不断累加，弹性社交却渐渐走入怪圈，事实上互联网传播中基于地理位置的服务（LBS）正在被解读成另一种版本的 LBS(location based sex)。

人与人之间的关系已经成为信息流动的基础设施，作为"社会化引擎"深刻影响内容的发现与推荐。网络社群其实自带通信工具的特质，社群成员交流频繁，加之传播环境的 Wi-Fi 几乎全覆盖，24 小时全天在线成为常态，即时交流和频繁交流相结合，成为网络社群成员关系稳定的必要条件，是行动力和聚合力的强力保障。网络社群如同一个个社会圈子，微信好友可以分组显示不同内容的朋友圈，新浪微博改版后的"密友圈"、QQ 圈子，基于强关系的 SNS 推介机制，这些所涉及的关系层级分类将成为媒介平台功能扩展的重点。

社交网络的最初设计灵感来源于数学领域的"六度分隔"假说，即"小世界理论"。认为某个人最多通过五个中间人，就能与世界上任何一个陌生人建立联系。建立社交媒体熟人圈主要分两种：一种是将关注的网络意见领袖纳入"熟悉的陌生人"圈，由特定的网络意见领袖聚集起来的圈子，能够针对特定问题迅速形成网络意见群；另一种是利用移动网络联络到线下经常联系或有过交往的熟人，建立私人网络关系圈。

从阿里巴巴的社交产品"来往"和"钉钉"的成败，可以看出阿里和腾讯做关系产品时的区别。当年阿里的"来往"较腾讯的"微信"晚两年面世，当时的产品团队的想法是要比微信做得更好，但追赶之路走得异常辛苦，如果同质化的产品只是更好，而没有不同，那就很难吸引用户。基于支付宝支付关系的"来往"不如基于通信录交流关系的"微信"，以至于当年马云给每个员工都下了推广任务后传播效果还是不佳。而阿里和腾讯两家公司的基因不同，擅长点也不一样，阿里的TOB基因更强，包括资源渠道、用户研究等，所以其后出品的基于公司人际社交网络的“钉钉”会更胜一筹。

网络社群因人群的分化带来信息与意见的“圈子化”，人们因社交圈以及自身的立场态度的影响，总是固守在符合自己偏好的信息与意见的圈子，各种圈子之间相互隔绝甚至对立，“回音壁效应”也因此加剧。这些并非在互联网群体传播时代才有，在传统媒体时代就已表现出来，学者用“选择性接触”理论来解释这些现象。到了现在，看似具有海量信息的互联网以及看似更优化的信息传播模式，并不必然改善这些问题，甚至可能会加剧这些问题。

媒体的重要功能之一是环境监测，传播内容与人的连接目标，不只是给人们输送其感兴趣的内容，还在于帮助人们更好地认知生存环境。社会化媒体与算法双重过滤机制给人们带来了更高效的传播，但也带来了相应问题——信息茧房现象，人们容易局限于自己所感兴趣的内容中，作茧自缚，失去对环境的整体了解与把握。2016年美国大选之后，倚重算法的Buzzfeed News推出一个“泡泡之外”(Outside Your Bubble)的新功能，该功能被放置在分享率高的文章页面底部，让读者能看到自己社交圈子外别人对新闻的看法，目的在于打破个性化推荐带来的封闭性。

2020年，美国Upworthy网站执行总裁伊莱·帕里泽在出版的《过滤泡：互联网对我们的隐秘操纵》一书中提出“过滤泡”的概念，指的是一种“智能隔离状态”，用户受技术媒介的影响与不同的意见信息分离，被隔离在自身的文化或思想泡沫中。各种互联网平台和智能应用，遵循“投其所好”的原则，用算法为互联网用户打造了一个个性化的世界，却使用户局限在封闭性、隐蔽性、强制性的过滤泡中。从个人层面来说，会造成“回声壁”效应；从社会层面来说，会影响现代社会的公众性。虽然社交媒体为我们体验多种身份和关系提供了一系列的资源和选项，互联网是让我们更好地控制生活，还是窄化视野、限制机会，正在夺走我们对于生活的控制权，这个议题值得深思。

第六章　互联网群体传播对社会结构的影响

互联网自 20 世纪 80 年代诞生以来不断发展，网络技术愈来愈深地渗透进社会各领域及日常生活，成为一种当代人类普遍的生存境遇。麦克卢汉的一个基本观点是人类历史是媒介技术的历史，各种传播媒介具有时间或空间偏向。互联网是自发明印刷术以来传播技术的又一次飞跃，正在深刻影响人类生活的各个方面，我们应时刻关注、密切跟踪由传播技术引发的深刻的社会变革。

我国自 1978 年党的十一届三中全会开启改革进程以来，从计划经济到商品经济再到市场经济，依法治国并不断提高国家治理水平，中国的改革事业已经走过了 40 多年的光辉岁月，经济腾飞、技术更迭、万物互联，推动社会进入一个崭新的网络时代。而一些重要的结构性矛盾在社会发展中也日益尖锐，求稳的思维结构使得改革畏首畏尾，决策谨小慎微，社会改革亟待进展和突破。社会不能缺失良好的秩序，互联网群体传播时代的莅临为“自下而上”推进社会秩序改革带来了新的思路。

第一节　网络在场与社会整合

网络社群传播时代，社会公平问题备受关注。清华大学教授孙立平提出“超越稳定与重建秩序”的观点，认为社会稳定是静态和被动的，而社会秩序呈现出动态性和主动性，两者在活力关系中分别呈现矛盾性和兼容性，而在互联网群体传播背景下，用适合网络时代的思维构建社会秩序很重要。

一、网络在场的社会意义

“围观”是指一群人围着观看，是人类好奇心和观看欲驱使的一种本能的群体行为(crowd behavior)，在不同的社会和文化中存在。从心理学层面来看，“围观”是一种集体窥私心理的外化表现，因而对与自身日常生活相去甚远的隐私性话题和冲突性事件容易引起关注。互联网群体传播时代，“围观”作为一种文化隐喻，指网民对网络热点事件的关注、评论，并形成有影响力的网络民意，这是目前中国互联网时代公民行动的特点，也是常态。

中国社会的现实围观场景曾出现在鲁迅所写的小说《药》中：“那三三两两的人，也忽然合作一堆，潮一般向前进，簇成一个半圆。只见一堆人的后背，颈项都伸得很长，静了一会，似乎有点声音，便又动摇起来，轰的一声，都向后退。”小说中对刑场围观群众的白描深刻揭示了中国民众的“看客文化”，当时场景下这样的“围观”有点带贬义。而互联网群体传播时代，这种“看客文化”被群众改造，网民通过制造网络围观事件，给政府施加舆论压力，设置议题，来推进社会疑难杂症等问题的解决。“围观”一词在互联网时代进行了“升级”和“进化”，开始具有褒义色彩，围观对象由网民来选择，对腐败、渎职的政府官员和政府部门进行围观。[①]

网络围观，是互联网群体传播中大量个体的自发聚集，是大量非组织的网络社群成员对突发、偶然的某一主题、事件、人物的集中关注，这是网络社会中耐人寻味的自组织现象。围观是网友表达意见、参与公共生活的一种方式。在中国目前的现实环境下，传统媒体的舆论监督功能在有些情况下并不能充分发挥其作用，而互联网的匿名性、连接性、交互性，使围观参与者不需要在同一时刻、特定场所聚集，发动者、参与者的界限也变得很模糊，极大降低了参与围观的成本，使网络围观成为普遍流行、低成本、高效率、很实用的解决社会问题的方式。

网络社群通过互联网群体传播来表现对特定事件的关注，实则具有赋权作用，既赋予特定事件以特殊意义，反映普遍性的社会本质问题，又赋予参与的网络社群特定的形象和身份，代表大部分公众的利益诉求。网络上的点赞、发帖、评论、分享、转帖等“微行动”，使网络围观成为互联网群体传播的常态，社交媒体中的文字、图片、视频都是网络在场的一种实践。互联网群体传播使

① 许建：《网络事件中的围观政治》，《中国传媒报告》2018 年第 1 期，第 24 页。

围观议题能快速进入公众视野，形成网络民意，成为一种特殊监督权力，整合社会的多方力量和资源来关注社会问题。网络围观使随时随地的网络在场成为可能，像“心理战”一样，使网络压力产生作用和影响。聚焦于时事的网络围观，促进了整个社会的变革和反思。

网络在场的可能，使中国社会信息公开更为透明，对预防腐败、惩治贪污起积极作用，有力推进了民主进程。在国内利益群体交织的复杂情况下，网络围观大多成为群体在线监督的一种有效且安全的方式。“让权力运行在阳光下”借助网络围观得以更好地实现。北京大学教授胡泳认为网络围观造就了某种程度上的“围观政治”，而这种围观政治可能是一种最低限度的公共参与形式[①]，从某种程度上来说，社会的进步就是从关注与围观开始的。

网络围观并不是中国所独有，却是一种有中国特色的“数字监督”。网络围观具有“聚光灯效应”，在互联网群体传播时代发生的频率和影响力大大超出人们的想象。这种数字监督利用数字媒体创造的“可见性”，使之“武器化”，来实现自下而上的监督。[②] 这种“可见性”即网络在场，在中国的具体表现就形成了“网络反腐”热潮，成为社会资源整合的新途径。

人民网 2018 年“两会调查”结果出炉，“反腐”成为第一热词，一年一度的两会调查已开展了 16 年，在最受网民关注的热点中“反腐”占 7 次。2017 年中央高压反腐，“打虎”“拍蝇”“猎狐”在民众中反响热烈，在长达 17 年的反腐历程中，最受网民关注的是如何深化国家监察体制改革。2018 年，在人民网全国 16 个省市的两会调查街采中，“基层反腐”成为各地网民较为关注的话题，因其关系国计民生。据调查，33％的网民认为“选人用人腐败”问题有改善，近六成网民认为“加大对违纪违法案件查处、曝光力度”“严格抽查核实领导干部个人报告事项”，能够有效预防腐败现象的发生。

学者爱德华·汤普森(Edward Thompson)认为，当人的认同建构过程被新媒介丰富的符号内容所强化，而新媒介网络又超出其控制范围时，人们虽然会更依赖新媒体的媒介经验，但也会对其存在一定偏见，认为会瓦解政治组织局部形成的权力。政府的意见指向往往会在新媒介中受到质疑或戏谑，甚至被加以对抗性的解读。在新媒介中，传统的民主对话式论坛不再有效，在互联

---

① 胡泳：《围观能否改变中国？》。http：// blog. renren. com/share/284277256/5836932745/0，2010-12-18。

② Daniel Trottier："Digital Vigilantism as Weaponization of Visibility"，*Philosophy & Technology*，2016，30(1)：55-72.

网群体传播时代需要“公共性”的新进路。

网络在场就是一种力量，网络围观正在改变中国。胡泳教授曾在其博客上写道，围观是通向公共话题的第一步，微博是将“围观”迅速变成一种社会普遍姿态的力量。[①] 美国《福布斯》杂志曾在 2010 年对中国微博现象作出如下评论：中国人发现了针对地方腐败的新工具，那就是微博。

微博在网络围观中正扮演着公共职能的执行者的角色，民间反腐在微博上找到了新舞台。2010 年 8 月，以作家郑渊洁为代表的微博网友，对出逃的河南涉嫌犯罪官员李卫民发起“微博通缉”，微博上无数网友热心响应。从法律层面，律师称“微博通缉令”能协助政府部门工作，符合法律规定。从“表哥杨达才”“天价烟局长周久耕”“不雅书记雷政富”等事件中，得益于网友们挖地三尺的能力，不断地有涉事官员日记、房产、不雅视频、不明财产等腐败信息在微博上被曝光，主流媒体随之跟进报道，纪委部门介入调查。网民的每一次关注和转发形成不断累加的压力，地方官场因微博而频频发生地震，众多官员因微博举报而被免职已成新常态。

微博作为汇集多媒体技术的信息交互平台，实现了网络社会和现实社会之间的“链合”，网络围观正越来越多被赋予寻求答案并企图匡扶正义的职能。早在 2003 年孙志刚事件引爆舆论，第一次让渎职犯罪的官员受到法律制裁，并成功促使了中国遣返收容旧制度的废止；国内知名媒体人邓飞自 2011 年在微博发起“免费午餐”公益计划，利用自媒体平台在线上呼吁为贫困山区的小学生提供免费午餐，该计划全程公开透明，线下实施的规范使该公益计划良性发展，影响力迅速扩大，引起社会大讨论，最终影响政治议程，政府跟进实施农村义务教育学生营养改善计划。

微博上“微公益”成为社群力量在互联网群体传播时代的表现。在微博上的每一次转发，都对应着一次小额捐献；关注了某人，他便帮你捐出一份爱心。众多艺人发起的“转发献爱心”公益活动，是群体互助时代“微公益”的一个新注脚。除了捐款救灾、微博寻人和寻物等，微博公益活动更喜欢借助直播平台汇集最广泛的公益“微”力量。2011 年 6 月，首档直播公益节目《帮助微力量》在湖南卫视开播，该节目通过大屏幕展现微博直播中用户关注公益的实况，促使众多网友通过这种方式参与公益认捐。

---

① 胡泳：《微博迸发社会进步推动力：围观可以改变中国》。http://huyong.blog.sohu.com/164779860.html，2010-12-21。

法国学者戴扬说："就具体问题表述立场就等于构建公共领域。""微博打拐""免费午餐"发起人邓飞在2014年出版的《免费午餐：柔软的力量》一书中写道："用创造的方法，而不只是对抗；用合作的方法，而不只是撕裂；用建设的方法，而不只是摧毁和破坏；这样我们每个人都可以成为一个变革者，推动社会往前走，这样我们就会得到一个好的国家。"南京大学副教授李永刚在《我们的防火墙》一书中写道，单个网民的每一次点击、转帖、跟帖、回帖，效果都小得可以忽略，这样的孤立行动看似无力，一旦快速聚集起来就能孤掌成共鸣。[①]

二、网络围观与社会整合

（一）用关注集结围观的力量

网民知情权的不断扩大以及评论能力的日益提高，使其越来越多地介入社会决策过程和社会生活，而这种介入程度的提高反过来又使公民对此抱有更高的期待，在网络交流中完成了自身资本向象征性资本的转换，并投入网络赋权中。网络社群对大众媒体和政府组织的意见指向具有自主性，并将这种自主性带入现实舆论生成的博弈中，用积极的"关注"来刷存在感，使共识中的位置感得到提升。

互联网群体传播中的"关注"，不仅作为一种态度存在于利益诉求和认同过程中，也是一种集结强大力量的社会行动，实时给予政府组织和大众媒体以压力存在。2010年10月18日，《中国青年报》刊登北京大学生质疑某奖项的访谈文章，孰料被采访学生纷纷在微博上发文称自己的原话被曲解，有人表示文中刊登的采访原话并非出自本人之口，此事引起网络和社会热议。这是新媒体时代网络在场的最好注解，是普通网民借力互联网群体传播解构传统媒体权威，享有之前媒体精英的发言权。

微博使网络在场超越时空，使围观变得日常化和简单化，对政府的信息控制提出了新的挑战。宜黄强拆事件、乌坎事件、我爸是李刚事件、钱云会事件、温州动车事件、郭美美事件等有影响力的网络事件，最初都源自网民的微博围观。微博以其庞大的用户群，成为网民公开表达意见的平台，其开放型结构使其具有"公共论坛"的属性，具有高可见度、大规模互动传播的特点，可以产生强有力的网络舆论，网络围观功能十分强大。网络围观主要可分为矛盾叙事阶段、情感动员阶段、网络舆论议题上达等三个阶段，每个阶段都是网络围观

① 张文祥：《微博传播与政府信息公开》，《新闻界》2011年第8期，第81-84。

演变为网络事件进而转变为社会热点的充分且必要条件,当然围观的时机、围观议题的敏感度、围观者规模等因素也很关键。

互联网群体传播时代要将分散、自由的网民注意力和多元化的舆论表达导入预定的轨道,有超乎想象的难度,我国的网民素养还远远跟不上网络的普及速度。媒介平台、媒介技能、媒介使用构成“网络在场”实践的前提,“网络在场”是青春期成长过程中日益自动化的部分,是年轻人的公共参与,因为在面对面公共空间中参与的能力受到限制。

诚然,网络围观也存在着一些非理性的行为,容易带来传播风险。一些窥探、猎奇性质的网络围观,出于心理宣泄动机而暴露他人隐私,给当事人造成伤害;一些被利用、盲目的围观,容易在情感动员下引发群体行为,扰乱社会生活。这些围观源于无意识和不自觉,仅仅是为了发泄心理压力或不满;也有一些本心善意、针砭时弊的围观,主观上“有心”而行动上“无力”,只能通过围观给予支持。在网络在场的不断发展过程中,网民加强了自我保护意识,也更加看重个人形象的塑造,而且随着媒介技术的发展,自媒体的强制推送也成为网络在场的客观存在。

网络围观除了对事件本身的关注和推动,网友们也从表达愤怒到黑色幽默,“我爸是李刚”“不管你信不信,反正我信了”的网络造句接龙,成为另一种形式的微博抗争。而这种密切、非暴力的关注,最终换来当事人的行动和事件的转机。当然,也并不是所有被“关注”事件都能尽如人意地解决,但不可否认,若没有大多数人的“关注”和响应,很多事件极有可能秘而不宣或是死水一潭,甚至以更为尴尬的方式收场。是网民的“在场”凝聚起“微风”之力,吹皱了社会这池“春水”,随着“涟漪”的晕圈不断扩大,形成不可小觑的社会能量。

(二)用在场凝聚网络理政的力量

2011年10月13日,国信办召开“积极运用微博客服务社会经验交流会”,鼓励党政机关和领导干部开设并利用好微博。2016年4月19日,习近平主席在网络安全与信息化会议中,提出了网络群众路线的新宣传理念[①],要求各级领导干部经常上网了解民众所思所想,潜水聊天并收集网民建议,积极发声并解疑释惑,回应网民关切。利用网络了解民意、开展工作,是新时代治国理政的新思路和新举措,也是当今领导者应具备的“现代性素养”,学会通过网络搜集社情民意,集中民智,汇聚共识,促进公民意识的形成。

---

① 张涛甫:《传播格局转型与新宣传》,《现代传播(中国传媒大学学报)》2017年第7期,第1-6页。

官方微博主要分官员个人微博和公共机构微博等，在整合社会力量和资源方面有着现阶段的重大意义。微博上的政府官微从2012年底的60064个激增到2015年底的152390个。[①] 截至2015年底，新浪认证的政务微博为152390个，其中政务机构官微114706个，公务人员微博37684个。截至2016年底，经过新浪平台认证的政务微博达164522个，较2015年增长8.0%。

社群传播时代，突发事件往往引起热议，为了使信息畅通，政府发布新闻一般都通过政务微博。上至央媒，下至各级党报，均尝试开设法人微博，而官微的发声往往能对事态演变起到重要作用。2012年7月21日，《人民日报》开通法人微博，带动一大批体制内主流媒体进入微博舆论场域，“人民日报”官微一亮相，就以与母报完全不同的小清新风格吸引了众多关注，现已成为第一大媒体微博。

接力微博的还有新兴的政务微信和政务APP，2015年底，全国政务民生微信公众号已超过8.3万个，部委微信公众号拥有率超过40%。2016年2月26日，“国务院”APP上线。截至2016年3月底，已有26个中央部委开通35个APP。70个大中城市中已有69个城市共推出316个政务APP。[②] 2016年11月，公安部“儿童失踪信息紧急发布平台”二期上线，今日头条、支付宝、QQ、手机百度、百度地图等数家亿级用户量的APP接入了该平台。2017年2月，北京公安局朝阳分局“朝阳群众”APP上线，可接受违法犯罪举报。2017年，已初步形成中央级、省级、地市级的政务新媒体矩阵。体系化建设使政府部门的发声更有引导力，而社群化运营大大拉近官方与民间的心理距离。目前，政务新媒体矩阵在数字化转型、治理能力提升以及公共服务创新等方面迅速发展，微信公众号、微博、抖音、快手、今日头条等成为主要阵地，随着视频平台的崛起，B站、小红书等逐步进入政务新媒体矩阵视野，用于吸引年轻受众，通过不同平台协同发声，以文字、图片、短视频、直播等形式实现内容覆盖。短视频平台成为政务宣传和民生服务的关键渠道，例如，公安、税务等部门通过直播回答网友提问，提高互动性。一些政务号通过创设数字人形象或卡通化角色，如北京法院首个人机交互AI数字人“小安同学”、杭州文广旅游局发布数字人导游“杭小忆”等，打造品牌化传播形象，增强亲和力。

---

① 祝新华：《2015政务微博报告解读及趋势研判》。中国警察网，http://www.cpd.com.cn/n15737398/n26490099/c31812105/content.htm，2016-01-22。

② 艾利艾智库(IRI)、中国传媒大学互联网信息研究院：《中央部委办局政务APP评估报告》，2016年4月。

研究者认为，西方政府机构和政治家普遍开通微博（Twitter）是其沟通渠道的重要补充。美国前总统奥巴马曾为 Twitter 代言，和其竞选团队在 2008 年总统竞选中巧妙利用 Twitter、Facebook 和 YouTube 等社交应用，拉近与年轻选民和草根群体的距离，奥巴马更是在临近大选时，连推 250 多条信息。澳大利亚总理陆克文曾被悉尼一家报纸嘲讽其推特枯燥无趣，可见在澳大利亚，政府领导人不仅有发微博的义务，而且还必须有趣以保证质量。2010 年 6 月，俄罗斯总统梅德韦杰夫开通 Twitter，12 小时内访问量就超过 1.5 万次。此后他几乎每天登录微博，而且微博还成为他批评俄罗斯政府官员的重要渠道，他曾用微博痛批国家机关的官员"废话连篇"。此外，奥巴马、梅德韦杰夫和英国首相卡梅伦在 Twitter 上"互相关注"成为好友，通过 140 个字母的简短微博，这三位领导人能直接进行私人外交。卡梅伦和法国总统萨科齐 2010 年在伦敦举行峰会后，两人成为微博好友互动频繁。社交网络的影响力不容小觑，美国总统特朗普就是通过社交媒体逆袭，频频使用 Twitter 发表自己的政治观点。

普通民众与地方政府之间沟通和理解较少，又普遍缺乏信任，而微博能以亲民化的形式体现官方与民众沟通的姿态。曾被寄予希望的微博问政，并非只是"问问而已"，而是要从微博问政上升为公共理政。互联网群体传播环境下，媒介格局趋向多元，使政府对媒体的控制力逐步弱化，为了重振公信力和媒介掌控力，政务微博和政务微信被催生运营，并对社会秩序的重构起到了深刻影响。

公众对网络议政总体持积极开放的态度，群体传播的特性，使得网络用户的意义理解从理性趋向感性，进而趋向情绪化。仇富、缺少获得感等社会心态，是负面个人情绪社会化的社会心理基础，不公平感、社会不安全感成为社会的主要负面情绪。因此，正确疏导社会情绪、弥合社会隔阂，不仅是社会健康发展亟须解决的现实问题，也是维持社会长治久安不可回避的政治议题。

从某种意义上说，传统的大众传播有助于创造跨越各种社会群体和阶层的人与人的大规模连接，而互联网群体传播时代，最关键之处是要构建新型的信息节点及节点集群。媒体具有社会整合的重要功能，政府要转变传播机构管理者的角色，成为社会传播生态的共建者。社会意识形态借力新媒介技术的发展，通过群体传播整合社会思潮，使人们形成共识与认同。互联网群体传播可以整合、优化复杂的互联网信息及动态，使主流意识形态在社会传播过程中更加人性化、清晰化和全球化。

第二节　网络交往与社会资本

一、网络社会资本的形成和转化

经济学家洛瑞(Loury)最先提出“社会资本”概念，但学界公认是由皮埃尔·布尔迪厄(Pierre Bourdieu)、詹姆斯·科尔曼(James S. Coleman)和罗伯特·帕特南(Robert D. Putnam)三位学者建立了社会资本的理论框架。法国社会学家皮埃尔·布尔迪厄认为，个体层面的“资本”包含经济资本、文化资本和社会资本，社会和文化资本的建立依赖于个体所占的经济资本，三种资本之间可以相互转换。[①] 他最关注和研究最多的是文化资本，并率先从社会网络的角度研究社会资本，提出了“社会资本—关系”概念，认为关系网络创造了解决社会问题的有价值的资源，并向网络中的成员提供其所有资本，提供为成员赢得声望的凭证。[②]

学者詹姆斯·科尔曼认为，个体天生具有社会资本、物理资本与人力资本，并且可相互转换。[③] 存在于人际关系和社会结构中的社会资本为社会结构内部的个人行动提供便利。他从理性行动理论出发，认为社会资本“是内在于家庭关系和社区组织中的一整套系统，对社会发展非常有益”。

学者罗伯特·帕特南认为，社会资本有助于社会组织内部实现相互利益协调和合作，比如网络、规范和社会信任。群体层面的社会资本包括信息渠道、义务和预期、社会规范等三种形式。[④] 他认为社会资本能“通过促进合作行动提高社会效率”。[⑤] 帕特南将社会资本划分为凝聚型与桥接型社会资本，

---

① Bourdieu, P. Les formes de capital. *Actes de la Recherche en Sciences Sociales*, 1983, 94, 241-258.

② Bourdieu, P. The forms of capital. In J. G. Richardson (Ed.), *Handbook of Theory and Research for the Sociology of Education*. Greenwood Press, 1986: 241-258.

③ James S. Coleman. Social Capital in the Creation of Human Capital. *American Journal of Sociology*, 1988: 95-120.

④ Putnam, R. D. Bowling Alone: America's Declining Social Capital. *Journal of Democracy*, 1995, 6(1), 65-78.

⑤ Putnam, R. D. *Bowling Alone: The Collapse and Revival of American Community*. Simon & Schuster, 2000: 22-23.

前者的社会网络则是相同性质的个体紧密连接,后者的社会网络能联结不同性质的个体。学者马克·格兰诺维特(Mark Granovetter,1973)认为"强关系"产生信任、义务和规范,更可能合力互动和利用信息,产生较强的社会资本;"弱关系"通过提供更多的信息渠道和合作机会以增强社会资本。①

帕特南运用格兰诺维特的弱连结和强联结概念,认为桥接型社会资本对应弱关系,个体间关系虽松散,但能提供新鲜的观点和有用的信息;凝聚型社会资本对应亲属及密友等强关系,能够提供情感支持与慰藉。之后有许多研究者借鉴帕特南这一理论,社会学界对"强关系和弱关系对社会资本的配置能力,以及在不同的社会环境中的差异表现"等议题的探讨和理论更新,对我们理解社会资本和社会关系网络有重要的借鉴作用和意义。

此外,英国学者凯文·汤姆森(Kevin Thomson)提出,情绪资本(Emotional Capital)是由外在和内在情绪资本两大核心组成。② 美国学者厄普霍夫(N. Uphoff)将社会资本分为结构性社会资本和文化社会资本两类,前者指社会组织、网络等客观存在的社会结构;后者指规范、态度、信任、互惠等心理过程。③

之后,学者林南提出,人的社会地位越高,摄取社会资源的机会越多,社会网络的异质性也越大,通过弱关系摄取社会资源越丰富,工具性行动的结果越理想。④ 国内学者边燕杰提出"关系社会学"⑤;翟学伟认为中国社会关系有工具性、情感性、伦理性特点⑥;国内学者王怡红定义"关系传播"为以建立人际关系基础的交往模式或理论环境⑦;陈力丹将"关系的信息"归纳为两类,其中

① Granovetter, M. *The Strength of Weak Ties*. American Journal of Sociology, 1973: 78(6), 1360-1380.

② Kevin Thomson. *Emotional Capital: Capturing Hearts and Minds to Create Lasting Business Success*. Capstone Publishing, 1988: 19-21.

③ Uphoff, N. Understanding social capital: Learning from the analysis and experience of participation. In P. Dasgupta & I. Serageldin (Eds.), *Social Capital: A Multifaceted Perspective*, 2000: 215-249.

④ 林南,俞弘强:《社会网络与地位获得》,《马克思主义与现实》2003年第2期,第46-59页。

⑤ 边燕杰:《关系社会学及其学科地位》,《西安交通大学学报》(社会科学版)2010年第3期,第1-6页。

⑥ 翟学伟:《中国人的"大公平观"及其社会运行模式》,《开放时代》2010年第5期,第84-102页。

⑦ 王怡红:《关系传播理论的逻辑解释——兼论人际交流研究的主要对象问题》,载《中国传播学会成立大会暨第九次全国传播学研讨会论文集》,中国社会科学院新闻与传播研究所,2006年,第8页。

一类包括亲密—距离、确定—不确定、开放—封闭的关系信息[①]；陈先红提出新媒介即关系，关系传播体现新媒介的传播归属。[②]

学者埃里森（Ellison）在网络社会资本研究中颇具地位，他将网络社会资本分为紧密型、跨越型、维持型三种社会资本类型[③]，认为网络社会资本是社会资本发展的时代性创新，既包含实际存在的社会关系，又创造了新的社会关系样态。网络社会资本是在网络空间中形成的社会资本，社交媒体用户的好友数量和信息分享效率是衡量网络社会资本影响力的重要指标。社交网站使人在社会生活中获得更多的机会、信息、资源和情谊，其对人际关系网络的扩展与促进作用通过网络社会资本得以体现。[④] 网络社区中的社会资本是现实世界中社会资本的延伸，给用户带来新的社会网络与社会资本。[⑤] 随着社交媒体的不断商业化，拥有高关注度的网络红人群体崛起，不仅以优质内容生产获取用户的持续关注，同时成为网络营销的重要节点。[⑥]

在前期研究中，社会资本受互联网影响有三种情况：其一，互联网削弱社会资本，在网络上耗费的时间越长，现实生活中人际交流越少，导致更强烈的孤独感；其二，互联网转化社会资本，互联网降低了交流门槛，扩展了交流方式，能够超时空连接共同志趣的关系纽带；其三，互联网补充社会资本，网络已嵌入日常生活，成为现实世界互动交流的延伸空间。

互联网群体传播建构新型联结方式，作为个体的人发生巨大变化，自我表露成为信息社会的生存技能，个体社会资本整体上升。网络社会资本包括已经存在的线下社会资本转移到网络，以及因网络沟通而新建立的网络社会资本。网络社会资本对用户的行为意愿与社交网络影响颇深。

在实名和匿名网络社区中，用户网络社会资本有区分。在实名网络社区

① 陈力丹、费杨生：《关系：移动互联时代传统媒体转型的逻辑起点——读第 20 个玛丽·梅克尔的互联网报告》，《编辑之友》2016 年第 7 期，第 5-10 页。

② 陈先红：《论新媒介即关系》，《现代传播》2006 年第 3 期，第 54-56 页。

③ Ellison, N. B., Steinfield, C., & Lampe, C. The benefits of Facebook "friends": Social capital and college students' use of online social network sites. *Journal of Computer-Mediated Communication*, 2007, 12(4), 1143-1168.

④ 杨萍：《论 SNS 社交网站的传播价值：基于社会资本理论的视角》，《东南传播》2010 年第 9 期，第 95-97 页。

⑤ Matthias Hofer and Viviane Aubert. Perceived Bridging and Bonding Social Capital on Twitter: Differentiating between Followers and Followees, *Computers in Human Behavior*, 2013: 29 (6): 2134-2142.

⑥ 李原、吴育琛：《网红经济学》，《中国企业家》2016 年第 6 期，第 30-38 页。

中，“意见领袖的专业性和可信度可通过转移原有身份及声望来确认，也可通过发布信息、参与讨论等社区贡献手段来累积”[①]。但在匿名网络社区，因意见领袖线下影响力无法转移到线上，“积极、认真、负责任的社区参与”更重要。[②]

在实名网络社区中，“被关注量”可能对呈现用户影响力并不重要，但在以豆瓣、知乎、果壳为代表的匿名网络社区中，被关注量不仅意味着影响力，也是用户身份认同和社区身份感知的重要指标，还是变现能力的必要条件。现实社会资本会在匿名网络社区空间中清零。在初期匿名社区中，用户之间相互平等，其社会资本的获取与“被关注量”成正比，且在匿名社区中解除好友关系成本极低，所以“被关注量”代表经过长期累积的认定后匿名社会关系的沉淀。在经过较长一段稳定期后，若被关注量较多，就意味着该用户在社区中受到的认可也较多。匿名社区资本和社会资本一样，不仅标示用户获取特定网络社区资源的能力，还展现用户在一个网络社区中的影响力、话语权，但匿名社区资本很难跨社区转移。[③]

网络社群依托互联网催生新型社交模式并积累网络社会资本，微信朋友圈便是其典型代表。作为基于社会网络的虚拟社区，微信朋友圈呈现出强连接与弱连接的有机结合，有助于社会资本的培育。在微信朋友圈，个人的情绪会感染社群的情绪，一声呐喊会得到一群人的响应。微信朋友圈大部分建立在熟人的基础上，在这种朋友社群中更容易产生信任感，朋友圈中好友共同参与话题讨论，通过点赞、转发、评论等情感共振，关系相互交织，易引发广泛的社会“蝴蝶效应”。

使用微信的门槛降低和“朋友”意义的泛化，逐渐背离了朋友交往和群体团结的本质，使关系链接和情感沟通少了明确的边界，从而对信任关系产生负面影响。朋友圈高频的信息转发以及无孔不入的商业营销，使原本关系黏合、情感互动的意义被极大消解，用户的交往报酬和交往热情降低，交往疲劳随之产生，降低了网络社交的情感价值，这显然不利于社会关系资本的培育。

---

① Pornpitakpan, C. The persuasiveness of source credibility: A critical review of five decades' evidence. *Journal of Applied Social Psychology*, 2004, 34, 243-281.

② 王秀丽：《网络社区意见领袖影响机制研究——以社会化问答社区知乎为例》，《国际新闻界》2014年第9期，第47-57页。

③ 崔凯、刘德寰、燕熙迪：《时间累积、用户行为与匿名社区资本——基于豆瓣网网络爬虫数据的分析》，《青年研究》2017年第1期，第28-36页。

社会资源大致可分为物质与经济资源、政治与权力资源、社会威望与声誉资源这三类。当这些稀缺资源都掌握在同一群体中时，就会凸显社会结构的不平等和复杂性。社会上层因为工作及合作关系变得一体化，某些人成为上层权力精英，控制权力的中层，社会底层不断向无权趋势发展并逐渐被无视，社会的中层力量相互制衡，社会的精英与下层之间存在着难以逾越的距离。

互联网群体传播对社会资本的积累作用，主要取决于使用者的线下关系网络以及由此产生的社交媒体使用习惯。开放、异质性高的线下关系网，导致使用者娱乐性地使用社交媒体，从而获得较疏远的“桥接型”社会资本；而闭合、同质性高的线下关系网，让使用者工具性地使用社交媒体，从而在获得“桥接型”社会资本以外，也获得较亲密的“结合型”社会资本。①

Wasko 和 Faraj 在虚拟社区知识分享的研究中引入社会资本理论。② Ghoshal 和 Nahapiet 从关系、认知与结构这三个方面对社会资本进行测量。③ 有实证研究显示，知识共享态度显著地影响知识共享意愿，关系资本、认知资本和结构资本将影响微信朋友圈用户知识共享态度，且关系资本发挥的作用最大。④ 刘丽群等认为虚拟社区中社群成员参与知识交流的动机可以用需求理论来解释。⑤ 陈春光认为，社群内的知识共享行为与成员之间的关系、互惠、奖励、信任、自我效能呈正向关联。⑥ 有学者提出社会化媒体时代“公民编辑”的概念，在互联网知识社区中，扮演编辑角色的媒介参与者要善用认知盈余进行协作式的知识生产与传播。⑦

奈斯比特在《大趋势》一书中说，我们在信息泛滥中渴求知识。互联网上分散的信息难以与日益增长的知识需求相匹配，从而诞生了问答型社交网站，

---

① Xiaoli Tian. Network Domains in Social Networking Sites: Expectations, Meanings, and Social Capital, *Information, Communication & Society*, 2016, 19 (2): 188-202.

② Wasko M M L, Faraj S. Why should I share? Examining social capital and knowledge contribution in electronic networks of practice. *MIS Quarterly*, 2005, 29 (1): 35-57.

③ Nahapiet J, Ghoshal S. Social capital, intellectual capital and the organizational advantage. *Academy of Management Review*, 1998, 23 (2): 242-266.

④ 赵大丽、孙道银、张铁山：《社会资本对微信朋友圈用户知识共享意愿的影响研究》，《情报理论与实践》2016 年第 9 期，第 102-107 页。

⑤ 刘丽群、宋永梅：《虚拟社区中知识交流的行为动机及影响因素研究》《新闻与传播研究》2007 年第 1 期，第 43-51 页。

⑥ 陈春光：《虚拟社区知识共享行为影响因素研究》，华中师范大学硕士论文，2014 年。

⑦ 金兼斌、李晨晖：《社会化媒体时代的“公民编辑”：概念与形态》，《编辑之友》2018 年第 1 期，第 69-74 页。

并逐步形成知识型网络社群。发展早期，工具性平台如新浪爱问、百度知道、百度百科、维基百科等以社群为根基，在知识贡献和分享上形成了各自的影响力和口碑。

知识型网络社群的形成是新媒介技术下“小世界网络”的形化，网络用户以身体不在场，却以虚拟符号角色存在于网络世界中，在信息的生产、接收、反馈、再生产中与其他兴趣爱好相似、价值理念相同的社群成员联结成巨大的网络，认同感使其迅速集结并形成独特的“文化部落”，借由内在的精神纽带进行文化沟通和情感互动，建构了随机聚合却关系紧密的网络社群，社群成员具有凝聚力，同时也具备自由度。而在现实生活中，以情感体验维系的社群稀缺，使个体精神碎片化的人们转而将精力和关注投向网络。互联网群体传播时代多元文化格局的形成，无限细分和增长的文化偏好和兴趣取向得以存在，标榜个性、自由和分众的互联网为基于兴趣而聚合的知识型网络社群的孵化和生长提供了适宜的土壤。①

以知识生产和分享为主要目的的“知乎”在中文知识型网络社群中品牌知名度高，发展过程中逐渐呈现出与现实社会相似的分层结构。政治、经济等资源是传统社会分层的重要影响因素，而知乎社群的社会分层标准来自其社群声望，社群成员的知识输出贡献成为决定参与者层级地位的主要因素，分上层、中层和底层，呈“倒丁字型”。知乎网彰显了知识的重要价值，但社群机制的马太效应使资源分配不均，形成日益扩大的“知沟”。网络社会中“知沟”关系到使用信息和应用知识的数量、质量以及价值，网络社会结构性的不平等和社会权力支配关系都体现于此，更隐含着社会资本、社会分层等社会问题。

知乎社区与豆瓣、果壳、科学松鼠会等分众性较强的社群相比，更具有综合性，话题涵盖全面，涉及各个细分领域。知乎上的一问一答，其实是社交。知乎网通过“答案”和“关系”两条主线来编织组织结构，既是最大的中文知识生产平台，同时也是体量惊人的社交关系网。不论用户的背景如何，只要具有相关专业知识，并对问题进行认真、负责任的回答，用户就有可能得到该领域意见领袖的认可，并有可能成为新的意见领袖。

在知乎社群中，能进行优质信息生产的用户会迅速积累粉丝，用户现实生活中的身份、地位远远没有贡献内容的质量来得重要，这使得在线下无名无权的“草根精英”开始发光，成为互联网群体传播时代知识发力的写照。知乎提

① 蔡骐：《网络虚拟社区中的趣缘文化传播》，《新闻与传播研究》2014 年第 9 期，第 5-23 页。

倡的营运机制鼓励高质量用户分享知识、经验和见解，让社群高效地连接起来，从而形成认真、理性、友好的社区氛围。

意见领袖是指能够优先接触到媒介的一部分人，在优先获得信息并加工信息后进行二次传播，发挥信息过滤、中介作用，评价和解读信息以影响他人认知，引起社群成员对某个社会话题的关注，并形成群体性意见。互联网社群媒体中的意见领袖可分为信息“母港”型、“解读者”型、“过滤器”型、“传递者”型等四类。[①] 意见领袖是信息传播的枢纽，处于社群中心化的顶级位置，相对来说会拥有较多社会资本。

知乎社区中的意见领袖大致分两类：一类是拥有专业知识、乐于分享高质量内容的草根用户；另一类是线下名人，包括 CEO、学者、作家、行业领域专家等。[②] 第一类中的草根用户通过知识生产和关系交互积累网络社会资本，是知乎意见领袖的中坚力量，比如因医生身份而被广大知乎用户熟知的户田吉顺、前缉毒警察田浩等；第二类的线下名人通过知识分享和关系迁移拓展社会资本，在知乎网创建初期，现实意见领袖是其主要来源，比如李开复、雷军等。

此外，热点事件涉及的知乎用户也会凭借机缘，吸引关注度，迅速积累社会资本。由于知乎强烈的社交属性，当现实社会发生重大新闻，知乎官方及用户会根据新闻披露的事实在知乎网提问，而事件的亲历者作为知乎用户会第一时间将亲身经历的事实上传网站作答。2015 年天津市滨海新区发生爆炸事故的当天，就有用户在知乎上提问，名为“秦峰”的知乎用户是一名程序员，当时身处距离爆炸地点仅 600 米的万科海港城，第一时间就亲身经历发表回复，随后该用户在新闻发生的过程中，持续对该答案进行更新，受到知乎社区的持续关注。

百度知道表面在回答，本质是搜索，而知乎“问答网站＋社交属性”的运营模式给意见领袖的发展注入动力，设立专栏能满足其表达需求，关注功能实现对意见领袖的追随，知乎圆桌又将嘉宾讨论引至线上。知乎的意见领袖普遍教育程度较高，专业属性相较微博会更强，更重视回答质量，愿意精耕细作，用时间与流量换取深度，而用户的投票机制也在某种程度上提高了答案质量。但其实在知乎社群中 85％的内容生产者获赞很少，这些内容大都沉没在信息洪流中，内容生产近乎无效的生产者在知乎社群内呈现“失语”状态，几乎没有

---

① 柳旭东：《意见领袖在社群媒体传播中的维度》，《新闻与传播研究》2011 年第 6 期，第 75-80 页。

② 王秀丽：《网络社区意见领袖影响机制研究——以社会化问答社区“知乎”为例》，《国际新闻界》2014 年第 9 期，第 47-57 页。

社会资本的积累。

二、网络交往对社会资本的影响

在传统虚拟社区中，网络社群成员的参与主要基于社会归属的需要；而人们在以自我为中心的社会网络中，更倾向获取社会资本。① 在社会交往日益复杂而社会资本不断衰减的时代，有效率的网络交往很关键。据统计，每天约有 230 万个微信群被创建，约四分之一的信息来自微信群内对话，近三成的群能够存活超过 30 天。微信群的生命周期取决于建立时的社交目的，经常聚会的朋友群比事件驱动的群存在的时间更长，40%的群在一周之内变沉默。微信群可分为长期群和临时群，长期群往往规模较大，而临时群的规模在百人以内。即便在临时群停止信息互动后，群内成员仍会发展关系，在一段时间后对潜在朋友网络结构产生影响。微信群的邀请对时间高度敏感，近八成的首次邀请发生在邀请人入群的 5 天内，近八成的连续邀请间隔了 2 天。②

互联网群体传播时代，社会化机制成为信息传播的一种路径，个人关系网络成为主要链路，获取信息和知识的渠道主要来自朋友的推荐和转发，以信任为核心的馈赠型经济逻辑明显。③ 订阅机制是信息传播路径的另一种模式，以内容为核心，依据兴趣进行关注和筛选，信息的功能性取向明显。随着社交网络和信息网络的日渐交融，社会化机制和订阅机制也不断融合，人们不但订阅高质量的内容，也欣赏内容生产者的个人风格，人们根据自身兴趣选择内容，结识有缘之人，形成兴趣圈，并在这种关系中发现新的兴趣，分享有价值的信息，积累社会资本。

网络社会比以往更加尊重人性，互联网群体传播时代，人性化已经成为其链接的归宿和起点，成为互联网存在的立足点及时代发展趋势。人性作为人际关系的核心，也是检验关系的标准，对人性的敬重与尊崇也就是对服务的增值。而作为信息流动基础的人际关系，以“社会化引擎”的作用深刻影响着内

① 彭兰：《从社区到社会网络——一种互联网研究视野与方法的拓展》，《国际新闻界》2009 年第 5 期，第 87-92 页。

② J. Qiu, Y Li., J. Tang, Z. Lu., H. Ye., B. Chen., Q. Yang, J E Hopcroft. *The Lifecycle and Cascade of WeChat Social Messaging Groups*. Proceedings of the 25th International Conference on World Wide Web, 2016:311-320.

③ 蔡骐：《网络社群传播与社会化阅读的发展》，《新闻记者》2016 年第 10 期，第 58 页。

容的推荐和发现。[①]

互联网改变了固有的关系结构,现实生活中的身份由于互联网的出现不再呈现唯一性和固定性。在此基础上,地理界限被打破,原有规律被摧毁,而新的管控方式被创造,新的社会信任与契约正被互联网重新塑造。在类似文化圈子的网络社群中,信息流通按照“兴趣—关系—推荐—互动—分享”的模式循环发展,人们参与社会互动的驱动因素转变为对内容的兴趣和对关系的信任,固有的经济、人脉、地缘、文化等边界要素被互联网打破进而重塑社会结构,与此同时,原本的权利、关系、规则也在这一过程中被逐步转变。

尽管新媒体技术赋予人与人之间更多的连接场景与互动方式,但对人们的社交质量是否切实提高还有待考量。受移动互联网连接数量和场景因素影响,移动社交的连接与互动趋向片面化,甚至碎片化,即时报偿可能由于这种互动产生,但长久持续的关系其实很难由此建立。

人们与身边人的交流可能会因和远距离的人的连接而日益稀少。美国心理学家雪莉・特克尔(Shirley Terkel)认为,人们尝试把交流对方当作实用性客体,只想接触对方使人有趣舒适的部分。在现实的日常生活中,互动交流是全方位的接触过程,想接受对方的关心就必须忍受对方的唠叨,这会造成付出的时间和精力变得不可控,导致交流成本变高。而选择网络空间进行群体内或群体间的人际互动,就可以选择性接受对方可爱有趣的一面,又可以将对方的缺点和问题剥离开来。从社会资本获取角度看,这样的互动方式在短期能有低投入、高回报的效果,但从长远来看,却难以建立稳定、深入的关系。[②]

每个人的社会关系管理能力有其上限。牛津大学的人类学家罗宾・邓巴(Robin Dunbar)研究灵长类动物的大脑容量与其群体规模的关系,发现“150定律”,从中推断出人类大脑容量与其社会群体的理想规模约在150人,即人们分开后再相遇能辨认出约150人(邓巴数)。常见的群规模约为150人,这是构建网络社群的最佳人数。群中总有一部分人表现得特别活跃,他们之间的感情维系方式就是相互点赞。

“点赞”作为一种一键式的懒惰社交,因其维护关系的低成本性,在社交网络中颇受青睐。点赞是一种信息认同状态,是助推观点最简单有效的方式,大量点赞会产生积少成多的滚雪球效应。研究表明,“评论”可以增加个体的桥

---

① 彭兰:《文化隔阂:新老媒体融合中的关键性障碍》,《国际新闻界》2015年第12期,第125-138页。

② 彭兰:《“人—人”连接的升级及其隐忧》,《新闻论坛》2018年第2期,第9-11页。

接型和凝聚型社会资本，而单独的点赞则对此没有积极影响；只有评论和点赞相互配合，才能对社会资本产生促进作用。[①]

个人要在热衷点赞的群体氛围中保持清醒判断难度很大，而点赞似乎成为人际关系中的"点卯机"，给某个人朋友圈经常点赞的状态和对另一人朋友圈"不理不睬"的对比中，似乎表明了某种倾向和态度。加之点赞时能看到基于同一对象的其他点赞人，这种隔空相望的感知也似乎会对人际关系产生微妙的影响。在点赞这种方式一步步变得机械和乏味之后，寻找可信赖的社交手段也成为关系传播的关键。

纵观如今的社交应用，多数人编织的社交网络的关系数远超 150 人，这就意味着超限的社交关系会成为人们的负担。网络社群时代带来全方位的连接，但与之相匹配的情感和社会支持未必随之而来。细细观察，过于丰富甚至繁杂的连接反而会使交流互动功利化、低级化、程序化，新的狭隘与孤独也许就出自这种广泛而廉价的连接。

第三节 网络权力与国际秩序

全球地缘政治格局的演变历程，以 15 世纪地理大发现为界，可分为古代国际秩序下的地缘政治格局和现代国际秩序下的地缘政治格局两个阶段，前者是在单一的区域性力量中心支配下，在各自的控制范围内形成自己的控制体系；后者始于威斯特伐利亚格局，历经七次重大更替，最终演变至当今的"一超多强"地缘政治格局。[②]

从力量结构来看，古代的国际秩序下的地缘政治格局是一种区域性单极结构，由唯一力量中心依靠强大实力控制和影响周边附属力量，区域性单极力量结构不变，格局的力量结构演变遵循从单极到单极的单向演变规律。现代国际秩序下的地缘政治格局力量结构的类型存在两极和多极两种类型。

1919 年，凡尔赛—华盛顿格局形成，该多级力量结构维持 20 年；接着经历二战结束前的美、苏两级格局；1947 年雅尔塔格局两级结构形成；1991 年开

① 周懿瑾、魏佳纯：《"点赞"还是"评论"？社交媒体使用行为对个人社会资本的影响——基于微信朋友圈使用行为的探索性研究》，《新闻大学》2016 年第 2 期，第 68-75 页。

② 刘大庆、白玲、郗笃刚：《全球地缘政治格局力量结构演变研究——基于社会网络分析法》，《世界地理研究》2018 年第 1 期，第 12-21 页。

始全球呈现“一超多强”格局。在雅尔塔地缘政治格局形成以前，格局的力量结构转换遵循多极向两极正向转换规律，而从雅尔塔格局开始逆向转换，从两极转换为多极。

全球权力结构在互联网时代发生解体，权力正向低层次扩散。在网络社会中，社会权利关系和形式在某种程度上发生了变化，根植于网络的权力在全球化时代对国际秩序也产生着重大影响。伴随着全球信息化发展，中国凭借改革开放以及日益突出的国际地位，逐步掌握国际话语权。以中国为主导的新型全球化发展，为解决国际关系中非此即彼、非黑即白以及对立性、单一性、矛盾性、偏执性等问题，提供了一种灵活、理性、综合的思维面向①，力图实现超越西方中心论构建人类多元文明，超越地缘政治实现全球性交往认同，超越零和博弈的斗争哲学打造人类命运共同体。现阶段倡导治理全球战略发展失衡的中国方案，也难免遇到误解和阻挠，还需要在前行中探索。

一、作为战略意义的互联网

20 世纪 40 年代，计算机进入人类社会。20 世纪 70 年代，出现个人电脑。20 世纪 90 年代，出现计算机网络。根据联合国大会的决议，国际电联把 2006 年 5 月 17 日命名为首届世界信息社会日，这是全球进入信息社会的真正标志，预示着全新的全球信息化的时代已经到来。

互联网源于美国，早在 1973 年美国国防部国防前沿研究项目署 Advanced Research Projects Agency（简称 ARPA）建立专网，在 20 世纪 90 年代之前一直是为军事和科研服务的网络。1986—1993 年，中国开始互联网的相关试验；1994 年，中国大陆首次接入互联网；1994—1996 年为我国互联网的起步阶段，当时网内网民数超过 20 万。中国互联网自 1997 年起进入快速发展阶段，目前已成为世界上网民人数最多的国家。21 世纪初，无线移动网络出现。中国互联网络发展状况统计调查报告数据显示，截至 2024 年 6 月，中国网民 10.9967 亿，互联网普及率达 78.0%，我国网站总数达 388 万个。当前基础构成的网站规模化发展显示了我国互联网发展的强大势头。

（一）中美互联网企业发展比较

《华尔街日报》曾提出，未来第三次世界大战是创新的竞争，创新的地震震

① 邵培仁、王军伟：《传播学研究需要新世界主义的理念和视维》，《教育传媒研究》2018 年第 2 期，第 29-32 页。

中来自硅谷。硅谷是全球互联网创新创业的主动脉,诞生了很多卓越的互联网企业。据《全球互联网趋势报告(2016)》,在全球互联网公司TOP20中,美国占据12家,中国拥有7家。全球前50大移动互联网公司中,中美各占一半。在全球排名流量前100的网站中,美国占据72个,中国拥有18个。到2019年,在全球互联网公司TOP30中,美国占据18个,中国占据7个。

1. 美国互联网公司的发展

苹果公司(Apple)是世界著名的高科技互联网公司,正是当年摩托罗拉总裁詹德对苹果公司的CEO乔布斯说,人们选择随身携带的三样东西会是钥匙、钱包和手机,而没有iPod,才激发了苹果公司2007年研究开发iPhone手机,引起抢购热潮,2010年又推出平板电脑iPad。2011年10月,苹果公司发布iPhone 4S手机中的Siri技术,推动了普通人对语音交互技术的认识与应用,越来越多的智能手机里都有类似的语音智能助理。未来眼球的运动或视线的转移都可以作为人机交互的一种方式,通过眼睛活动可以控制电脑或其他终端,苹果公司曾申请过与眼动应用相关的专利,称通过该技术可根据用户视线延迟显示屏操作的执行,还可以改变用户界面,生成并执行相关信息。2015年11月,苹果收购面部识别技术公司Faceshift,并于2015年5月和2016年1月,分别收购AR公司Metaio和Flyby。

谷歌公司(Google)创建于1999年,是全球最著名的信息检索工具提供商,在十年内创造了世界的商业奇迹,品牌价值663.4亿美元,排名全球第一。谷歌的创始人希望通过掌上电脑或手机,让每个人都能把人类的一切知识放进口袋,并通过便捷的搜索工具迅速获取信息。谷歌公司在PC为终端的互联网上获得巨大成功后,立即开发出Android手机操作系统。近年来谷歌涉足AR(增强现实技术)领域,于2012年4月,推出AR眼镜Google Glass,又于2014年10月花5.42亿美元投资AR公司Magic Leap。

2016年3月,谷歌开始实施全球免费无线网络覆盖计划。谷歌通过数百颗卫星向全球提供无盲区和无死角的免费Wi-Fi服务,用户只要有一部中继转发器,便可用带有无线网络功能的设备上网。马斯克(Elon Musk)的"星链"(Starlink)项目是SpaceX公司主导的全球卫星互联网计划,2019年开始发射大量低轨道卫星以构建覆盖全球的高速互联网网络。现已成功发射超过5000颗星链卫星,形成动态卫星网络,为偏远地区、海上及空中交通提供高速低延迟的稳定的互联网服务。星链的主要目标用户是传统宽带覆盖不到或服务质量较差的农村及偏远地区居民,以相对合理的费用提供高速网络,解决

“数字鸿沟”问题。而亚马逊的“柯伊伯计划”(Project Kuiper)等项目正在崛起，市场竞争加剧。

这个世界实在变化太快，前不久还在谈论“移动为王”，转眼人工智能就成为撬动互联网产业发展的主要力量，对社会的影响也会更深远。互联网企业是嗅觉最灵敏的，谷歌已宣布从“移动优先”转向“AI优先”。

微软在2024年10月推出了专门为满足美国政府需求而设计的Copilot，并广泛应用于生产力工具、企业解决方案和智能终端上。目前，Microsoft 365 Copilot已经正式面向企业客户推出，收费标准为每位用户每月30美元，这种基于订阅的模式使微软能够持续优化服务。未来微软计划通过与Azure OpenAI模型的深度集成，进一步扩展Copilot的能力，为用户提供更广泛的智能化服务场景。

2014年，谷歌公司推出“安全网”(Online Safety Roadshow)计划，主要面向中学生推广“双重身份验证”和“隐私检查工具”。2017年微软公司发起“网络安全防护”(Cybersecurity Defense)宣传，帮助用户应对网络钓鱼和勒索软件威胁。2018年，由微软、Facebook、思科等34家科技公司联合发起网络技术安全协议(Cybersecurity Tech Accord)，承诺合作打击网络威胁。Meta公司开展用户隐私控制的培训，2019年联合多个非政府组织和科技企业，加强反诈骗和反虚假信息的全球性宣传，包括推出“数字素养”计划，帮助用户识别网络诈骗和虚假内容。2019年思科(Cisco)推出“中小企业网络安全框架”(Small Business Cybersecurity Framework)以帮助中小企业识别和抵御网络威胁。2018年IBM推出网络安全技能计划(Cybersecurity Skills Initiative)，2020年由于COVID-19大流行，远程办公和在线活动激增，网络安全威胁显著增加，IBM在此背景下向全球用户免费提供网络安全相关的在线培训课程，帮助个人和企业提升网络安全能力。

2. 中国互联网企业的新发展

2024年是中国全功能接入互联网30周年。在全球互联网公司十强中，中国占了4家，分别是腾讯、阿里巴巴、拼多多和美团，3年前位列十强的还包括百度和京东。在国内的互联网三大巨头公司(BAT)中，腾讯和阿里巴巴交替成为亚洲市值最高的公司。

杭州诞生了互联网公司阿里巴巴，被誉为中国的“硅谷”。2000年9月10日，马云把金庸先生的“华山论剑”搬到了西子湖畔，搜狐的张朝阳、新浪的王志东、网易的丁磊、8848的王峻涛等互联网大佬，以及50多家国际跨国公司代表、加拿大驻华大使、英国驻沪总领事等，都参加了这次号称中国互联网史上第一次盛会，上百家国内外媒体，数以千计的网民，全球的目光都聚集在天堂硅谷。

2014年9月19日，阿里巴巴在美国纽交所成功上市，市值达到2314亿美元，超越Facebook成为全球第二大互联网公司。三年后，阿里巴巴市值突破4000亿美元。2017年底，阿里市值4514亿美元，美国的亚马逊公司市值4818亿美元，可谓旗鼓相当。之前美国被认为是全球互联网的绝对领导者，但阿里巴巴上市后基本形成了中美两强的格局。根据阿里巴巴公布的2018财年一季度财报显示，核心电商收入按年同比增长58%，云计算目前占总收入比是5%，季度收入是24亿元人民币，但是云计算按年增长在本季度高达96%。但随着市场竞争的加剧，云计算近几年的增长放缓，占阿里巴巴总收入的13%左右。

阿里巴巴于2016年2月投资美国AR公司Magic Leap；同年3月，成立VR实验室，启动“Buy+”等计划。2016年7月，阿里巴巴发布“阿里巴巴物联网平台”。在2017年10月举行的云栖大会上，阿里巴巴宣布成立“达摩院”，致力于基础科学和颠覆式技术创新方面的研究。其后3年，阿里巴巴在技术研发上的投入超过1000亿元。

从资本上来看，中国的互联网网民是美国的2.5倍。2019年，阿里巴巴在香港交易所上市后基本形成5000亿美元的估值，成为仅次于谷歌的世界第二大互联网公司，与美国谷歌8000亿美元的估值，形成势均力敌的格局。2024年，美国谷歌估值2万亿美元，阿里巴巴缩水至2000亿美元，差距在拉大。

2017年底，腾讯的市值在3万亿元左右，庞大的用户群体使腾讯日益强大，成为中国公司500强之首。腾讯在2015年7月发布“QQ物联计划”，于2015年12月公布Tencent VR SDK及开发者支持计划，积极布局物联网和VR领域。在互联网领域，腾讯的专利数量位居第一，而且仅有腾讯(9540件)一家接近1万件，暂时领先于百度(4440件)、360(4009件)、阿里巴巴(2458件)等互联网公司。腾讯公司在海外的专利申请量超越亚马逊公司，拥有7599件专利，阿里巴巴在海外也积累了4082件专利。

百度创立于2000年，拥有世界最为先进的搜索引擎技术研发团队，也使中国成为全球仅有的4个拥有搜索引擎核心技术的国家之一。除了搜索，百度在云计算、大数据等技术领域也处于全球领先水平，人工智能成为百度重要的技术战略方向。2015 年 9 月，百度发布 BAIDU IoT 平台，除了抓紧在物联网领域布局，在 VR（虚拟现实技术）领域也积极布局，2015 年 12 月推出 VR 视频频道，2016 年 7 月上线 VR 浏览器。2017 年，百度宣布将转向"AI 思维"。2023 年 8 月 31 日，百度新一代大语言模型"文心一言"正式启动全社会开放。

德勤与投中信息联合发布的《2019 科创独角兽研究报告》显示，截至 2019 年 6 月，全球累计有 452 家独角兽公司，其中中国有 180 家、美国有 179 家，中美两国占比持平，接近 50% 的中国独角兽企业成立时间甚至不到 5 年。根据 2024 年发布的《全球独角兽榜》，美国拥有 703 家独角兽企业，位居全球第一；中国拥有 340 家独角兽企业，位居全球第二。在 2024 年全球独角兽企业 500 强的 Top10 中，字节跳动以 1.56 万亿元人民币的估值连续第三年成为全球价值最高的独角兽，美国的 SpaceX 和 OpenAI 分别位列第二和第三，中国的蚂蚁集团、快时尚电商 Shein、微众银行分别位列第四、第五和第十。

在 5G、操作系统、AI 等方面，中国不断取得技术突破，不断缩小与美国的差距。2020 年世界互联网大会发布的蓝皮书指出，全球的 5G 网络将有三分之一来自中国技术。与此同时，中国的人工智能专利申请数量首次超越美国，成为世界第一；华为发布的基于微内核的鸿蒙操作系统（HarmonyOS），有望打破 Android 操作系统在国内手机市场的垄断，中国在互联网领域一直在积聚竞争力。

（二）中美互联网发展战略比较

1. 中美互联网竞争

费正清在 1940 年代中期写了一本书叫作《美国与中国》，这是西方学者第一次把中国和美国进行对照的一本书。1972 年尼克松访华，公文包里放的唯一一本书就是费正清的《美国与中国》。2018 年 1 月 19 日，美国发布《国家安全战略报告》，称"国家间战略竞争是现在美国国家安全的首要关切，五角大楼的目标是在日益复杂的全球安全环境里竞争、震慑、取胜，当前长期战略竞争是美国繁荣和安全面临的核心挑战，其主要来自中国和俄罗斯"。

美国一直是互联网顶尖国家，据美国 Statista 数据统计公司报告显示，（截至 2024 年，美国网民有 3.31 亿，互联网用户普及率 97.1%，移动互联网用户超 3.2 亿）。互联网是美国发明的，互联网的规则包括服务器都由美国控制，互联网的很多原创技术都控制在美国手里。美军很早便开展网络空间安全教育工作，积累了丰富的经验。美国商务部作为协调委员会专门负责网络空间安全教育培训和宣传工作；美国国防安全研究所对在美国国防部工作的所有员工进行安全专业培训；美国国防部要求部队每年进行一次网络空间安全培训，所有入职人员必须接受一次信息安全意识宣讲，每次工作总结均要汇报网络空间安全认证和培训情况。

1995 年，美国国安局成立信息安全学术人才中心；1997 年，美国国防部修订《信息安全计划》；1999 年，美国制定《国家信息安全战略框架》，启动国家网络安全教育培训计划(NIETP)；2000 年，美国发布《信息系统保护国家计划》，启动计算机公民项目、联邦计算机服务(FCS)项目、联邦范围内意识培养项目、服务奖学金(SFS)项目、中小学拓广项目；2002 年，美国通过《网络安全研究与开发法案》和《网络空间人才计划》；2003 年，美国国家标准技术研究院发布《信息技术安全意识和培训项目建设指南》，强调在开发、设计、应用和评价培训项目时要规范信息技术安全意识。

美国自 2004 年启动"国家网络安全意识月"，每年面向政府、企业、家庭、学校等网络用户开展信息安全意识教育、宣传和培训活动，其目标是推动公共部门、私营部门以及国际共同体提升网络安全意识，对美国公民进行网络安全自我保护教育，提升国际及其网络基础设施的恢复力，从而维护网络空间带来的巨大机遇并进一步推动经济增长。

2010 年和 2011 年，美国国家标准技术研究院分别发布了《美国网络空间安全教育计划(NICE)》和《美国网络安全教育计划战略规划：构建数字美国》草案，旨在维护全球顶尖的国家网络安全队伍并通过网络行为的创新实现网络安全意识的建立、扩展。2013 年，美国国土安全部对信息安全队伍建设提出五项目标。

2014 年 7 月 22 日，美国国家安全局(NSA)宣布在全美 5 所知名高校开设专门的网络作战计划学术中心，培养网络战略高素质的大学生队伍，NSA 的网络作战计划共涉及 13 所学校。早在 1989 年，世界上第一个专门应对计算机攻击的应急小组(CERT)及其协调中心(CERT/CC)在美国卡内基-梅隆大学建立，这标志着网络空间安全由静态保护向动态防护的转变。2011 年开始，美国堪萨斯州立大学就每月定期举办信息安全圆桌会议，主题涉及邮件、信用卡、办公设备、移动设备安全等方面。

2017 年 6 月 1 日，有"互联网女皇"之称的华尔街证券分析师玛丽 · 米克尔(Mary Meeker)在美国 Code 大会上发布了 2017 年的互联网趋势报告。全球互联网用户数已超 34 亿，同比增长 10%，互联网全球渗透率达 46%。

对中国而言，2024 年总人口超 14.4 亿，其中网民近 11 亿，可能下一个 3.4亿的网民基本在三、四线城市和农村。英国、日本等国互联网普及率均超过九成，却因网民基数少，故市场规模有限。欧洲等国互联网创业环境冷清，发展动力不足。在发展中国家中，与中国成竞争态势的印度在网民数量上虽高居第二，达到 3.55 亿，同比增长 28%，但互联网普及率仅为 34.8%，发展水平不足。互联网之父拉里·罗伯茨曾在接受采访时认为，中国运用网络的方式和途径更多元，网民可以通过互联网享受市面上已有的各种服务，其中网购使用非常普及，中国人民对于科学技术渐入佳境时，似乎要比沉浸其中很久的人民接受得更快。[①]

2007 年，刘云山同志在人民网创建 10 周年座谈会上指出，媒体格局正在发生深刻变化，互联网对社会舆论的态势和走向产生着不可估量的影响。[②]对此，第一届国家信息化领导小组组长朱镕基总理曾有明确阐述：国家信息化的重点是电子政务，电子政务的核心不在电子而在于政务。数字媒体等新媒体是技术手段，更重要的是推动生产关系，推动政务变革。

2007 年，党的十七大报告中提出，要建设社会主义法治国家以及保障公民“四权”(知情权、参与权、表达权和监督权)，自此，与“表达自由”同义的“表达权”进入了政治和学术话语体系中，成为具有中国特色的政治、法律和新闻传播核心用语之一。2008 年 6 月 20 日，胡锦涛同志在考察人民日报社时，积极评价互联网为“思想文化信息的集散地和社会舆论的放大器”，提出“必须加强主流媒体建设和新兴媒体建设，形成舆论引导新格局”，媒体应当“引导社会热点、通达社情民意、疏导公众情绪”。[③] 互联网作为新兴媒体首次并全面纳入国家最高层视野。

2012 年 12 月，习近平主席视察腾讯公司，自此多次专门论述互联网。他指出：网络走入千家万户，网民数量世界第一，我国已成为网络大国。微博、微信等社交网络和即时通信工具传播快、覆盖广、影响大、用户增长快、社会动员能力强，确保网络信息传播秩序、国家安全和社会稳定成为现实突出问题。[④]

① 方兴东、范媛媛、彭筱军：《寻找互联网初心：全球互联网先驱同话“互联网 50 年”》，《汕头大学学报》(人文社科版)2019 年第 12 期，第 52 页。

② 黄楚新：《新媒体：融合与发展》，人民日报出版社 2016 年版，第 24 页。

③ 胡锦涛：《在人民日报社考察工作时的讲话》，载《人民日报》2008 年 6 月 21 日，第二版。

④ 习近平：《关于〈中共中央关于全面深化改革若干重大问题的决定〉的说明》，《人民日报》2013 年 11 月 16 日，第一版。

2013 年 8 月 19 日,习近平总书记在全国宣传思想工作会议上提出,互联网已经成为舆论斗争的主战场,大部分年轻人信息从网上获取,不看主流媒体,要把网上舆论工作作为宣传思想工作的重中之重来抓。[①] 2013 年 11 月,党的十八届三中全会通过全面深化改革的决定,强调互联网在国家战略发展中的重要作用,要加大依法管理网络力度,完善领导体制,形成技术、内容、资产安全、打击犯罪等互联网管理合力。2014 年,习近平主席提出"没有网络安全就没有国家安全,没有信息化就没有现代化"的观点,开启"网络强国"建设新阶段,中国加快 5G、人工智能、大数据、云计算、量子计算等关键技术研发与应用。2015 年出台《国务院关于积极推进"互联网+"行动的指导意见》,推动互联网与传统产业深度融合,在"互联网+制造业""互联网+医疗""互联网+教育"等领域促进产业升级。2021 年国家层面发布"十四五"数字经济发展规划,提出到 2025 年数字经济核心产业增加值占 GDP 比重达到 10%。

改革开放以来,我国经济增长方式以粗放的资源驱动型为主,互联网时代转型势在必行。以科技创新作为重要核心,在此基础上推动科技与经济、社会各领域的改革创新和协同发展,是国家发展转型的新思路。互联网与传统行业不断联姻,传统行业除了不断应用互联网,还通过互联网逻辑重塑发展模式。围绕"中国制造 2025",在实体经济与信息化建设不断深化的基础上,互联网对供给侧的贡献值也在不断加大,不同行业间实现了连接,行业间的信息分享与协同发展对创新型国家建设起到了推进作用。

互联网时代促进新媒体发展,已成为党中央、国务院治国理政的新国家战略。互联网诞生于 1969 年,26 年后中国于 1994 年加入互联网。互联网对中国最大的价值和意义,是将中国从弱联结的社会变成强联结的社会,这从根本上改变了中国的社会结构、运行方式和动力机制,由此带来经济、政治、文化、社会、生活各个层面的变化。[②] 中国互联网发展第一个十年(1994—2004),中国基本是完全跟着美国走,2000 年,我国的互联网水平不及美国的十分之一,当时美国的微软、甲骨文公司市值 5000 亿美元,当时在中国想诞生一个 10 亿美元的互联网公司都极不容易;第二个十年(2004—2014),中国涌现出一些具有本土特色的互联网产业;第三个十年(2014—2024),中国互联网经历了高速发展向高质量发展的转型,呈现出技术自主创新、产业数字化升级、全球影响

① 习近平在全国宣传思想工作会议上的讲话,新华社 2013 年 8 月 19 日。

② 方兴东、陈帅:《中国互联网 25 年》,《现代传播》2019 年第 4 期,第 1 页。

力增强、治理体系全面加强的特点，着力于推动"一带一路"共建国家的数字基础设施建设，世界互联网大会（WIC）成为推动全球互联网治理的重要平台。美国在国际市场的技术和规则制定中仍占据主导地位，两国的互联网发展模式反映各自的制度、文化和战略重点，在未来的竞争与合作中将持续塑造全球互联网格局。

也正基于此，美国从2018年开始了对华为全方位的制衡措施，从市场打压、媒体抹黑到拘留高管、学术切割。2020年6月，中科曙光和江南计算技术研究所等5家中国科技企业被列入出口管制"实体清单"，禁止从美国供应商采购零部件。2020年9月，美国开始对华为实行芯片禁令。在美国的恶性竞争中，2020年8月，美国总统特朗普引用《国际紧急经济权力法》签署行政命令，禁止美国企业和个人与TikTok母公司"字节跳动"进行任何交易，虽然该禁令之后遭到了禁制令而落空，但自TikTok在美受到挑战以来，多任总统、国会和各地州政府对其掀起一轮又一轮的打压。2023年3月，TikTok的CEO周受资接受美国国会质询，并引起全网关注。2024年3月，美国国会众议院能源和商务委员会通过新一份迫使字节跳动剥离旗下TikTok美国业务的法案《保护美国人免受外国对手控制应用程序侵害法》。3月7日，TikTok在其APP内向1.7亿用户弹窗，号召用户行动以反对这项法案并上诉，在国际舆论上获得支持。12月6日美国华盛顿特区巡回上诉法院对TikTok案判决公布TikTok败诉，TikTok需要在2025年1月19日前完成业务剥离，在此之前TikTok可以寻找美国买家完成出售，同时也可以起诉对该立法发起挑战。TikTok之所以在美国受到如此"待遇"，根源在于其1.7亿用户带来的空前影响力。互联网信息技术关乎国际话语权、数字经济发展等，美国一直对中国保持着警惕。

2. 中国的互联网战略布局

随着互联网的战略地位越来越突出，对互联网的认识又增加了一个新的概念"网络空间"。网络空间安全关系国计民生，随着人们的生活与互联网的联系越来越紧密，网络空间安全对一个国家的安全起着举足轻重的作用。我国工业和信息化部就下设网络安全管理局。早在2006年，中国在《2006—2020年国家信息化发展战略》中就增加了"信息安全"发展纲要。

2014年2月27日，中央网络安全和信息化领导小组成立后召开的首次会议提出了"没有网络安全就没有国家安全"的战略思想，由此翻开我国网络空间安全战略的新篇章。高层关于培养造就世界水平的网络科技领军人才、卓越工程师等提法,都明确表示出高素质的网络安全和信息化人才建设正受到国家的高度重视,网络空间安全关系国家的发展全局和未来。从国家层面,“网络强国”战略自此确立并启动,并与“两个一百年”奋斗目标同步推进。

2015年3月6日,“互联网+”首次出现在李克强总理两会政府工作报告中,提出的推动云计算及移动互联网与现代企业结合的“互联网+”行动计划,作为打造中国经济升级版的战略部署。其后在国内掀起“大众创业、万众创新”的双创热潮,在电商、家政、社交、新闻、代驾等领域,互联网的活力无处不在。互联网推动了变革与创新,提升了生产力的发展,并使互联网产品与社会各行各业各领域持续深度融合。“互联网+”是一种开放、变革、跨界的融合,群体智慧在融合基础上更加协同,互联创新在跨界基础上必然给传统行业带来冲击。

2017年,中国政府提出“网络扶贫”的理念,网络扶贫工程的实施与深入将成为完成精准扶贫目标的主要抓手,可为贫困地区实现可持续发展提供信息资源和知识资源基础。习近平总书记在党的十九大报告中鲜明地指出:“互联网建设管理运用不断完善,彰显文化自信,大幅提升国家文化软实力和中华文化影响力。”[①]2018年4月,习近平主席在全国网络安全和信息化工作会议发言时指出,如果没有网络安全就没有国家安全,也没有经济社会稳定运行。强调在信息化发展历史契机下,推动信息领域核心技术突破,维护网络安全,参与网络空间国际治理,推进网络强国建设。[②]

2020年在新冠疫情防控期间,互联网医疗被医患双方大范围接触,对其认知过程也大大提速,民众的互联网医疗使用习惯被迅速养成。国家卫生健康委员会办公厅发布《关于进一步完善预约诊疗制度加强智慧医院建设的通知》,提出要推动互联网诊疗服务和互联网医院健康、快速、高质量发展,部分患者有望通过互联网实现复诊和买药。此外,百度、阿里、京东等众多互联网公司也纷纷入局,试水医疗用品行业,加码“互联网+医疗”。大数据、人工智能、精准医疗等更是积极赋能互联网医疗发展,技术发展使基于互联网的医疗服务成为可能,基于大数据与人工智能、网络的全新服务模式,将是未来医疗发展的基础。

---

① 《习近平在中国共产党第十九次全国代表大会上的报告》,人民网,2017-10-28,http://cpc.people.com.cn/GB/http:/cpc.people.com.cn/n1/2017/1028/c64094-29613660.html。

② 《习近平谈建设网络强国》,中国日报网,2019-03-24。https://baijiahao.baidu.com/s?id=1628847111550188574&wfr=spider&for=pc。

3. 互联网竞争下的网络安全

伴随日新月异的网络信息技术的飞速发展和全面普及，国家、企业、个人都面临着网络空间安全威胁日趋复杂和严峻的局面，保障网络空间安全已成为世界各国的战略重点和核心利益。网络安全的关键是人才的较量，是专业精英人才的比拼。只有培养世界级水平的网络安全队伍，才能有效应对国家间不断升级的网络威胁。世界主要国家都把网络安全人才战略上升到国家战略的高度。

2000 年，上海交通大学成立信息安全工程学院，担负培养本、硕、博不同学历层次的高级网络空间安全专业人才任务。2007 年，“高等学校信息安全类专业教学指导委员会”经教育部正式批准成立，对网络信息安全类专业人才的培养予以充分重视。2013 年，中国人民公安大学组建网络安全保卫学院，坚持“高教与培训相结合，调研与智库相结合，理论与实践相结合”的办学思路，确定了“网络安全执法技术”学科专业建设人才培养方向，并形成本、硕、博完整培养体系。2014 年 4 月，ISC 唯一一个中国分会在上海交通大学成立。ISC 是全球性非营利组织，为信息和软件安全专业人士职业生涯提供教育及认证服务，其认证是全球网络空间安全领域的“金牌标准”。2014 年 7 月，北京大学网络所联合中国计算机学会（CCF）召开博士生论坛，以介绍研究方向、张贴海报的形式，由导师和业界专家评选最佳方向奖。截至 2024 年 6 月，全国已经有 138 所高校开办了信息安全本科专业。中国信息安全认证中心（ISCCC）开办网络空间安全继续教育培训班。中国软件评测中心（CSTC）开设网络空间安全培训系列课程，教授安全保障技术的应用和测试技术。

网络发展的不同阶段都会出现不同的问题，因此互联网治理是一个“长期化”的过程，互联网的治理在未来是个“常态化”的过程，治理办法更新快，治理手段见效快。在中国从“网络大国”向“网络强国”高歌猛进的过程中，“网络安全”问题是需要高度重视的关键所在。网络安全是影响国家安全的重要命题，网络个人隐私泄露是需要引起充分重视的问题。

2013 年 5 月，美国国家安全局合约外包商员工爱德华・斯诺登泄露有关棱镜计划的文件，称政府部门对社交网络存在秘密监控。苹果、谷歌等 9 家互联网公司被美国情报机构挖掘文档、图片、音频、视频、邮件、社交细节等数据，政府声称网络监控出于反恐等政治目的，“棱镜门”事件对全球网络空间治理的格局和力量对比产生了重要影响。

2018 年 3 月 17 日，美国《纽约时报》和英国《卫报》共同发布深度报道，曝光Facebook上超过5000万用户信息数据被一家名为“剑桥分析”(Cambridge Analytica)的公司泄露,用于在2016年美国总统大选中针对目标受众推送广告,从而影响大选结果。Facebook首席信息安全官Alex Stamos在事发后发表一系列推文称,Facebook存在着很多大问题,公司对于自身平台对世界的影响还是太过乐观。超过5000万Facebook用户信息被第三方公司利用,利用算法向用户进行“精准营销”的商业操作被用于向用户施加政治影响。此事在世界范围内引发轩然大波,也给互联网群体传播时代的信息安全和网络隐私敲响了警钟。

随着网络与生活的深度融合,隐私披露带来的虚荣满足和物质利益,抵消了隐私风险的损失概率,加之隐私风险在短时间内难以产生直观的震慑效果,收益与风险难以进行比较计算,在数字时代,基于日常网络痕迹的隐私披露并没有引起足够的关注与重视。2019年8月末,AI换脸社交软件“ZAO”依托Deepfakes技术,因其“换脸”操作简单、素材丰富、视频速成等优势,上线后引发了广泛关注。但在“ZAO”爆红的第二天,就有法律人士指出,其用户协议和隐私政策疑似存在过度收集用户信息等问题,而且用户的个人敏感信息很有可能在没有被充分告知的情况下,被“ZAO”共享或出售给第三方,涉及用户隐私权、肖像权等问题。近年来国内手机APP对个人敏感信息不规范收集的现象也引发热议,现行法律制度对个人敏感信息的保护也存在局限性。

西方国家针对已发生的负面社交媒体事件,出台了社交网络管理措施。例如英国出台《社交媒体法》《数据保护法》《RPC隐私法》《网络身份保护法》等与社交网络相关的法规。政府层面颁布公务员社交媒体指南;商业公司出台信息内部保护措施;有“网络观察基金会”行使社会层面监管社交网络的职能。这些措施提升了网络空间治理在国际议程中的优先度。各国要共同解决网络安全问题,共建人类命运与利益共同体。2016年5月17日,习近平主席在全国哲学社会科学会议上,提出坚持“不忘本来、吸收外来、面向未来”,指出要构建面向全球的信息传播体系,着眼于全球治理体系变革、全球治理规则重塑,积极构建融通中外的话语体系,使国际上愿意听、听得懂、能够接受,更好地面对未来、创造未来、赢得未来。有学者对“网络安全命运共同体”理念的逻辑基础与国际传播价值进行了探讨,对如何构建网络安全命运共同体进行勾勒。[①]

二、作为重构秩序的互联网

新媒体全球化信息传播的新秩序来自冷战正酣的核心区域，为防止博弈双方整个系统的崩溃，诞生了互联网，以保证互联网在任何一个网络被分配后，更便捷地抵达和继续发挥作用。互联网的本质不仅是在微观层面上提供信息和为受众提供服务，更在宏观层面成为开启新型关系赋权模式的重要力量和重构社会秩序的重要推手，在国际关系等方面更起着举足轻重的作用。

网络舆论空间的治理是全球的，国际透明、合法的全球数字信息的自由流通和传播是人类共同追求的目标，而治理互联网的仍然是民族国家的政府，因而会呈现技术和政治的双重聚合。美国文化的全球输出和渗透主要依靠互联网，美国把持着 13 台域名根服务器，掌握着国际互联网的控制权，可以控制其他国家的互联网服务。

传统媒体时代，联合国世界电讯联盟(ITU)作为秩序委员会来分配每个国家拥有的卫星频道、电视频道和电波频率，但在互联网时代，由 1998 年 10 月成立的非营利性的国际组织“互联网名称与数字地址分配机构”(ICANN)来分配互联网协议地址空间、分配顶级域名地址以及根服务器系统的管理等互联网重大事项。

20 世纪 90 年代初期，美国国家科学基金会(NSF)为互联网提供资金，并授权 Network Solutions 公司负责互联网顶级域名系统的注册与维护。最初是由美国政府授权的互联网号码分配当局(IANA)提供该职能，将地址分配到北美、欧洲和亚太地区的各个互联网服务提供商。

随着互联网的全球性发展加速，许多国家对美国互联网管理的独断表示不满，强烈呼吁对此进行改革。1998 年初，美国商业部发布绿皮书，认为美国政府对互联网域名和地址享有直接管理权，在发布后遭到了几乎所有国家和组织机构的反对。同年 6 月 5 日，美国发布白皮书，以稳定性、竞争性、充分代表性为原则，于 10 月成立民间非营利公司 ICANN 管理互联网域名及地址资源分配。2009 年，ICANN 取得不受美国政府主导的独立地位。美国在 2014 年 3 月同意移交 ICANN 主导权，但提出了很多条件，认为应由全球利益相关

① 邵培仁、许咏喻：《新世界主义和全球传播视域中的“网络空间命运共同体”理念》，《浙江大学学报》(人文社科版)2019 年第 3 期，第 1-11 页。

者来主导世界互联网秩序，其国际空间战略强调由世界跨国大企业来主导世界互联网秩序，实际上是过分强调了市场主体的作用。2015年，ICANN国际化进程不断推进，由ICANN起草的IANA职能移交方案接近完成。2016年3月，第55届ICANN大会上，IANA方案正式宣布结束并提交美国政府。2016年10月1日，美国商务部将互联网域名管理权完全交付给ICANN，这标志着已经作为人们日常生活组成部分的互联网迈出走向全球共治的重要一步。

在持续冲突的世界，若没有国际秩序，国家之间以及国家和群体之间的冲突就无法解决，历史也只是一场专制权力的较量。网络空间治理要在信息失序与再建秩序之间建立平衡机制，其建立重在过程管理，以形成网络空间的良序发展。早在2001年，罗伯特·迈克切斯便指出："全球传媒系统正处在与电信和计算机行业融合的过程中，以组合成一个综合性的全球传播系统。"我们应该站在全人类福祉和利益的意识和立场上来研究互联网群体传播，共同关注网络空间。

（一）互联网威胁与合作

Hack是基于开源程序的基础，对其代码进行增加、删除或者修改、优化，使之在功能上符合新的需求。Hacker指电脑黑客、计算机迷。拥有文化精神的黑客与毫无技术理念的骇客是泾渭分明的。黑客中转型为IT巨子的人同样值得尊敬，虽然被主流商业文化包裹后不得不部分放弃了原有的文化理念，但其对IT经济文化繁荣的努力显然为构建黑客所需的"天才社会"打下了坚实基础。那些将黑客文化与主流商业秩序熔为一炉的创业者更值得赞赏。苹果公司的乔布斯、谷歌公司的佩奇和布林以及Facebook的扎克伯格都是这方面的杰出代表。[①]

1984年，凯文·凯利（Kevin Kelly）发起了首届黑客大会（Hackers Conference）。1997年起，美国老牌黑客J.莫斯发起黑帽子大会，即全球性电脑黑客年度会议，参会人员包括企业、政府研究人员，甚至吸纳民间团队。该会议引领全球网络空间安全思想和技术走向，成为了解世界未来安全趋势的重要会议。台湾骇客年会（HITCON）是台湾地区最大的骇客与资讯安全技术研讨会，在骇客们一年一度的聚会上，不仅有技术的分享，还能真正体会到骇客文化。2011年5月，史蒂夫·乔布斯英年早逝，对他的悼念活动席卷全

① 顾亦周：《黑客：比特世界的幽灵》，苏州大学出版社2012年版，第88页。

球,上至总统、下至平民,国内外媒体都不惜奉献头版报道,足见全世界民众对黑客精神的颂扬。日本政府2013年开始推出培养"正义黑客"计划,希望保护各企业和组织的网络安全,包括黑客技术大赛、"正义黑客"培养场所、大本营活动等。为满足业界对网络安全专家的需求,英国苏格兰地区的部分大学还设有计算机黑客学位。

1998年,中国黑客第一次集体行动是抗议印尼苏哈托指使的屠华事件,随后改名为"红客",红客精神里更多充斥着爱国主义元素。红客联盟创始人Lion对黑客的定义是热爱和拥有高超网络技术的人,掌握编程技巧,遵守黑客原则。中国红客联盟(Honker Union of China,HUC)成立于2000年底,吸纳全国众多黑客高手。该组织主要反击国外黑客攻击,其在中美黑客大战中的杰出表现尤被计算机迷们津津乐道。该组织于2004年宣布解散,2011年宣布重组。2000年,"中国鹰派俱乐部"①的集体行动显示出刚性的技术手段,往往被用于愤青式的网络民族主义表达。中国经济转型和社会变革中活跃着自下而上的大众民族主义,"红客"及网络愤青成为网络行动的主体。

作为一种亚文化,黑客活动注定存在一些不合常理之处,这点尤其表现在黑客中被称为"骇客"的群体身上。从主流世界的法律角度来看,骇客无疑等同计算机犯罪分子。当前,骇客、国际犯罪团伙将注意力转向互联网,骇客集体攻击行动及"网络通缉"等频发,恶意软件被大量制作、发布和传播,利用移动互联网、机顶盒侵权盗版屡禁不止,利用伪基站发送的诈骗、垃圾信息污染网络空间,以此形成一条灰色的利益产业链。如今互联网领域的网络诈骗、网络侵权、网络隐私曝光事件频发,给个人、社会、国家乃至国际信息安全带来巨大威胁。

不管出于官方声明、学者说法还是民间评论,骇客行动肯定是各国法律所不允许的,因为它打乱了正常的网络秩序。但在及时发现网络技术漏洞、开发安全软件及关注网络安全方面,骇客也发挥了某种客观作用。恶意程序有系统破坏、恶意传播、诱骗欺诈、隐私窃取、资费消耗、远程控制、流氓行为、恶意扣费等属性,传播方式分为线上和线下两种,"线上"以应用商店传播、广告平台传播、流量互换传播等方式为主;"线下"以手机预装传播、手机刷机传播等方式为主。央视2014年的"3·15"晚会就对通过手机预装方式传播恶意

① 全称为中国鹰派联盟,简称鹰盟,是一个基于国际互联网的非商业性民间爱好者团体,主要由网络安全爱好者、文化爱好者开展和促进中华民族及网络文化的研究、交流与推广工作。

APP的灰色产业进行了曝光；2016年的“3·15”晚会曝光了北京、重庆两家移动广告平台公司存在传播恶意扣费APP问题。2016年春节期间出现大量恶意抢票软件。恶意程序已成为全球流通的“毒瘤”，给国家安全和国际秩序带来重大弊端。2021年，工业和信息化部、国家互联网信息办公室、公安部三部门下发《网络产品安全漏洞管理规定》。2024年6月，国家互联网信息办公室联合公安部、文化和旅游部、国家广播电视总局公布《网络暴力信息治理规定》。2024年11月，国务院发布《网络数据安全管理条例》，进一步规范网络数据处理活动，保障数据安全，促进数据依法合理有效利用。

卡巴斯基实验室创始人和主席尤金·卡巴斯基在2017年世界互联网大会发言时指出，网络恐怖主义离我们并不遥远。1997年，其实验室就收集了500个恶意软件，10年后的2007年收集了200万个恶意软件，第二个10年后到2017年，收集到9000万个新的恶意样品。网络病毒是跨国的，是国际流行的，随着数字经济的发展，网络威胁也会不断增加，随之网络攻击的规模也会增大。高度复杂的恶意病毒主要对金融服务业或企业牟利构成犯罪，其实验室发现其中有超过80种是由国家支持的恶意病毒，从中可见复杂的互联网形势。

互联网的传播生态比之前复杂很多，暗网大行其道。如今的互联网通常被业界划分为表网、深网和暗网。表网(Surface Web)即表层网络，是能被正常搜索引擎搜索到的网络内容，与“明网”可视为同义。明网可追踪其真实地理位置和通信人的身份。深网(Deep Web)即深层网络，指的是万维网上不能被标准搜索引擎索引到的非表面网络内容。表网和深网是未加密就能浏览的网络，这类传统万维网的内容往往匿名性较低，多数网站可获得用户的IP地址。

暗网(Dark Web)即深网的子集，指的是使用非常规协议、端口及可信节点进行连接的私有网络，一般不能通过“常规方式”访问，只能使用特殊软件、特殊授权，或对电脑做特殊设置才能连入的网络，一般得通过Tor浏览器(洋葱路由器)才能进入，其服务器地址和数据传输通常匿名、匿踪。

暗传播不仅指在暗网上的传播活动，也包括表网、深网上的隐秘的传播活动，在不同场景下，暗传播所指不同。学者闵大洪将暗传播定义为，以隐秘的渠道或方式在互联网上进行的匿名、匿踪的信息交换与传递活动。暗传播的使用者出于对自身安全的需要，主要在团体、组织、同道中使用，是一种小众或小域传播，需要依赖专门的技术支持手段，传播内容多数为违法犯禁信息，很多情况下会呈现半明半暗的状态。

20世纪90年代初期，互联网刚刚商业化之际，美国《纽约客》杂志在1993年7月5日刊登一幅标题为《在互联网上，没人知道你是一条狗》的漫画，后来成为流传颇广的互联网名言。这强调了互联网用户能够以一种不透露个人信息的方式来发送或接受信息的能力。这种匿名特性，从始至终贯穿了互联网应用发展的全过程，从论坛、博客、即时通信到社交媒体，在带来最大自由的同时也造成了百无禁忌的结果，谣言、假新闻、黄赌毒、反社会信息泛滥。表网上的暗传播为的是信息的大规模快速散播，以产生较大的社会效应。表网上匿踪的手段包括邮件加密、网盘加密、进入讨论区需授权、快速建群撤群等，以试图逃避监管。

深网的暗传播以小众、小域为特点，增加了隐秘性的强度。使用者若感觉在网络平台上的通信、传播受到监控，就会寻求使用保密性更好的途径。What'sApp在全球拥有超过10亿用户，利用“端到端”加密来保护信息不被窥探。2017年是比特币交易异常活跃的一年，在国内官方禁止其交易业务后，民间散户交易依然活跃，暗网成为虚拟货币交易最活跃的黑市。

杰米·巴特利特(Jamie Bartlett)曾著《黑暗网路：匿名地下社会的第一手卧底调查》(台湾中译本)，从专业角度探讨暗网及网络非法社会社群次文化，作者认为，暗网是现代性的创造性毁灭的扭曲镜像，既令人震惊又富有创造力。[①] 在互联网之前，各种社会形态下的暗传播现象已存在，互联网之后，暗传播在新技术的更新迭代下，隐秘性达到顶峰。在互联网群体传播时代，各种政治、商业势力为达到自身目的，会运用暗传播手段，社会组织动员的手段也会依赖暗传播的运作。此外，当社会大众传播系统对新闻事实做不公开、不客观、不全面、不及时、选择性报道和不实宣传时，公众为获取对重大新闻事件的知情权，为获取思想观点的表达权，为获取对政府行政运作失误的批评权，为获取对腐败现象进行揭露的监督权，也会使暗传播在互联网上盛行。

有证据表明，恐怖主义开始借助暗网进行犯罪活动，如利用比特币进行资金筹集，利用镜像网站进行思想传播，利用黑市平台进行物资购置，其安全威胁逐步上升为影响国家政治、经济安全和社会稳定，需要政府、企业、社会多层面积极应对，也需要国际的合作和共同监管，使暗网不再成为法外之地。

---

① 杰米·巴特利特：《黑暗网路：匿名地下社会的第一手卧底调查》，廖亭芸译，台湾行人文化实验室2016年版，第11页。

目前我们的生活已经被智能化的设备包裹其中,我们依赖网络,而网络的保护问题仍然任重而道远。无所不在的摄像头、灯光系统、安全系统等其实在受到攻击时都非常脆弱,包括公交系统、卫生系统、公共基础设施、国家电网、水电站、自来水厂等工业环境,并没有在现阶段引起足够重视。网络恐怖主义在当今世界已不是耸人听闻,这就需要在提供技术的私营部门、政府部门及相关机构中开展广泛合作,包括国际合作来打击复杂的国际网络犯罪。

互联网群体传播时代,要树立正确的网络安全观,加强信息基础设施网络安全防护,加强网络安全信息统筹机制、手段、平台建设,积极发展网络安全产业,加强网络安全事件应急指挥能力建设。要依法严厉打击网络黑客、电信网络诈骗、侵犯公民个人隐私等违法犯罪行为,切断网络犯罪利益链条。

2007 年开始,中国互联网协会和美国微软公司共同发起创办中美互联网论坛,每年由中美两国轮流举办,先后在美国西雅图、旧金山、华盛顿、中国北京举行,参会代表来自两国政界、产业界、学界和非政府组织等。为了促进中美两国在互联网领域的交流与合作,共同推动互联网产业发展及其安全治理,该论坛已成为中美两国互联网领域高层次的战略性对话平台,在业界产生了积极影响,并引起国际社会的广泛关注。在美国西雅图举行的第八届中美互联网论坛,更是习近平主席访美的重要活动之一,中美两国有 28 位互联网公司高管参会。

2008 年 5 月,为了防范"数字化 911",欧洲网络与信息安全署(ENISA)强调社交网络的危险性,建议欧盟监察 Facebook 等全球性社交网站,并立法制裁恶意散播照片谣言的用户。此外,与欧盟电信监管机构合作,建立信息共享和报警系统。2011 年,在第 66 届联大会议中,中国和其他上合组织成员国提交了《信息安全国际行为准则》作为大会文件分发,提议联合国应该在网络空间治理中发挥主导性作用,各国政府应当承担起维护网络空间和平、发展的责任与义务,同时坚持主权原则是网络空间治理的基石。

首届伦敦国际网络空间大会于 2011 年在英国伦敦召开,全球近 60 个国家的政府高官、互联网企业和非政府组织参与了此次会议,提出并通过"多利益攸关方模式",推动网络空间治理。本次会议成为国际社会首次集中探讨网络空间的多项利弊问题,提出在网络空间带来经济和社会效益的基础上,国际社会要进一步开展深度合作,确保网络空间的安全,探讨全球网络空间行为准则建立的可能性。大会设定了网络犯罪、安全可靠的网络接入、经济增长和发展、社会福利、国际安全这五大议题,针对日趋严峻的网络安全形势,英国呼吁全球在网络空间通力合作的“七大原则”。在美国等西方国家的推动下，这一会议得以机制化，被称为网络空间治理的“伦敦进程”(London Process)。其后，伦敦进程全球网络空间大会分别在匈牙利布达佩斯、韩国首尔、荷兰海牙相继召开。

2015年7月，联合国信息安全政府专家组发布第三份《关于从国际安全的角度看信息和电信领域的发展政府专家组报告》(GGE报告)；2015年9月，美国东西方研究所主办的第五届全球网络空间合作峰会(Global Cyberspace Cooperation Summit Ⅵ)在纽约召开，同时中美两国在华盛顿签署了关于打击网络犯罪的合作声明；2015年12月，联合国主办《信息社会世界峰会十年审查进程》(WSIS+10)。在国际上比较受认可的伦敦进程和联合国体系是网络空间全球治理领域最具影响力的两大机制。

网络自由主义提倡网络匿名、言论自由、言行不受法律约束，这给网络恐怖分子增加了制造恐怖事件的机会。在网络上策划的恐怖活动，并不关注破坏了多少台计算机设备，而在于通过视频直播、言论宣传制造恐怖效果、引起人们的恐慌。2015年10月14日，上海合作组织成功举行了“厦门—2015”网络反恐演习，这是上海合作组织首次举行针对互联网上恐怖主义活动的联合演习，也可以说是在网络空间命运共同体的基础上联合打击网络恐怖主义的成功尝试。2015年12月1日，首次中美打击网络犯罪及相关事项高级别联合对话在华盛顿举行，双方在对话中达成了《打击网络犯罪及相关事项指导原则》，决定建立热线机制以沟通各类案件。在2016年举行的“全球反恐论坛”上，时任外交部部长王毅在打击网络恐怖主义研讨会开幕式上发表主旨讲话，谈到在打击网络恐怖主义时，中国会加强与世界各国的合作，在网络空间命运共同体的引领下，推动务实的国际反恐合作，而不是纸上谈兵。[①]

（二）主流媒体的海外传播

学者约瑟夫·奈(Joseph S. Nye)认为，现今国家力量的权力性质发生变化，其基础已不再是军事力量和征服，提出“软实力”概念。硬实力是命令性权力，来自军事及经济力量；软实力是同化权力，来自文化和意识形态的吸引力。[②] 信息革命的发展使“软实力”变得更重要，大众传媒对软实力起着重要作用。在信息时代，软实力依赖的不仅是文化和理念的普适性，还有一国拥有

① 王毅：《打赢网络反恐战需要各国同舟共济》，《人民论坛》2016年第35期，第6-7页。

② 约瑟夫·奈：《硬权力与软权力》，门洪华译，北京大学出版社2005年版，第117页。

的传播渠道和传媒影响力。传媒对国家发展的影响深刻而全面，尤其是在互联网群体传播时代，在全球化的浪潮下，中国正处于剧烈转型的过程中，新媒体的使用能力也是社会治理水平的体现，新媒体的实力以及在国际传播秩序中的地位日益成为国家软实力的重要体现。

1993 年，美国推动“信息高速公路”建设时并没有着力将其与媒体联系起来，但在互联网起步阶段，传统媒体对网络技术的嗅觉最为敏感。1995 年，《纽约时报》将报纸内容搬上网络。也是在这一年，中国英文报纸《中国日报》(*China Daily*)网站开通，开始发布英语新闻内容。1997 年，为了开辟对外传播渠道，打破封锁，缓解西方经济制裁与舆论进攻的压力，以新方式、新形象对外传递中国观点，《人民日报》电子版和新华社网络版上线；外文局开办中国互联网新闻中心，开始用英文发布新闻信息。1997 年 12 月，《人民日报》网络版在东京成立第一个海外分支机构。1999 年北约轰炸中国驻南斯拉夫大使馆事件发生后，《人民日报》网络版推出“抗战论坛”，极大调动了海内外华人的爱国热情表达，后来发展成为“强国论坛”，不仅受到国内用户关注，也成为外国媒体记者获取中国信息、了解民众观点的重要渠道，被誉为“最著名的中文论坛”“中文第一坛”。后因日本右翼“检证南京事件”开设“中日论坛”，成为报道中日关系外国记者必看栏目。

2000 年开始，我国网络媒体进入发展的黄金期。随着国际环境的优化，对外传播开始从打破封锁转为促进交流，为中国经济建设创造有利的国际舆论环境。随着对外传播报道语种不断增多，中国媒体开始参与国际重大活动报道，不断扩展服务形式，例如“国际在线”推出 Radio 4U 网站，提供 6 种语言音频节目网上收听，同时推出多语种网络原生电台 InetRadio；中国日报网开辟“翻译”“漫画”；中国网设立“学做中国菜”“中国电影”等；新华网推出“中国重大工程项目”“经济统计数字”等，在新闻信息之外面向外国人提供新型信息服务。人民网是第一家设立手机网站的新闻媒体，在 2001 年推出日文版手机网站。

2009 年 8 月，新浪微博开始内测，9 月，苹果 iPhone 手机正式被引入中国。这一阶段的中国经济实力水平不断提升，“走出去”“提升文化软实力”“覆盖广泛、技术先进的现代传播体系”成为对外传播的关键词。2010 年 12 月，《中国日报》推出适用于 iPad 的“中国日报精选”APP，在网页外打通传播新渠道。此外，新华网、人民网的多语种频道开设新浪微博账号，利用社交平台进行国际传播。人民网还推出多语种微信订阅号，向用户提供外文新闻。

在PC互联网时代,中国的互联网始终处于落后跟随的地位,没有走出国门的底气和实力。到了移动互联网时代,中国与发达国家几乎同时起步,差距相对较小。原先移动传播格局是美国一家独大,领衔第一梯队,在关键技术掌握和应用生态方面遥遥领先;中国与日本、韩国等处于第二梯队,但中国在终端整机制造和本土化应用服务方面表现突出,华为、中信、联想等拥有知识产权的智能手机出口业绩可观,而且原本基于中国本土的应用服务也开始在海外市场扎根。

UC浏览器是全球5亿用户共同选择的智能手机浏览器,是阿里巴巴移动事业部旗下核心产品,作为中国最早进行国际化的互联网公司,UC浏览器在中国、印度、印度尼西亚这三个人口最多的新兴市场长期占主导地位。2016年3月19日,UC推出全球首部全明星阵容的手机真人互动剧,这是其全球内容营销的重要尝试。目前其海外用户超过1亿,在亚洲、非洲以及俄罗斯取得市场领先;2013年7月,成为印度市场上占有率最高的手机浏览器;2015年3月,成为印尼第一大浏览器。2017年市场份额均过半。

2012年4月,腾讯将微信的国际版改名为"WeChat",由此开启国际化进程,目前已拥有亿级海外用户。之前腾讯已在全球很多国家设立投资公司,拥有国际合作的战略伙伴。微信的海外国际化路径,一是小范围推广,其后联手本土化明星,配合广告大范围推广;二是与当地运营商合作,进行手机预装程序;三是与当地技术、媒体、游戏类战略伙伴合作。2014年,新浪微博拆分上市,最高融资额达3.28亿美元,成为全球范围内首家上市的中文社交媒体。

中央媒体持续发力海外传播平台。新华社2012年就开始在海外开设社交媒体账号,2015年3月1日,把在Facebook、Twitter、YouTube三家海外社交媒体平台的账号统一更名为"New China",每天24小时以文字、图片、数据、图表、动画、视频形式不间断向用户推送中国、涉华和国际新闻。2021年,《中国日报》在Twitter的账号被关注数已达420万。2013年,俄罗斯《真理报》在其纸质版为人民网开设专栏,每周刊登人民网俄文新闻。人民网俄文频道在俄罗斯最大社交网站VK上开设账号,吸引当地民众关注。2013年3月,在习近平主席访俄期间,人民网与"俄罗斯之声"广播电台签署合作协议,双方互相在对方网站上开辟专栏,推送中文、俄文新闻。2014年2月,《人民日报》海外版推出微信公众号"侠客岛",把"高大上"的时政新闻变成普通人读得懂、喜欢读的微信文章,展现较强的"吸粉""收赞"功能,海外华侨关注度高。人民网英文账号成为第一家获得Facebook认证的中国媒体,享受与《纽约时报》《华尔街日报》等国际知名媒体同样待遇。2021 年，人民网在 Facebook 上的英文账号累计被关注数 4400 万，在亚洲媒体中影响力领先。央视 2016 年开始也频频加大海外传播力度，旗下中视国际传媒（CICC）寻求拓展国际网络，向非洲、中东和美国输出电视剧和新闻节目，注重文化传播，传播对象从海外华人转向非华人。

海外网络传播力是衡量一个国家文化软实力的重要指标。近几年，中国政府一直在提高对境外的宣传力度，在纽约时代广场播放宣传视频，意味着沟通战略的细腻化。央媒作为我国对外传播工作的“排头兵”，肩负着国际传播的重要职责。北京师范大学新媒体研究中心分析了 24 家央媒在 Facebook、Twitter、Google、Instagram、Wikipedia 五个网站 2015 年的数据，于 2016 年 11 月发布《中央媒体海外网络传播力报告》。《人民日报》、中央电视台、新华社、《中国日报》、中国国际广播电台进入央媒海外网络传播力前五。虽然与 CNN、BBC、《纽约时报》、《泰晤士报》、路透社和美联社等英美主流媒体相差较大，但与日本的《朝日新闻》和韩国的 KBS 差距较小。报告显示，央媒海外网络传播力水平不均衡，海外社交媒体使用情况欠佳，在 Google 的新闻搜索量偏低，有些欠缺海外传播意识，近五成央媒没有开通 Twitter 和 Instagram。

《环球时报》最早由人民日报社国际部创办，报道重点方向是国际事务，报纸的核心优势是驻境外的记者。2013 年，《环球时报》被海外媒体转引量达 9424 篇次，在中国媒体排行中位居新华社、《人民日报》之后。《环球时报》注重发挥英文版特色，积极把握现代媒体传播规律和海外受众认知规律，在对新闻事件的报道把控上，淡化宣传色彩，强化传播意识，针对不同对象，使用更符合英文读者阅读习惯的原汁原味英文以及“接地气”的表达方式。目前英文版有 54 个版面，重点特色版面原创率保持在 60%以上。其中“特别报道”版面针对“西藏僧人自焚”“天安门广场袭击事件凶手为新疆籍”“中国圣战分子从叙利亚受训回国”“谷歌退出中国”“刘晓波获诺贝尔奖风波”等重大焦点事件的报道对英文世界影响深远。《环球时报》推出 APP“环球 TIME”，立足全球视野，依托环球网优质原创内容，增设“海外看中国”“热点”“评论”“外媒”专栏，用户可根据喜好自主设置，更有英文版内容可供阅读。

在南海仲裁案中，中国网络舆论与西方社会舆论据理力争，鼎力支持政府“不接受、不参与、不承认”的立场。《人民日报》官微在最终裁决出台前后连发两条微博，以“中国一点都不能少”为标签，配发包含南海诸岛的中国地图，微博共转发 528 万次，收获评论 19 万条，被点赞 132 万次，24 小时微博话题阅读量超过27亿次。

2018年4月，美英法联合精准军事打击叙利亚首都大马士革的当天，央视和新华社就在第一时间提供了“大屏＋小屏”的现场直播。央视派往战争最前线的战地记者徐德智，一个人肩负起出镜、导播、摄像、编辑、卫星传输等多项任务，从容不迫与国内进行直播连线，并在央视新闻移动客户端不间断直播。新华社驻叙利亚记者郑一晗为国内观众提供现场电话连线报道。国内央媒的此次直播在CNN等外媒报道中使中国声音占据一席之地。

自2020年新冠疫情在武汉暴发以来，国际舆论场上充斥着“武汉病毒”“中国疫情源头论”等污名化论调，CGTN英语频道在当年2月28日播出33分钟的英语新闻纪录片《武汉战疫纪》，取得了极佳的国际传播成果。作为首部全景式展现“武汉战疫”纪录片，其在CGTN的APP、官网及Facebook、YouTube、Twitter等海外社交平台账号上线，观看总量破亿，引起海外媒体关注，相继被美国广播公司(ABC)、加拿大广播公司、英国Channel4电视台、意大利TGCOM24电视台、法国TV5 MONDE电视台、日本朝日电视台等21个国家的165家境外电视频道和新媒体平台采用，成为全球网友了解中国“抗疫”实情的一扇窗口。

互联网群体传播时代，传统媒体面临跨界传播、优化升级的任务与使命，广播电视要适应新常态、引领新发展，就要构建以国家战略为导向的媒介格局，传播以中国故事为核心的媒介内容，拓展以对外传播为支撑的媒介平台，形成以跨界传播为特色的媒介生态。我国主流媒体有效利用境内外第三方平台，积极搭建移动传播渠道，力争在对外传播上有所作为。运用直达用户的多元技术路径，凭借大范围、低成本、高效率的传输条件，获取真实反馈的渠道，在对外传播中改变“西强我弱”的局面。主流媒体利用移动互联网，丰富报道手段，追求内容创新，在热点事件中阐明中国主张，在重大主题报道中唤起华人世界的情感共鸣，挖掘海外用户的文化心理和思维习惯，推动与各国的文化交流。立足“移动优先”战略，采编流程优化重组，在机制改革背景下，强化对外传播融合发展，强化用户思维扩展服务领域，不断提升在海外的影响力和传播力。

(三)中国崛起与重构秩序

国外学者研究中国问题，总是疑虑重重，“崩溃论”和“威胁论”甚嚣尘上，前者害怕中国经济一落千丈，因“内爆”导致“黄祸”；后者则担心中国崛起，因

“外爆”引发“红祸”。[①] 尽管中国政府一再强调本国崛起乃“和平崛起”,但西方通过构词法理解,认为“崛”字是“山峰突起”的意思,而“山峰突起”的一个大前提可能就是发生地震,“崛”字里有“出”和“山”,中国崛起意味着中国“出山”,但熟悉“愚公移山”的中国人知道,其实山是可以堆出来的。中国古代思想家们用“治”表示社会秩序的维护与巩固,意味着社会的有序状态。全球化时代,各个国家、各方群体利益交织,情况复杂,更需要建立公序良知。

在国际传媒大整合浪潮和新媒体在传播中地位日益提升的环境背景下,互联网世界和网络空间应以市场主体,以各个主权国家以及国际组织为主体,这些主体均是互联网的利益相关者,国家的安全和互联网的安全密切联系在一起。马克思说,“只有解放全人类,才能最后解放无产阶级自己”。互网络发展和治理要想解决中国的问题,必须要站在解决全人类问题的大前提下。目前在研究互联网时,国内的学者比较强调国家战略,而忽视应站在全人类的立场,每个国家都对全球传播负有责任,对世界有义务重建新秩序。互联网发展和治理,之前普遍认为是国家内部治理,全球化的不断深入使互联网空间管理实则为“内政+外交”,治理是和秩序联系在一起的,互联网的安全问题、战略问题和秩序问题是密切相关的。

中国极力主张国家主权、政府作用和国家利益,而美国的互联网战略和对互联网秩序的主张是强力排除国际组织的介入,不愿意把主导权交给联合国,不甚愿意将互联网秩序变为由国家主权参与的世界互联网秩序,而这将直接导致中国在这方面的利益受损。中国应该对全球互联网空间治理有自己的主张,这样才能形成符合国情又顺应时势的战略。现在全世界的网络空间治理是一个从零开始的时代,当然也是一个强者为王的时代。互联网从美国发源并长期由美国控制和主导,全球的根服务器都在美国,而发展中国家国力不断强盛,中国、印度等国在互联网 IT 等领域势头迅猛,未来大有可为。

自 2014 年 11 月始,中国已连续主办 11 届世界互联网大会,分别以“互联互通,共治共享”“产业融合,互联共享”“繁荣网络经济,建设网络强国”“发展数字经济,促进开放共享”“创造互信共治的数字世界”“智能互联,开放合作”和“数字赋能,共创未来”“迈向数字文明新时代”“人工智能与数学伦理”“建设包容、普惠、有韧性的数字世界”“拥抱以人为本、智能向善的数字未来”,让全球互联网精英在交流思想和凝聚共识中贡献中国智慧,推进全球互联网治理

---

① 熊培云:《重新发现社会》,新星出版社 2011 年版,第 3-4 页。

体系变革的“四个原则”和构建网络空间命运共同体的“五点主张”，对网络空间全球治理进程产生重要影响，深刻实践了中国的网络强国战略，深化网络空间国际合作，携手共建网络空间命运共同体，中国力量将为全球互联网治理助力，向全世界呈现自主创新的中国方案。

自“人类命运共同体”理念于 2013 年首次由国家领导人提出后，通过中国—东盟共同体、中国周边命运共同体、亚洲命运共同体，中国与欧、非、拉、阿及各国命运共同体逐层深入，最终形成了人类命运共同体的构想和实践。2017 年 3 月，“人类命运共同体”被联合国安理会文件采纳为重要理念，这意味着新世界主义的中国战略传播已由理念转化为行动，被国际社会所接纳和认可，并将对全球对话乃至全球交往产生深远影响。2018 年 3 月 11 日，十三届全国人大一次会议表决通过宪法修正案，“推动构建人类命运共同体”写入中华人民共和国宪法序言部分。这一凝聚着东方智慧的理念，表达出中国将携手世界各国为之奋斗的坚定意志。人类只有一个地球，各个国家相互依存的关系不断深化，“人类命运共同体”的理念凝聚起人类变革的强大力量，顺应了时代发展的潮流。学术界认为“人类命运共同体”是“习近平主席及其领导集体对世界和人类文明现状及其发展趋势所持有的创新性的系统性认识、论述、主张及其行动方案”①，即在追求本国利益和谋求发展中，兼顾他国，促进共同发展。“网络命运共同体”重新阐释了“地球村”这个经典传播学命题，中国将秉承共商、共建、共享的理念，积极参与全球治理体系变革和建设。在此过程中，要尊重网络主权，维护和平安全，促进开放合作，构建良好秩序，推进全球互联网治理体系朝向科学、合理变革，确保互联网普惠、开放、共享精神落到实处，确保互联网所推动的资源重组、产业升级和新兴实体领域可持续性发展。②

中国如果对世界互联网秩序没有一个清醒的认识和判断，没有自己的主张，国家的战略就无从谈起，或者说战略是盲目的，在国际博弈中是无法实现战略目标的。美国启动 TPP，提出“网络中立政策”，这是全球化发展的趋势。中国启动“一带一路”(The Belt and Road)倡议，促进跨境投资，促进宽带世界的建立。互联网是为了服务实体经济，“互联网＋”最终也是为了促进实体经济的转型，使价值增值，促进物质能源自由贸易这个全球化市场。

2013 年 9 月 7 日，习近平主席在哈萨克斯坦作了有关共同建设“丝绸之

① 邵培仁：《作为全球战略和现实考量的新世界主义》，《当代传播》2017 年第 3 期，第 1 页。
② 姜飞：《互联网国际治理的中国智慧》，《人民论坛》2017 年第 5 期，第 50-52 页。

路经济带”的主旨演讲。紧接着提出了共建“一带一路”的重大倡议,国际社会对此颇为关注。2017 年 5 月,“一带一路”国际合作高峰论坛在中国北京召开,产生了 270 多项具体成果,2019 年再次召开。互联网企业在海外发展迎来机遇期,竞争市场由国内扩至海外,竞争极为激烈。此外,互联网时代,中国媒体及政府也积极利用“一带一路”的机遇来探索对外传播的新方式和新手段,借机扭转现有国际舆论格局中“西强我弱”的局面。

“一带一路”倡议源自中国,但属于世界,将大大提升中国的影响力。越来越多的中国企业借此走向世界,布局海外市场,成为互联网时代对外传播的鲜活媒介,成为中国与国际沟通交流的新桥梁。在建设网络强国的进程中,中国应全面推进与“一带一路”共建国家的互联互通,重视包括通信网、移动互联网、物联网等基础设施建设,打造“线上文化交流平台”、推进共建国家跨境电子商务发展。

2017 年 7 月 20 日,国务院印发首份《新一代人工智能发展规划》,人工智能上升到国家战略,提出分三步走的战略目标,到 2030 年使人工智能总体水平上达到世界领先标准,成为世界主要人工智能创新中心。[①] 2024 年,工业和信息化部发布的国家人工智能产业综合标准化体系建设指南,明确提出到 2016 年,我国人工智能产业标准与科技创新的联动水平要持续提升。2017 年 9 月 6 日,《中国数字经济如何引领全球趋势》由美国麦肯锡咨询公司发布,称中国已奠定全球领先的数字化大国地位,由于数字化市场体量,中国政府“先试水、后监管”鼓励创新的态度,百度、阿里巴巴、腾讯(BAT)等巨头数字生态圈的扩展,都表明中国数字化发展还有巨大潜力。近年来,随着比特币、Libra 等虚拟货币的出现以及电子支付的流行,中国人民银行自 2014 年开始成立法定数字货币研究小组,有关中国即将发行数字人民币的讨论热议不断。2020 年新冠疫情发生以来,远程医疗、在线教育、共享平台、协同办公等得到广泛应用,互联网对促进各国经济复苏、保障社会运行、推动国际抗疫合作发挥了重要作用。中国能否把握信息革命历史机遇,培育创新发展新动能,是开创数字合作新局面、构建网络空间命运共同体的关键。

在数字技术快速发展的当下,世界正在经历一场更大范围、更深层次的科技革命和产业革命,中国正通过输出数字技术和资金以及商业模式,改变全球

---

① 李良荣、袁鸣徽:《2017 年中国网络媒体的基本格局和态势》,《新闻记者》2018 年第 1 期,第 47 页。

数字化格局。数字化的背后是可持续发展，全球可持续发展机制的建立和推进，在于弱化本国资本利益驱动，维持整体间所有领域的生态平衡，此举虽然会暂时消减大国的利益获得，但从长远来看，人类的长久和谐发展将给各国及子孙后代带来普惠价值。

人工智能和大数据亦是未来传媒业发展的重要方向之一。自动化机器写作工具已应用于新华社、腾讯财经、今日头条等媒体，腾讯智聆、腾讯翻译君、腾讯 Dreamwriter 纷纷亮相。国外一线媒体客户端已经嵌入聊天机器人，CNN 是 Facebook Messenger 聊天机器人的首批体验者之一，其高级副总裁 Alex Wellen 认为，借助一对一的服务能使用户的亲密体验提升，使更具个性化的新闻推送成为可能；《纽约时报》有 Blossom 作为数字版新主编，在文海中帮编辑挑选出更优的文章和图片，推荐到社交媒体后点击量远远高于非推荐文章；《华盛顿邮报》首次使用“机器人记者”Heliograf 和人类记者一起来报道里约奥运会，其目标不是用机器人取代记者，而是让机器人解放记者。国内媒体如《钱江晚报》的“小冰”、封面 APP 的“小冰”、《光明日报》的“光明小明”也都投入使用，甚至还有机器人主播参与广播电视节目制作。2017 年 8 月，九寨沟地震后不久，“中国地震台网”公众号就发布了由机器人自动编写的新闻消息，耗时仅 25 秒。数据收集、整合和成文因网络智能化变得更为便捷，不仅提高了专业新闻生产速度，而且反映出人类的学习模式、知识生产方式正在被创新和颠覆。未来的新闻生产和信息传播，记者和自动化技术会形成紧密的“人机婚姻”关系，在相互有机结合中创造出更高效率、更有价值的信息。

Google 的 DeepMind 是一家专注于人工智能(AI)研究的公司，以开发强大的机器学习和人工智能技术而闻名，其开发的 AlphaGo 第一个击败围棋职业选手韩国棋手李世石九段。2020 年，DeepMind 开发的蛋白质结构预测工具 AlphaFold 解决了生物学界长期未解的“蛋白质折叠问题”，极大加速了药物研发和生物学研究。

ChatGPT 是由 OpenAI 开发的聊天机器人技术，其发展反映了人工智能在自然语言处理(NLP)领域的快速进步。2023 年，引入 GPT-4，提升了模型的推理能力、多模态输入和更复杂场景下的表现。2024 年，OpenAI 宣布正在测试一款名为 Sora 的“文本生成视频”模型。Sora 不仅可以根据文本生成视频，也可以直接输入图片或者视频，对图片和视频进行编辑调整。它可以生成长达一分钟的高质量视频，有效地模拟物理交互、动态环境，且擅长生成视觉上丰富的内容。但仍存在一些局限性，特别是在精确模拟复杂的物理相互作用时，但这样的视频生成模型本身就给用户带来诸多惊喜。

2017年11月，新一代人工智能发展规划启动会在北京召开，预示着全新的人工智能的生活方式已然开启。人工智能带来的不仅仅是生产力的提升，也势必会全盘改造互联网的产业链条和传播链条。2021年1月，《人工智能发展报告(2020)》发布，人工智能从实验室走向产业化生产，重塑传统行业模式、引领未来科技发展的价值已毋庸置疑，为全球经济和社会的发展贡献力不断。2024年11月，《人工智能发展报告(2024)》发布，专业大模型、多模态大模型有望加速突破，具备更强规划、决策、执行能力的智能体和具身智能成为迈向通用人工智能的重要一步。而面向中远期，类脑智能等技术的成熟，有可能为人工智能发展带来更广阔的想象空间。目前的传播模式运算智能的应用层出不穷，未来十年人工智能将实现从感知智能到认知智能的新突破。相信随之而来的算法伦理讨论、生命伦理探讨也将会引起业界和学界的兴趣和重视，也将会是对人类社会秩序的新挑战。

网络空间的秩序决定着未来竞争的国际秩序，重构国际全球互联网秩序，中国要有责任和担当。中国的传统文化中历来有“天下意识”，中国古代儒家思想的“天下大同”“协和万邦”，近代中国康有为提出的“天下为公”，近年来中国“友好共赢、合作互助、和谐共进”的邦交之道，在互联网时代更需要这种国际视角。美国的全球化是以美国利益为中心推动全球经济、文化、金融一体化，在这个过程中，中国的理念和中国的利益与美国有着很大的战略博弈，中国应在世界秩序这个层面上与美国展开对话与合作，在国际上争取传播权和主动性，这样才能解决战略问题和安全问题。

传播学者大卫·亚伯拉罕逊(David Abrahamson)说，对于未来因特网的发展，唯一能够确定的事情就是，我们对此一无所知。但可以肯定的是，未来的互联网群体传播会朝着更有益于人类生存和发展的方向演化。①

(一)从群体传播走向公共传播

传播的公共性是指通过传播活动落实民主和理性的价值规范，以及将之与历史的经验场景相勾连的倾向与程度。传播的公共性浓缩了公共领域、公共话语、公信力、市民社会、交往行动、民主商议、社会资本等多个概念，涉及民主生活的运作、传播伦理及其实践形态。

① David Abrahamson: The Counter-Coriolis Effect: Contemporary Literary Journalism in a Shrinking World, *Literary Journalism Across the Globe*, 2011: 79-84.

公共传播是指平等的公民在开放场所，遵循尊重、包容等原则展开对相关议题或利益的交往，是在特定社会条件下、遵循特定价值规范的传播活动。[①]目的是通过信息的交流、意见的交锋，以及关系的建立与维系而形成具有集合主体性和行动力的公众，影响表达和实现其意愿的公共政策。

互联网群体传播环境下，政府、企业、非政府组织机构都需要传播项目完成机构目标。从传统的企业内刊到当今的企业自媒体，公共传播前景无限。互联网群体传播时代，如何理解社会和文化形塑及公共传播，这是后续需要思考的问题。

（二）从网络传播走向智能传播

人工智能正在不断消解传媒业的原有边界，不断形成一个更大的、更有张力的传媒业新版图，也必将重构新的传媒生态。阿里巴巴的"人工智能大会"、百度的"AI 开发者大会"以及腾讯的"WE 大会"，无一不预示着移动互联网三大巨头 BAT 布局人工智能领域的前瞻格局。2018 年 1 月，中宣部副部长、国家广电总局局长聂辰席指出，要推动互联网、大数据、云计算、人工智能与新闻出版广播影视有机融合。[②] 而在互联网群体传播时代框架下，媒体融合的未来是智能媒体。

目前的内容分发传播的三种模式中，算法模式正渐渐超过热门排序推荐模式和人工编辑推荐模式，成为有效传播的砝码。因此，算法伦理成为业界和学界关注的焦点。由于算法后果的不可预测性和算法的价值负荷，从某种程度上来说，算法并不是万能的，在传播实践中要警惕算法陷阱。互联网群体传播时代，应以尊重性、透明性、安全性、友好性为准则，设计主体要抱有道德想象力，并遵循价值敏感性的设计理念

（三）从前喻文化传播到后喻文化传播

1969 年 2 月，美国人类学家玛格丽特・米德（Margaret Mead）认为，"人类只有充分认识自己的过去和现在，才能够为休戚相关的年长一辈和年轻一辈找到光辉的未来"。她在《文化与承诺》这本书中，把人类历史分为前喻文化、并喻文化和后喻文化三种类型。前喻文化的文化模式是晚辈向长辈学习，其存在源于社会静止，因而长辈是晚辈的权威与示范；并喻文化的文化关系是

---

① 潘忠党：《导言：媒介化时代的公共传播和传播的公共性》，《新闻与传播研究》2017 年第 10 期，第 30 页。

② 中国新闻出版广电网：2018 年全国新闻出版广播影视工作会议召开，http：// www.xinhuanet.com/zgjx/2018-01/05/c_136873661.htm。

晚辈和长辈都向同辈人学习;后喻文化的文化模式是长辈向晚辈学习。[①]

大数据时代,随着技术进步,一切事物皆可量化,这也为人类经验和智慧的积累创造了客观条件。云计算通过大数据分析和预测,会使决策更加精准,从而释放更多隐藏价值。全球化背景下移民社会的出现,使世界上所有的人都置身于电子化网络沟通中,年轻人能够共同分享长辈不曾有过的经验。

网络社会是人类社会全新的社会形态,今天的年轻人生长在其父辈、祖辈们不熟悉的互联网群体传播时代,这是一种社会历史发展的必然。互联网消解了权威性,网络文化的一个核心特质是试错和容错,而网络文化的生命力也来自纠错机制和不断自我修正。那些预感到后喻文化正在来临、即便对具体内容所知甚少的人是幸运的,因为社会的潮流正在汹涌而来,时代的车轮已然逐渐加速,那些预感社会变化的人们会做好准备,在互联网群体传播重构社会秩序的时代洪流中把握自己的位置,向着更好的生活前进。

① 玛格丽特·米德:《文化与承诺——一项有关代沟问题的研究》,河北人民出版社1970年版,第27页。

参考文献

一、中文文献

著作类：

[1] 常昌富，李依倩. 大众传播学：影响研究范式[M]. 北京：中国社会科学出版社，2000.

[2] 陈东国. 传播媒介与生活[M]. 台北：台湾空中大学出版社，2005.

[3] 陈建英，文丹枫. 解密社群粉丝经济学[M]. 北京：人民邮电出版社，2015.

[4] 陈力丹. 舆论学——舆论导向研究[M]. 上海：上海交通大学出版社，2012.

[5] 顾亦周. 黑客：比特世界的幽灵[M]. 苏州：苏州大学出版社，2012.

[6] 胡泳. 众声喧哗：网络时代的个人表达与公共讨论[M]. 桂林：广西师范大学出版社，2013.

[7] 黄楚新. 新媒体：融合与发展[M]. 北京：人民日报出版社，2016.

[8] 刘国强. 媒介身份重建——全球传播与国家认同建构研究[M]. 成都：四川大学出版社，2009.

[9] 刘凯. 部落化生存：新媒体对社会关系的影响[M]. 上海：上海三联书店，2016.

[10] 潘祥辉. 组织再造：媒介社会学的中国视角[M]. 北京：人民出版社，2017.

[11] 邱林川，陈韬文. 新媒体事件研究[M]. 北京：中国人民大学出版社，2010.

[12] 邱林川. 信息时代的世界工厂:新工人阶级的网络社会[M]. 桂林:广西师范大学出版社,2013.
[13] 汝信,陆学艺,李培林. 2012 年中国社会形势分析与预测[M]. 北京:社会科学文献出版社,2012.
[14] 司汉武. 制度理性与社会秩序[M]. 北京:知识产权出版社,2011.
[15] 孙立平. 重建社会转型社会的秩序再造[M]. 北京:社会科学文献出版社,2010.
[16] 陶日贵. 鲍曼"流动的现代性"思想研究[M]. 南昌:江西人民出版社,2016.
[17] 吴筱梅. 网络传播概论[M]. 台北:台湾智胜文化事业有限公司,2003.
[18] 熊澄宇. 信息社会中新媒体的格局与走向[C]. 新媒体研究前沿. 北京:清华大学出版社,2012.
[19] 熊培云. 重新发现社会[M]. 北京:新星出版社,2011.
[20] 杨继绳. 中国当代社会阶层分析[M]. 兰州:甘肃人民出版社,2015.
[21] 于尹鸿,李彬. 全球化与大众传媒:冲突 · 融合 · 互动[M]. 北京:清华大学出版社,2002.
[22] 张国良. 互联网与中国 20 年:变革与创新[M]. 上海:上海人民出版社,2016.
[23] 张海洋. 中国的多元文化和中国人的认同[M]. 北京:民族出版社,2006.
[24] 赵月枝. 维系民主:西方政治与新闻客观性[M]. 北京:清华大学出版社,2005.
[25] 郑雯,桂勇,黄荣贵. 寻找网络民意:网络社会心态研究[M]. 北京:华夏出版社,2017.
[26] Rich Ling. 时代:手机与你[M]. 林振辉,郑敏慧,译. 北京:人民邮电出版社,2007.
[27] 艾略特 · E. 阿伦森. 社会性动物[M]. 邢占军,译. 上海:华东师范大学出版社,2007.
[28] 安东尼 · 吉登斯. 社会的构成:结构化理论纲要[M]. 李康,李猛,译. 北京:中国人民大学出版社,2016.
[29] 保罗 · 莱文森. 手机:挡不住的呼唤[M]. 何道宽,译. 北京:中国人

民大学出版社,2004.
[30] 彼得斯.交流的无奈[M].何道宽,译.北京:华夏出版社,2003.
[31] 戴维·斯沃茨.文化与权力:布尔迪厄的社会学[M].陶东风,译.上海:上海译文出版社,2006.
[32] 丹尼斯·麦奎尔.麦奎尔大众传播理论[M].崔保国,李琨,译.北京:清华大学出版社,2006.
[33] 邓肯·J.瓦茨.小小世界:有序与无序之间的网络动力学[M].陈禹,等译.北京:中国人民大学出版社,2006.
[34] 居斯塔夫·勒庞.乌合之众——群体心理研究[M].胡小跃,译.杭州:浙江文艺出版社,2015.
[35] 凯斯·H.桑坦斯.网络共和国[M].黄维明,译.上海:上海人民出版社,2003.
[36] 凯文·凯利.必然[M].周峰,董理,金阳,译.北京:电子工业出版社,2016.
[37] 克莱·舍基.人人时代:无组织的组织力量[M].胡泳,沈满琳,译.杭州:浙江人民出版社,2015.
[38] 莱斯莉·A.巴克斯特,唐·O.布雷思韦特.人际传播:多元视角之下[M].殷晓蓉,等译.上海:上海译文出版社,2010.
[39] 赖特·米尔斯.社会学的想象力[M].陈强,张永强,译.北京:生活·读书·新知三联书店,2016.
[40] 罗伯特·斯博伯,谢尔·伊斯雷尔.即将到来的场景时代:大数据、移动设备、社交媒体、传感器、定位系统如何改变商业和生活[M].赵乾坤,周宝曜,译.北京:北京联合出版公司,2014.
[41] 罗杰·菲德勒.媒介形态的变化——认识新媒体[M].明安香,译.北京:华夏出版社,2002.
[42] 曼纽尔·卡斯特,马汀·殷斯.对话卡斯特[M].徐培喜,译.北京:社会科学文献出版社,2015.
[43] 曼纽尔·卡斯特.网络社会的崛起[M].夏铸九,译.北京:社会科学文献出版社,2006.
[44] 曼纽尔·卡斯特.网络星河:对互联网、商业和社会的反思[M].郑波,武炜,译.北京:社会科学文献出版社,2007.
[45] 弥尔顿·L.穆勒.网络与国家:互联网治理的全球政治学[M].周

程,鲁锐,等译.上海:上海交通大学出版社,2015.
[46] 尼古拉斯·克里斯塔斯基,詹姆斯·富勒.大连接[M].简学,译.北京:中国人民大学出版社,2013.
[47] 尼克·库尔德利.媒介、社会与世界:社会理论与数字媒介实践[M].何道宽,译.上海:复旦大学出版社,2014.
[48] 皮埃尔·布迪厄,华康德.实践与反思:反思社会学导引[M].李猛,李康,译.北京:中央编译出版社,1998.
[49] 齐格蒙特·鲍曼.流动的现代性[M].欧阳景根,译.上海:上海三联书店,2002.
[50] 文森特·莫斯可.数字化崇拜:迷思、权力与赛博空间[M].黄典林,译.北京:北京大学出版社,2004.
[51] 伊丽莎白·诺尔·诺伊曼.民意——沉默螺旋的发现之旅[M].翁秀琪,译.台北:台湾远流出版公司,1994.
[52] 约翰·特纳.自我归类论[M].杨宜音,王兵,林含章,译.北京:中国人民大学出版社,2011.
[53] 约瑟夫·B.瓦尔特.大众传播学:影响研究范式[M].北京:中国社会科学出版社,2000.
[54] 约瑟夫·奈.硬权力与软权力[M].门洪华,译.北京:北京大学出版社,2005.
[55] 詹姆斯·W.凯瑞.作为文化的传播——"媒介与文化"论文集[M].丁未,译.北京:华夏出版社,2005.

论文、报告类:

[56] 艾利艾智库(IRI).中国传媒大学互联网信息研究院:中央部委办局政务 APP 评估报告[R],2016.4.
[57] 艾莉莎.物联网空间域的泛传播构型[D].北京:北京邮电大学,2014.
[58] 蔡骐.网络社群传播与社会化阅读的发展[J].新闻记者,2016(10).
[59] 曾繁旭,钟智锦,刘黎明.中国网络事件的行动剧目——基于 10 年数据的分析[J].新闻记者,2014(8).
[60] 陈刚.萌动的主流—寻访第四类广告公司—创意传播管理(CCM)—新传播环境与营销传播革命[J].广告大观(综合版),

2008(5).
[61] 陈力丹,霍仟.互联网传播中的长尾理论与小众传播[J].西南民族大学学报(人文社会科学版),2013(4).
[62] 陈力丹,谭思宇,宋佳益.社交媒体减弱政治参与沉默螺旋假说的再研究[J].编辑之友,2015(5).
[63] 陈力丹.大众传播理论如何面对网络传播[J].国际新闻界,1998(12).
[64] 陈龙.转帖、书写互动与社交媒体的议事共同体重构[J].国际新闻界,2015(10).
[65] 陈强,徐晓.国外网络政治参与研究述评[J].情报杂志,2012(5).
[66] 陈卫星.新媒体的媒介学问题[J].南京社会科学,2016(2).
[67] 程曼丽.论中国传媒在世界传播格局中的崛起[J].国际新闻界,2003(4).
[68] 崔凯,刘德寰,燕熙迪.时间累积、用户行为与匿名社区资本——基于豆瓣网网络爬虫数据的分析[J].青年研究,2017(1).
[69] 代群,郭奔胜,季明,黄豁.应对网上群体性事件新课题[J].瞭望,2009(5).
[70] 邓胜利,胡吉明.Web2.0环境下网络社群理论研究综述[J].中国图书馆学报,2010(36).
[71] 丁柏铨.网络空间命运共同体及其传播学解读[J].新闻与写作,2016(2).
[72] 董广安,刘思扬.双微环境下移动网络公共领域的失范与对策[J].郑州大学学报(社科版),2014(7).
[73] 傅新楚,杨孟,陈关荣.复杂网络上的传播动力学:阈值与全局稳定性分析[J].第九届全国动力学与控制学术会议手册,2012,168-170.
[74] 高宪春.解蔽:从消极沉默到积极互动:新媒介环境下沉默的双螺旋效应[J].新闻界,2014(5).
[75] 顾宁.网络政治:虚拟空间里的绝对民主——从网络愤青现象看网络舆论对政治的影响[J].理论界,2006(3).
[76] 郭小安.舆论的寡头化铁律:沉默的螺旋理论适用边界的再思考[J].国际新闻界,2015(5).

[77] 郭印.一种复杂网络模型的构建及其传播动力学研究[D].南昌：江西理工大学，2013.
[78] 国家信息中心信息化研究部.中国分享经济发展报告[R].2017.
[79] 中国国务院新闻办公室.《中国互联网状况》白皮书[R].2015.
[80] 韩春苗.浅析世界互联网传播格局的重构[J].中国广播电视学刊，2017(3).
[81] 何威.网众与网众传播[D].北京：清华大学，2009.
[82] 何瑛，胡翼青.从编辑部生产到中央厨房：当代新闻生产的再思考[J].新闻记者，2017(8).
[83] 胡百精，杨奕.欲望与认同：二十世纪早期的群体传播思想——基于特洛特群体心理和行为的重述与讨论[J].国际新闻界，2017(10).
[84] 胡同新.政治文明进程中的公民网络政治参与研究[D].北京：北京邮电大学，2006.
[85] 胡泳.社群经济不等于粉丝经济[J].商学院，2015(9).
[86] 胡泳.网络社群的崛起[J].南风窗，2009(10).
[87] 黄靖逢.网络舆情的群体传播语境解析[J].新闻爱好者，2012(2).
[88] 黄升民，杨雪睿.碎片化背景下的分众传播与新媒体发展[J].广告主，2006(5).
[89] 黄月琴.弱者与新媒介赋权研究——基于关系维度的述评[J].新闻记者，2015(7).
[90] 嵇易冬.从下方塑造社会[D].北京：中央美术学院，2016.
[91] 姜飞.互联网国际治理的中国智慧[J].人民论坛，2017(2).
[92] 金毅.当代中国公民网络政治参与研究——网络政治参与的困境与出路[D].长春：吉林大学，2011.
[93] 李彪.未来媒体视域下媒体融合空间转向与产业重构[J].编辑之友，2018(3).
[94] 李强.丁字形的社会结构与结构紧张[J].社会学研究，2005(3).
[95] 李翔.网络传播动力学[J].复杂系统与复杂性科学，2010(7).
[96] 李晓静.社交媒体用户的信息加工与信任判断[J].新闻与传播研究，2017(10).
[97] 李欣人，段婷婷.权威的消解与受众的转化：数字出版时代传播关系的重构[J].出版发行研究，2009(10).

[98] 李亚妤.互联网使用、网络社会交往与网络政治参与——以沿海发达城市网民为例[J].新闻大学,2011(3).
[99] 李志敏.从控制工具到交往媒介,论新一代法兰克福学派学者芬伯格的传播技术观[J].国际新闻界,2017(3).
[100] 李志雄.网络社群的变迁趋势和负效应——以微博为例的多维视角分析[J].当代传播,2013(3).
[101] 刘德海.环境污染群体性突发事件的协同演化机制:基于信息传播和权利博弈的视角[J].公共管理学报,2013(10).
[102] 刘海龙.沉默的螺旋是否会在互联网上消失[J].国际新闻界,2001(5).
[103] 刘海龙.像爱护爱豆一样爱国:新媒体与粉丝民族主义的诞生[J].现代传播,2017(4).
[104] 刘宏.新媒体环境中群体传播类型和动机[J].今传媒,2013(1).
[105] 刘建明.受众行为的反沉默螺旋模式[J].现代传播,2002(4).
[106] 龙小农. I-crowd 时代沉默的螺旋倒置的成因及影响——以 PX 项目事件的舆论引导为例[J].新闻与传播研究,2014(2).
[107] 鲁晓霞.网络群体传播的舆论引导措施[J].新闻爱好者,2012(1).
[108] 陆小华.新传播格局对电视竞争方法的影响[J].南方电视学刊,2012(1).
[109] 孟威.新媒体语境下对反沉默螺旋现象的思考[J].中国广播电视学刊,2014(8).
[110] 闵大洪.草根媒体:传播格局中的新力量[J].青年记者,2008(15).
[111] 闵大洪.传统媒体的网络社会化媒体使用[J].南方传媒研究,2009(6).
[112] 宁丽丽.新媒体时代的媒介伦理倡导与道德干预:对克利福德·G.克里斯琴斯的访谈[J].国际新闻界,2017(10).
[113] 潘忠党.导言:媒介化时代的公共传播和传播的公共性[J].新闻与传播研究,2017(10).
[114] 彭兰.场景:移动时代媒体的新要素[J].新闻记者,2015(3).
[115] 彭兰.从社区到社会网络:一种互联网研究视野与方法的拓展[J].国际新闻界,2009(5).
[116] 彭兰.群氓的智慧还是群体性迷失——互联网群体互动效果的两

面观察[J]. 当代传播，2014(2).
[117] 彭兰. 微博客对网络新闻传播格局与模式的冲击[C]. 新闻学论集，2010(24).
[118] 彭兰. 文化隔阂：新老媒体融合中的关键性障碍[J]. 国际新闻界，2015(12).
[119] 彭兰：移动互联网时代"连接"的扩展及其蕴意[C]. 中国移动互联网发展报告，2017.6.
[120] 秦德君，高琳琳. 网络社群与民间话语：一种影响公共决策的域场[J]. 新闻记者，2017(6).
[121] 清华大学新闻与传播学院新媒体研究中心. 众媒时代：2015 中国新媒体趋势报告[R]. 2015.
[122] 尚明生. 社会网络及其上的传播动力学集成研究[J]. 系统工程理论与实践，2015(10).
[123] 宋超. 当代中国网络政治参与研究[D]. 济南：山东大学，2013.
[124] 苏畅. "草根媒体"的传播与发展初探[D]. 重庆：重庆大学，2010.
[125] 隋岩，李燕. 从谣言、流言的扩散机制看传播的风险[J]. 新闻大学，2012(1).
[126] 隋岩. 互联网群体传播中的信息选择与倾向[J]. 编辑之友，2013(6).
[127] 孙琪. 草根传播对新闻专业主义的补充与冲击[J]. 新闻传播，2014(8).
[128] 孙晓娥. 深度访谈研究方法的实证论析[J]. 西安交通大学学报(社会科学版)，2012(5).
[129] 谭天. 在中国网络直播到底能走多远[J]. 南方论坛，2016(4).
[130] 王晰巍. 基于社会网络分析的移动环境下网络舆情信息传播研究：以新浪微博雾霾话题为例[J]. 图书情报工作，2015(59).
[131] 王雁，王鸿，谢晨，王新云. 大学生网络政治参与：认知与行为的现状分析与探讨——以浙江 10 所高校为例的实证研究[J]. 浙江社会科学，2013(5).
[132] 魏武挥. 社群经济与粉丝经济[J]. 创业邦，2014(8).
[133] 吴超，饶佳艺，乔晗，胡毅，汪寿阳. 基于社群经济的自媒体商业模式创新——罗辑思维案例[J]. 管理评论，2017(4).

[134] 吴晓波.我所理解的社群经济[EB/OL].微信公众号吴晓波频道.(2016-02-16)[2018-02-13].http://www.360doc.com/content/16/0218/08/2369606_5349 28212.shtml.

[135] 习近平.关于《中共中央关于全面深化改革若干重大问题的决定》的说明[N].人民日报,2013-11-15.

[136] 共产党员网.全国宣传思想工作会议[EB/OL].(2013-08-20)[2018-02-13].https://www.12371.cn/special/qqxcsxgzhy/.

[137] 中国政府网.中央网络安全和信息化领导小组第一次会议召开[EB/OL].(2014-02-27)[2018-02-13].https://www.gov.cn/xinwen/2014-02-27/content.2625112.htm.

[138] 夏承遗.复杂网络上的传播动力学及其新进展[J].智能系统学报,2009(4).

[139] 夏临.我国网络群体性事件及其舆情研究现状综述[J].东南传播.2010(7).

[140] 谢新洲.沉默的螺旋假说在互联网环境下的实证研究[J].现代传播,2003(6).

[141] 许建. 网络事件中的围观政治[J].中国传媒报告,2018(1).

[142] 杨国斌.情之殇:网络情感动员的文明进程[J].传播与社会学刊,2017(40).

[143] 杨蒙.新媒介生态环境下电视新闻传播格局分析:以央视新闻频道为例[J].东南传播,2013(5).

[144] 杨艳平.集群创新网络与区域文化嵌入机理研究:基于传播动力学理论[J].科学学研究,2015(33).

[145] 喻国明,焦建,张鑫.平台型媒体的缘起、理论与操作关键[J].中国人民大学学报,2015(6).

[146] 喻国明.关系革命背景下的媒体角色与功能[J].新闻大学,2012(2).

[147] 喻国明.嵌入圈子功能聚合跨界整合:关系革命背景下传媒发展的关键词[J].新闻与写作,2012(6).

[148] 岳改玲.社会规范及其传播学研究[J].当代传播,2017(6).

[149] 岳改玲.新媒体时代的参与式文化研究[J].武汉:武汉大学,2010.

[150] 张佰明.以界面传播理念重新界定传受关系[J].国际新闻界,2009

(10).
[151] 张发林.风险社会视域下的网络舆情治理研究[D].武汉：武汉大学，2016.
[152] 张红明，刘超，冯文红，张婷.基于整合型科技接受与使用模型的网络社群参与行为研究：以豆瓣网为例[J].国际新闻界，2015(6).
[153] 张雷.新媒体引发的通货革命——注意力货币化与媒体职能的银行化[J].新闻与传播研究，2013(4).
[154] 张小强，杜佳汇.中国大陆新媒体研究创新的扩散：曲线趋势、关键节点与知识网络[J].国际新闻界，2017(7).
[155] 张晓光.网络拓扑结构与传播动力学分析[J].太原：中北大学，2014.
[156] 章学锋.媒体融合对新闻生态格局的影响及趋势初探[J].西安文理学院学报(社会科学版)，2015(18).
[157] 赵大丽，孙道银，张铁山.社会资本对微信朋友圈用户知识共享意愿的影响研究[J].情报理论与实践，2016(9).
[158] 甄巍然.解构网络舆论生成过程的三个命题——以群体传播为研究视阈[J].新闻知识，2013(9).
[159] 中国互联网协会分享经济工作委员会.中国分享经济发展报告[R].2016.
[160] 钟智锦，曾繁旭.十年来网络事件的趋势研究：诱因、表现与结局[J].新闻与传播研究，2014(4).
[161] 周东浩，韩文报，王勇军.基于节点和信息特征的社会网络信息传播模型[J].计算机研究与发展，2015(52).
[162] 周宏刚.沉默不再扩散——沉默的螺旋理论在网络时代的变迁[J].东南传播，2006(5).
[163] 周鸿铎.我理解的互联网+——互联网+是一种融合[J].现代传播，2015(8).
[164] 周懿瑾，魏佳纯.点赞还是评论？社交媒体使用行为对个人社会资本的影响——基于微信朋友圈使用行为的探索性研究[J].新闻大学，2016(2).
[165] 朱志.基于复杂网络传播动力学的谣言传播研究[J].东南传播，2009(12).

[166] 艾瑞咨询. 2016 年中国网络社群研究报告[EB/OL]. (2016-08-31)[2018-02-18]. http://www.iresearch.com.cn/report/2638.html.

[167] 胡泳. 微博迸发社会进步推动力:围观可以改变中国[EB/OL]. (2010-12-21)[2018-02-18]. http://huyong.blog.sohu.com/164779860.html. 2010-12-21.

[168] 胡泳. 围观能否改变中国[EB/OL]. (2010-12-18)[2018-02-18]. http://blog.renren.com/share/284277256/5836932745/0.

[169] 科技热度. 亚马逊中国发布全民阅读报告中国人都怎么读书?[EB/OL]. (2017-04-21)[2018-02-18]. http://www.sohu.com/a/135509288_331153.

[170] 联谊报. 人民网 2018 年"两会调查"结果出炉:反腐和社会保障最受关注[EB/OL]. (2018-03-02)[2018-02-18]. http://politics.people.com.cn/n1/2018/0228/c1001-29839890.html.

[171] 搜狐公众平台. 微博财报全面披露——直播和秒拍数据[EB/OL]. (2016-08-09)[2018-02-18]. http://mt.sohu.com/20160809/n463365895.shtml.

[172] 史竞男. 国家互联网信息办:网络空间不能成为谣言空间[EB/OL]. (2013-09-28)[2018-02-18]. http://news.xinhuanet.com/2013-09-28/c_117543582.htm.

[173] 习近平. 在网络安全和信息化工作座谈会上的讲话[EB/OL]. (2016-04-25)[2018-02-16]. http://politics.people.com.cn/nl/2016/0425/c1024-28303283.html.

[174] 中华人民共和国国家互联网信息办公室:《互联网跟帖评论服务管理规定》[EB/OL]. (2017-08-25)[2018-02-18]. http://www.cac.gov.cn/2017-08/25/c_1121541842.htm.

[175] 祝新华. 中国警察网 2015 政务微博报告解读及趋势研判[EB/OL]. (2016-01-22)[2018-02-13]. http://www.cpd.com.cn/n15737398/n26490099/c31812 105/content.htm.

二、英文文献

[176] April Ma, Weibo Increases Stake in Video-Streaming Service

Yixia [EB/OL]. (2016-11-21) [2018-03-16]. http://www.caixinglobal.com/2016-11-21/101009769.html.

[177] Auger, Giselle A. Fostering Democracy Through Social Media: Evaluating Diametrically Opposed Nonprofit Advocacy Organizations' Use of Facebook, Twitter, and YouTube[J]. Public Relations Review, 2013(39): 369-376.

[178] Bennett W. Lance C W, Deen F. Communicating Civic Engagement: Contrasting Models of Citizenship in the Youth Web Sphere [J]. Journal of Communication. 2011, 61 (5): 835-856.

[179] Berger J, Milkman K L. What Makes Online Content Viral[J]. Strategic Direction, 2002, 28(2): 192-205.

[180] Bourdieu. P, Wacquant L D. An Invitation to Relexive Sociology [M]. Chicago: The University of Chicago Press,1992.

[181] Brian S. Chinese Police Detain Online Commentator: Xue Manzi Has More Than 12 Million Weibo Followers[J]. The Wall Street Journal, 2013, January 10.

[182] Briones RL, Beth K, Brooke F L, Yan J. Keeping up with the Digital Age: How the American Red Cross Uses Social Media to Build Relationships[J]. Public Relations Review, 2011, 37(1): 37-43.

[183] Castells M. Communication, Power and Counter-power in the Network Society[J]. International Journal of Communication, 2007, 1: 238-266.

[184] Castells M. Toward a Sociology of the Network Society[J]. Contemporary Sociology, 2000, 29(5): 693-699.

[185] Chris W, Shayne B. We Media[J]. The Media Center, 2003(7).

[186] Cialdini R C, Reno R R, Kallgren C A. A Focus Theory of Normative Conduct: Recycling the Concept of Norms to Reduce Littering in Public Places[J]. Journal of Personality and Social Psychology, 1990, 58: 1015-1026.

[187] Daniel T. Digital Vigilantism as Weaponization of Visibility[J].

Philosophy & Technology, 2016, 30(1): 55-72.

[188] Diakopoulos N, Munmun D C, Mor N. Finding and Assessing Social Media Information Sources in the Context of Journalism [C]. In Proceedings of the 2012 ACM Annual Conference on Human Factors in Computing Systems CHI '12. New York, USA, 2013: 2451-2460.

[189] Diakopoulos N, Naaman M, & Kivran-Swaine. Diamonds in the Rough: Social Media Visual Analytics for Journalistic Inquiry [C]. In Proceedings of the 2010 IEEE Symposium on Visual Analytics Science and Technology. Salt Lake City, Ut: IEEE, 2010: 115-122.

[190] Earl J, Katrina K. Digitally Enabled Social Change: Activism in the Internet Age[M]. Cambridge, MA: MIT Press, 2011.

[191] Elizabeth J P. Moving the Masses: Emotion Work in the Chinese Revolution[J]. Mobilization: An International Journal, 2002, 7(2): 111-128.

[192] Garrett R K. Protest in an Information Society: A Review of Literature on Social Movements and New ICTs[J]. Information, Communication & Society, 2006, 9(2): 202-224.

[193] Gerbaudo P. Tweets and the Streets: Social Media and Contemporary Activism[M]. London: Pluto Press. 2012.

[194] Grabowicz P A, Ramasco J J, Moro E. Social Features of Online Networks: The Strength of Intermediary Ties in Online Social Media[J]. Plos One, 2012, 7(1): 29358.

[195] Granovetter M S. The Strength of Weak Ties[J]. Social Science Electronic Publishing, 1973, 78(2):1360-1380.

[196] Guanqing L, Jiannong C. Social Context-Aware Middleware: A Survey[J]. Pervasive and Mobile Computing Journal(PMCJ). 2015, 17(B): 207-219.

[197] Hendler J, Golbeck J. Metcalfe's Law, Web 2. 0, and the Semantic Web[J]. Web Semantics Science Services & Agents on the World Wide Web, 2008, 6(1): 14-20.

[198] Hermida A, Lewis S C, & Zayani R. Sourcing the Arab Spring: A Case Study of Andy Carvin's Sources on Twitter During the Tunisian and Egyptian Revolutions[J]. Journal of Computer-Mediated Communication, 2014, 19(3): 479-499.

[199] Hermida A. From TV to Twitter: How Ambient News Became Ambient Journalism[J]. M/C Journal, 2010,13(2).

[200] Hermida A. Journalism: Reconfiguring Journalism Research About Twitter, One Tweet at a Time[J]. Digital Journalism, 2013,1(3): 295-313.

[201] Hermida A. Tweets and Truth: Journalism as a Discipline of Collaborative Verification[D]. Cardiff University, 2011.

[202] Hermida A. Twittering the News[J]. Journalism Practice, 2010, 4(3): 297-308.

[203] Hestres L E. Preaching to the Choir: Internet-Mediated Advocacy, Issue Public Mobilization, and Climate Change[J]. New Media & Society, 2014, 16(2): 323-339.

[204] Joyce, Mary, ed. Digital Activism Decoded: The New Mechanics of Change[M]. New York: International Debate Education Association Press, 2010.

[205] Kanter B, Allison F. The Networked Nonprofit: Connecting with Social Media to Drive Change[M]. San Francisco, CA: John Wiley & Sons, 2010.

[206] Karpf D. Online Political Mobilization from the Advocacy Group's Perspective: Looking Beyond Clicktivism[J]. Policy & Internet, 2010,2(4): 7-41.

[207] Karpf Da. The MoveOn Effect: The Unexpected Transformation of American Political Advocacy[M]. New York, NY: Oxford University Press, 2012.

[208] Kavada A. Civil Society Organisations and the Internet: The Case of Amnesty International, Oxfam, and the World Development Movement[M]. London, UK: Pluto Press, 2005.

[209] Kavada A. Collective Action and the Social Web: Comparing the

Architecture of Avaaz. org and Openesf. net[M]. Tartu, Estonia: Tartu University Press, 2009.

[210] Kessler S. Amplifying Individual Impact: Social Media's Emerging Role in Activism[M]. London, UK: Zed Books,2012.

[211] Koffman O, Rosalind G. The Revolution Will Be Led by a 12-Year-Old Girl: Girl Power and Global Biopolitic[J]. Feminist Review, 2013. 105(1): 83-102.

[212] Krotz F. The Meta-process of 'Mediatization' as a Conceptual Frame[J]. Global Media and Communication, 2007, 3(3): 256-260.

[213] Land M, Patrick M, Mark B, Emily J. ICT4HR: Information and Communication Technologies for Human Rights [M]. Rochester, NY: Social Science Research Network, 2012.

[214] Land M B. Networked Activism[J]. Harvard Human Rights Journal 2009, 22: 205-43.

[215] Lebert J. Wiring Human Rights Activism: Amnesty International and the Challenges of Information and Communication Technologies, Ayers[M]. New York, NY: Routledge, 2003.

[216] Lewis K, Kurt G, Jens M. The Structure of Online Activism [J]. Sociological Science, 2014: 1-9.

[217] Lovejoy K, Gregory D S. Information, Community, and Action: How Nonprofit Organizations Use Social Media[J]. Journal of Computer-Mediated Communication, 2012, 17(3): 337-53.

[218] Lynch M, Deen F, Sean A. Syria's Socially Mediated Civil War [R]. Washington, DC: United States Institute of Peace, 2014.

[219] McAlexander J H,Schouten J W,Koenig H F. Building Brand Community[J]. Journal of Marketing,2002,66(1): 38-54.

[220] McPherson, E. Advocacy Organizations' Evaluation of Social Media Information for NGO Journalism: The Evidence and Engagement Models[J]. American Behavioral Scientist, 2014, 58(9): 1234-1256.

[221] Michel F. Discipline and Punish: The Birth of the Prison[M].

trans by. Alan Sheridan, New York: Patheon Books, 1978.

[222] Muniz A M, O'guinn TC. Brand community[J]. Journal of Consumer Research,2001,27(4): 412-432.

[223] Nahapiet J,Ghoshal S. Social Capital, Intellectual Capital and the Organizational Advantage[J]. Academy of Management Review, 1998,23 (2): 242-266.

[224] Newman N. The Rise of Social Media and Its Impact on Mainstream Journalism[D]. Oxford, UK: University of Oxford, 2009.

[225] Obar J A. , Paul Z, Cliff L. Advocacy 2. 0: An Analysis of How Advocacy Groups in the United States Perceive and Use Social Media as Tools for Facilitating Civic Engagement and Collective Action[J]. Journal of Information Policy, 2012. 2: 1-25.

[226] Papacharissi Z, Maria F O. Affective News and Networked Publics: The Rhythms of News Storytelling on Egypt[J]. Journal of Communication, 2012, 62(2):266-82.

[227] Qiu J Z, Li Y X, Tang J, Lu Z, Ye H, Chen B, Yang Q. The Lifecycle and Cascade of WeChat Social Messaging Groups[C]. WWW '16 Proceedings of the 25th International Conference on World Wide Web, 2016: 311-320.

[228] Robyn B D, Larry L. Are Virtual Communities True Communities? Examining the Environments and Elements of Community[J]. City & Community, 2002,1(4): 345-360.

[229] Roger S. The Sociology of Mediation and Communication[M]. The Sage Handbook of Sociology. Newbury Park, CA: Sage, 2005. 6: 188-207.

[230] Rogier C. Cyber China: Upgrading Propaganda, Public Opinion Work and Social Management for the Twenty-first Century[J]. Journal of Contemporary China, 2017, 26(103): 85-100.

[231] Schouten J W, McAlexander J H, Koenig H F. Transcendent customer experience and brand community[J]. Journal of the Academy of Marketing Science,2007,35(3): 357-368.

[232] Schultz F, Sonja U, Anja G. Is the Medium the Message? Perceptions of and Reactions to Crisis Communication via Twitter, Blogs and Traditional Media [J]. Public Relations Review, 2011, 37(1): 20-27.

[233] Seo H, Ji YK, Yang S U. Global Activism and New Media: A Study of Transnational NGOs' Online Public Relations[J]. Public Relations Review, 2009, 35(2): 123-26.

[234] Shirky C. Here Comes Everybody: The Power of Organizing Without Organizations[M]. London: Penguin,2008.

[235] Thompson J B. Shifting Boundaries of Public and Private Life [J]. Theory,Culture &Society, 2011, 28(4): 49-70.

[236] Tian X L. Network Domains in Social Networking Sites: Expectations, Meanings, and Social Capital [J]. Information, Communication & Society,2016, 19 (2): 188-202.

[237] Veil S R, Tara B, Michael J P. A Work-In-Process Literature Review: Incorporating Social Media in Risk and Crisis Communication [J]. Journal of Contingencies and Crisis Management 2011,19(2): 110-22.

[238] Wasko M M L,Faraj S. Why should I share? Examining Social Capital and Knowledge Contribution in Electronic Networks of Practice[J]. MIS Quarterly,2005,29 (1): 35-57.

[239] Wicklund R A. How Society Uses Self-awareness[C]. J. Suls (ed) Psychological Perspective on the Self. Hillsdale, N J: Erlbaum, 1982,1: 226.

[240] Yang G B. The Power of the Internet in China, Citizen Activism Online, 2009. April Ma, Weibo Increases Stake in Video-Streaming Service Yixia[EB/OL]. (2016-11-21)[2018-03-18]. http://www.caixinglobal.com/2016-11-21/101009769.html.

后　记

此刻，窗外是华灯初上，手中是即将付梓的书稿，感觉像是完成了一项重任，既忐忑又期待。从10年前读博开始，在导师的指引下，一直潜心专注于互联网群体传播研究领域，其间也发表了系列论文，得到了诸多学界前辈的勉励。今年又是中国正式接入国际互联网30周年，也是网络强国战略目标提出10周年，冥冥之中此书在今年完结似恰逢其时。

此书的撰写和修改并不容易，特别感谢编辑李海燕老师的支持和帮助，由于今年在剑桥大学访学，书稿的三次校订都是远隔万里，鸿雁传书，被李老师的敬业和专业深深感动。书稿成稿后，得到了隋岩、孟建、王哲平、王斌、周葆华、朱春阳等诸位教授的指点，内心感激。

由于资历和精力所限，书稿经过几轮修改，还是有很多未尽之处，无奈出版在即，若有疏漏之处，还请各位读者见谅，若是阅后能引起共鸣，当是莫大的欣慰。

匆匆十年，倏忽一瞬，而人生没有白走的路，每一步都算数。前路漫漫亦灿灿，因为有诸多的善意和鼓励加持，才能一步步在学林跋涉。愿不负使命，珍惜光阴，不断精进，以此为勉。

周　琼

二〇二四年冬于剑桥大学